我的农行故事

中国农业银行企业文化部　编著

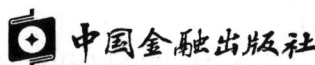中国金融出版社

责任编辑：吕　楠
责任校对：孙　蕊
责任印制：丁淮宾

图书在版编目（CIP）数据

我的农行故事／中国农业银行企业文化部编著．—北京：中国金融出版社，2020.10

ISBN 978 – 7 – 5220 – 0783 – 0

Ⅰ.①我… Ⅱ.①中… Ⅲ.①农业银行—银行史—史料—中国 Ⅳ.①F832.33

中国版本图书馆 CIP 数据核字（2020）第 166318 号

我的农行故事
WO DE NONGHANG GUSHI

出版发行	中国金融出版社
社址	北京市丰台区益泽路 2 号
市场开发部	(010)66024766，63805472，63439533（传真）
网上书店	http://www.chinafph.com
	(010)66024766，63372837（传真）
读者服务部	(010)66070833，62568380
邮编	100071
经销	新华书店
印刷	北京市松源印刷有限公司
尺寸	169 毫米×239 毫米
印张	18.5
字数	288 千
版次	2020 年 10 月第 1 版
印次	2020 年 10 月第 1 次印刷
定价	68.00 元

ISBN 978 – 7 – 5220 – 0783 – 0

如出现印装错误本社负责调换　联系电话(010)63263947

序

温暖的记忆与博大的情怀

潮平两岸阔,风正一帆悬。农业银行自恢复成立以来,以落实国家金融政策和服务国计民生为己任,在改革中奋发图强,在开放中砥砺前行,既见证了我国改革发展的峥嵘岁月,也践行了国有大行的责任担当,谱写了精彩而壮阔的历史篇章。

如今,农业银行就像一艘开足马力的巨轮,于我们而言十分熟悉而又日新月异。截至2019年末,农业银行海内外网点总数达2.3万个,员工总数达46.4万人,在全球已携手9亿多客户共创价值和幸福。2019年,荣膺英国《银行家》杂志"2019全球年度银行大奖",这为农业银行鲜红的荣誉上增添了崭新的一页。无疑,我们在建设国际一流商业银行集团的征程中迈出了坚实而笃定的步伐,不断地蓄积着国之大行的实力和底蕴。

"人既尽其才,则百事俱举;百事举矣,则富强不足谋也"。多年来,广大员工默默耕耘和奉献进取,涌现出一大批英模人物和优秀员工,饶才富、智呼声、刘彦彬、丁望阳、朱玥、王东云等,一个个耳熟能详的名字,亲切而富有温情。他们是农业银行发展、壮大的根基和柱石。与此同时,在农业银行发展的光辉历程中,我们每一个人都是其中的参与者和贡献者,都是其中的亲历者和见证者,都是其中的书写者和歌唱者。尽管每个人的岗位和分工不同,但大家都是农业银行这座恢宏大厦不可或缺的一部分。不积小流,无以成江河。我们人人都为自己的参与、付出和贡献而感到快慰和自豪,我们永远是农业银行这个大家庭的一员。

  40多年,对于一个企业来讲,时间显得很短,但是对于一名员工而言,时间却显得很长,甚至是职业生涯的全部。平凡岗位上的一分一秒,都显得格外的珍贵和难得。对此,尽管我们有无数话要说,但是由于本书篇幅所限,我们只能撷取记忆中的一个个小小的片段或侧影,这更加显得弥足珍贵,值得收藏在心灵深处。

  展望未来,逐梦向前。如今,农业银行启动了"推进数字化转型再造一个农业银行"的战略目标,目标就是要以互联网化、智能化、开放化为方向,打造一个客户体验一流的智慧银行,打造一个"三农"普惠领域最佳的数字生态银行。这是农业银行又一崭新的奋斗目标,让我们为之振奋,也让我们默默期许。"更加热烈地拥抱伟大的时代,为农业银行的改革和发展添砖加瓦"。这应成为我们的共同心声和追求。

编者
2020 年 7 月

目 录

▶ 优秀征文

农行绿　农行青　浓浓的情	刘成旭 3
塘色	闫星华 10
"那年"的事件	王建安 12
工作证第 66 号	王孝先 15
邂逅 C3	韦鲁玉 18
春天行动	王佳男 21
空白凭证	胡海燕 24
时针指向零点	王元章 27
难忘的第一堂课	王立新 30
三次"考试"	闫世贵 33
雪山送款行	任向东 38
岁月如歌	赵晓丽 41
别了，ABIS	张　琦 43
"泥猴子"与"冰棒"	程正义 46
《金融》小报编撰记	谭凤山 48

一本意见簿的自白	蒋忆丽	52
"进城"较量	罗　进	55
幸福的年代	朱　丽	59
三份剪报	陈绍龙	62
保管箱纪事	肖秋云　李缉宁	65
"项目电报"交响曲	程兆亮	69
典型宣传策划记	吕志强	72
满怀深情架金桥	鄢东良	76
回乡路上	陈立新	78
妈妈，长大后我就成了你	张　宁	83
1元余额的存折	李　璆	86
水果摊上的笑声	付　明	88
摸奖储蓄	赵文强	90
没一粒种子会被春天遗忘	王　沁	93
独一无二	许琪琪	95
服务在于细节	周柳静	99
我们的"老板"	劳弘毅	101
三代人接力	杨成新	103
一枚珍贵的抗震纪念章	吴光源	105
见证	罗忠元	110
小康助"小康"	付小康　任泉宇	113
收贷记事	王　军	118
渺小的我	石长霖	121
我的岁月我的歌	田丰芳	124
一张假币	鲁幸涯	127

▶ 入选征文

历程	付　凡	131
温暖	轩　趁	134
准贷记卡发行记	徐海燕	138
笔墨人生	王海林	140
感恩	王英红	143
梦想的平台	吕丁丁	146
那段股改日子	孟向阳	149
老马·小马·小小马	马　鸣	152
"农二代"的心声	王晓辉	155
"三农"往事	乔宗峰	158
扶贫路上	张文艺	161
红木算盘	蔡永庆	164
扶贫纪事	张　浩	167
幸福的雪花	邹舒承	170
于字里行间讲好新时代故事	康瑞玲	173
我的技术简史	丁文河	176
服务无小事	朱琼雯	179
紧急挂失	王士杰	181
一位老行长的嘱托	庞　琪	184
王者的回报	徐霖婧	186
银行大楼	李丽丽	189
岁月不老	陈志明	193
一个美丽的故事	孙成聚	199
客户的笑容	余　涛	202
每个画面都楚楚动人	汪　扬	204
"知青点"培训记	赵立森	207

撮合叔嫂成婚记	杨志山 210
对过儿	金　穗 213
扶贫记	宋丽霞 216
卡壳	辛希孟 219
客户的称赞	徐庆国 222
留住的记忆	卜繁家 225
那些依法收贷的日子	单立文 228
我爱我家	苑希宗 230
珠声悠扬	田茂国 233
成长	谢璐莎 236
父亲	唐弘毅 239
浓缩的时空	王志明 242
一路同行	李　超 245
外拓记	袁燕芳 248
故乡他乡总关情	李巧珍 251
遇见	文华林 254
不解之缘	赵爱国 258
甘做一片"绿叶"	原思婷 261
共剪西窗巴山情	王建军 264
蓝色星空	温　秘 268
爸爸没有讲完的故事	李抒霖 271
心许大理	雷　安 274
结缘	刘　飞 277
心中有梦	张嘉诚 280
阳光	周　健 283
后记	286

优秀征文

农行绿　农行青　浓浓的情

——我眼中的农行标识与文化

刘成旭

　　企业基业长青，根本是什么？是优秀文化、企业精神，文化和精神历久弥新、催人奋进。在欢庆新中国诞辰70周年之际，恰逢中国农业银行恢复成立40周年、股改上市10周年。农业银行企业文化部开展"我的农行故事"征文活动，以此激发大家立足农行、热爱祖国的情感。我的农行故事，则是我眼中的农行标识和企业文化。虽然已过天命之年，可我还是一直保持自幼的爱好，琢磨标识图案。我喜欢探究农行标识（行徽）的图案、颜色的美，以及它的文化内涵，并且经常在工作中观察、体验、品味其中的人和事，更重要的是总结、提炼和感悟企业文化的精神力量。

　　历史上农行的标识几度变化，意境深远。农业银行从1979年恢复设立以来，企业标识的演进大致经历了四个阶段。第一阶段，统一行名。有标牌无行徽，行名统一字体。农业银行于1979年3月13日正式恢复建立，次日在西交民巷27号大清银行旧址挂牌，当时标牌为竖写繁体的仿宋体。1985年全行首次统一行名字体，改变了各分行"百花齐放"局面，在几位书法家题写的行名中选择了韩绍玉题写的行名，并作为标准字体在全系统统一使用。

我的农行故事

韩绍玉先生题写的行名

第二阶段，设计行徽。为适应企业文化发展需要，1987年3月总行决定在全系统征集行徽。同时委托中国平面设计泰斗、清华大学美术学院陈汉民教授为农行设计行徽，并提供了各地报送的方案及资料。1988年7月农行组织专家将陈汉民教授的方案连同各分行选拔上来的方案一并审定，最后选中陈汉民的方案并提出修改意见。1988年11月，行徽正式启用并沿用至今。行徽整体为圆形图案，由中国古钱和麦穗组成。古钱寓意货币、银行，麦穗及其中部构成一个"田"字，寓意农业，整体构成了农业银行的名称要素。麦穗芒刺指向上方，使外圆开口，给人以突破感，象征事业不断开拓前进。图案外圆内方，表示合规经营，不成规矩无以方圆。行徽标准色为翠绿色，象征生机、发展、永恒、稳健，表示农业银行诚信高效，寓意事业蓬勃发展。总之，该图案集中体现服务"三农"、规范经营、稳健发展的银行特质，行徽绿色寓意成长、收获和希望。

第三阶段，整体规范。修改行标字体，使用简化汉字，增加英文行名。1996年农总行正式印发了《中国农业银行视觉形象标识规范》。在新的视觉形象标识规范中，行徽、行名的专色分别为：底色/白色，行徽/绿色，中文行名/黑色新魏碑，英文行名/绿色。其中，绿色象征生命和希望，预示着农业银行事业的兴旺发达；黑色象征着农业银行管理严谨、作风稳健、实力雄厚。同年10月，总行再次发出通知，要求启用简体字行名。

1996版农行LOGO

2009版农行LOGO

第四阶段，与时俱进。股改期间进一步整体修改标识。2009年农行完成股份制改革，成立股份有限公司，同时推出新的LOGO，标识颜色更新为更加明快的绿色，中文字体由新魏碑改成汉仪粗宋简，英文由绿色改为黑色，行徽前面增加了行名的黑色大写英文缩写ABC，并对其使用进一步加以规范。农行一路走来，关于理念与文化的提法也几经变迁。目前的企业文化核心理念，是2009年股改以后确定的，包括使命、愿景、核心价值观及核心价值观指导下的相关理念。2016年修订有关规划，明确2020年战略目标是建设成为一家"经营特色明显、服务高效便捷、功能齐全协同、价值创造能力突出的国际一流商业银行集团"，把扶贫攻坚、乡村振兴，作为义不容辞的政治责任和社会责任。

时光荏苒，岁月如歌。近年来，农业银行还先后推出"大行德广、伴你成长""耕耘美丽中国"等广告语，林林总总，蔚为大观，几经推敲，高路入云……企业的文化，既是企业、行业的文化，又是民族、时代的文化。农行的文化也是这样，需要承接国家和民族的使命，同时肩负着"大而不能倒"的现代国际化公众持股上市银行的应有之义，赋予弘扬和发展民族精神、时代的企业家和金融家精神、经理人从业的品格，贯穿着"创新、协调、绿色、开放、共享"的新发展理念；充分体现作为党的银行、国家的银行、人民的银行，全心全意为人民服务的根本宗旨和为人民谋幸福的初心，以及以人民为中心的发展理念和根本追求。

2003年春天，我参加中组部考察组，到农行考察干部，那是我第一次走近农行。当时农总行还在戏称"五指山"的北京城乡贸易中心大楼办公。印象中的四大行，农行像中国，底子薄、包袱重、人员机构多、因农而生；工行像美国，宇宙大行、业内老大、家底雄厚；中行则像欧盟，洋派头、国际范儿；建行有点像当年的日本，很快窜到老二的位子。2012年我到农行工作，立下宏愿要热爱农行、融入农行、奉献农行。如今7年过去了，热爱没有问题，融入也感觉差不多，奉献还远远不够。我对农行的认识，先是作为旁观者，后来一步步深入，参悟出许多切身的体会。我觉得，企业的文化，只有与时代文明、民族精神、人生追求高度契合，才能共鸣，才能融会贯通、入脑入心。企业的标识，与企业的文化、理念、战略也要高度统一、交相辉映、形意契合、神形一致。纵观农行标识及文化理念的演变，我对农行文化内涵有了全新的认识。

农行是绿的文化。服务"三农"，是农行的天职，农行因农而生、因农而强。农行标识的绿色，是农业的颜色，是生命的颜色，更是希望的颜色。代表着活力和创新、希望和收获。有研究表明，在光谱中绿色是中性色，无论从冷暖度、还是从明暗度来看，都是最适中的，有益于身心健康、令人赏心悦目。从哲学意义上讲，绿色符合中国传统文化精髓要义，属于中庸的颜色。图案中的"田"和麦穗，也都代表农业。以往在我眼中，农行是绿色的，现在在我眼里，又是青色的。主要是股改之后使用的新行标，颜色更加明快，不似以往那么深绿，绿中透着一种蓝，按照国际和国家的标准色卡，比较接近宝石蓝、绿松石蓝。按照光谱的顺序，中国古代称为青色：赤橙黄绿青蓝紫，青是可见光中介于绿和蓝中间的颜色，又称水绿色。

青色是生命的颜色，在我国古文化中，有着生命的涵义，也是春天和青春的象征，同时象征着坚强、希望、古朴和庄重。在五行学说中，青代表木。青也是未成熟的农作物所特有的嫩绿色，如青草。与青类似的颜色有松石绿、土耳其蓝绿色，还有蒂芙尼蓝，一种较浅的知更鸟蛋的蓝色。欧美文化中知更鸟蛋的蓝色是一种代表夫妻恩爱的颜色，因为知更鸟是一夫一妻、白头偕老，蒂芙尼公司于是选择知更鸟蛋的蓝色作为企业的标志色，打算买婚戒的年轻人往往对蒂芙尼蓝趋之若鹜。知更鸟被中国人称为青鸟，象征着爱情的使者。李商隐诗云：青鸟殷勤为探看。还有一种较接近青的颜色是碧玺之王帕拉伊巴的颜色，这是碧玺中最璀璨、最珍贵的品种，价值连城、倾城倾国。农行由绿而青的这种变化，我理解应该是代表着改革开放，农行更加市场化、商业化、集团化、国际化，在服务"三农"的同时，开始实施城乡联动、服务多元、融入国际的战略。核心是要创新，把绿的希望和蓝的梦想结合，结合点就是矛盾焦点，就是突破点，要在改革创新上力求突破。

农行是牛的文化。诚信稳健是银行的本色。自信坚定、吃苦耐劳、稳健行远、坚韧不拔是牛的品格，更是银行业的追求。农行标识中的麦穗是"牛"的篆字，既有农业的象征，更代表勤劳、诚实、稳健。这体现了农行核心价值观"诚信立业，稳健行远"。牛的品格规矩老实，没有规矩不成方圆，需要合规与变化的统一。外圆内方的钱币形图案，行方思圆、人在中央，也代表天圆地方人和。公司治理的根本问题在于权力的制约与平衡，合规之道不仅在制度，更在于人，人的价值观。方圆之中，又以人为本，崇尚"客户至上，始终如一"的服务理念。绿色是中性色。中，就是不偏不倚，实事求是，战略定位合理；庸，就是认准了方向，就坚定不移、义无反顾，意志坚定不拔。《中庸》云："诚者……故时措之宜也。"中庸之要在于"诚"。天道人性合而为一，化育相参就是诚。"诚者，天之道也；诚之者，人之道也。诚者不勉而中，不思而得，从容中道，圣人也。诚之者，择善而固执之者也。博学之，审问之，慎思之，明辨之，笃行之。"诚信为本，就是真善美，实现理性的求真务实、情感的爱己及人、社会的和谐美好，有机统一到银行的管理和服务。

农行是家的文化。厚德重情，是精神的底色。农业银行总行16楼有幅员工书法家写的字"厚德重情"，我非常喜欢，它是对农行文化的一种高度概括。大家都知道农行有人情味，以前是酒文化、礼尚往来，中央八项规定实施以后重感情、讲实在的传统还在。这种厚德重情的家的背景，还有田园意境、乡土文化、山水精神、家国情怀，核心是"以人为本""伴你成长"的文化基因。文化基因的高度，决定了企业竞争的高度。1981年管理学家威廉·大内提出"企业文化"的概念，首先是认识到"以人为本"，把人的精神融入更新产品和服务。近代日本商业界精神领袖涩泽荣一把经营者的最高精神境界表达为"士魂商才",就是提倡经商先立德再立行,先做人再做事。所以家文化所培养的,是一种修身立德、齐家治国的"士"的精神,经商不仅是为了个人,更是为了社会,商业为民、商业报国,实现人格理想。有这种家的文化熏陶,我们往往以"农行人"自居、自诩、自豪,体现做农行人的忠诚、感恩、奉献;有这种家的文化影响,农行人更加爱祖国、爱农行、爱大家、爱小家,就能够同舟共济、团结一心。我在农行倡导"公道正派、以人为本、求实创新、服务发展"的组工文化,这里面既有中央组织部的基因,又有农行的传统和理念,也是想把农业银行的文化和人力资源的理念有机结合。

讲起以人为本、心系基层、关爱员工,就让我想起农行股改后的第一任监事长车迎新。老监事长对基层、对员工的感情是无比真挚的。"六项措施""五小建设"无不浸透着他的心血。他几乎跑遍了新疆、西藏、青海、黑龙江等偏远、艰苦地区的农行网点,嘘寒问暖、解决困难。他经常把饶才富精神、"二兰"精神、苏州精神挂在嘴上,把基层员工的冷暖安危放在心头,四川雅安、云南景谷地震,都亲临现场看望员工,每年都要去福建龙岩红坊看望饶才富同志。在老监事长身上,我看到、学到的都是一种"厚德重情"的农行精神,经常砸吧着很有味道、越久越香。

去年9月我不再担任党委组织部部长,之前专门赴福建龙岩红坊支行看望饶才富同志,实现了我一定要在组织部部长任上看望老人家的心愿。今年年初,我又陪同新来的监事长再赴龙岩看望老主任。前一段时间,当我得知老主任饶才富去世的噩耗,感到很突然,非常悲痛。老主任虽然离开了我们,但他身上闪光的老农金精神、老一辈农行人的宝贵精神财富,值得我们不断发掘、传承和光大。

面向未来,农业银行提出数字化转型、再造一个农业银行的战略目标,需要和呼唤一套继往开来的全新理念和文化,这是一个更加开放、适应数字化的企业文化。企业的转型,必须要实现机制、队伍的转型,所有转型的前提和先导,是企业文化的转型、思想观念的转型。站在历史的制高点上,农行作为全球"大而不能倒"的金融机构,作为标准普尔世界银行业排名前三的大银行,作为我国商业银行的国家队,作为拥有近10亿客户、近50万名员工、23万亿元资产,机构遍布六大洲、覆盖中国全境各县市的金融企业,我们应该志存高远、胸怀宽阔。在过去和未来之间，一脉相承、延绵不断的是农行的文化，以及农行人的那份浓浓情义，在天地之间、在绿水青山，看日新月异、看稳健行远、看基业长青！

作者单位：总行机关

塘 色

闫星华

每每清晨与晚饭后，我愿意到楼前的鱼塘边站一会儿。

清晨，一轮红日如初生的婴儿朝气蓬勃地攀上楼顶眺望，把晚间积蓄的热量慷慨地献给大地。这时宿舍楼前的鱼塘里便染上了橘红色的朝霞，金辉柔和而鲜亮地铺到微波不起的水面，仿佛一面巨大的红旗铺张开来遮掩了平静的水域。

随着太阳缓慢向高空渐行渐远，塘里的水由深红变成了绯红，绯红又变为浅红，浅红又变为淡红。当一切红光都消失了的时候，塘边小路旁的垂柳袅袅娜娜就映到了水里，我们的宿舍楼也倒立在水里了。

此时此刻，倘若你站到塘边，面对自然的美，自然与人造谐和的美，会萌生怎样的情愫呢？我想，不单是"树阴照水爱晴柔""天光云影共徘徊"等诗句，还会想到鱼塘的建设者。

记得1989年，我在基层工作时的阳历六月六日那一天，现代化的机械设备，莫过两个多小时的轰隆隆运动，就在一块平坦的土地上，挖出一个二米深半亩大的坑，一个没有水的旱鱼塘初具规模。大型机械设备刚刚"下课"，清理塘底的"残渣余孽"只能靠人工完成。这时，天空阴云密布，上苍很不友好地开始播撒"甘露"。怎么办？撤退——将要进行第二次的清底抽水工作，可以说前功尽弃。即将"到站"的郗行长，穿一条短裤，拿一把铁锹指着天空说："老天爷啊，你真不开眼，我今天挖不出来，不姓郗！"

郗行长噼里啪啦冒雨往塘边上摔泥巴，本来想"狼奔豕突"的人，犹豫地站在那里，片刻的呆愣，大家便学他的样子干起来。刚刚宣布退休的人，这么顽强地挖鱼塘图个啥？他能吃到长大的鱼吗？

在郗行长的带动下，天黑，雨止，一个半亩大的鱼塘清理完毕。

那天我参加了鱼塘的清底劳动，接受了上苍的沐浴。而郗行长却受寒一病不起，一个月后遁入天国，可以说是英年早逝。从那时起，我就爱上了鱼塘，尤其是早晨和晚上。

倘若晚上来到塘边，那景色很是别致，且不说映到塘里的晚霞多么靓美，独那跳跃的鱼儿，那被鱼儿而不是风掀起的涟漪，就会引诱你流连忘返。待到夜幕四合，那时便会听到鱼儿喋喋水浮莲的声音，像一阙脆杂的催眠曲，令人愉悦、陶醉。

闷热的阴云天或小雨绵绵的天气，塘里便呈现出一层薄薄的雾霭，可能是水中缺氧的缘故抑或是其他说不清楚的原因，鱼儿会漂浮于水面，张着嘴游来荡去。起初只有几条、十几条，一会儿就成群成群地汇聚到一起，后来，整个鱼塘晃动起来，黑云压城城欲摧的样子。每遇这样的天气，许多人会来到塘边，观赏鱼群的壮观，享受凉风沐浴的惬意。有一次，我到塘边看鱼，听到一个男中音说："这鱼长得真快！"与他一起来的一位衣着朴实的女士说："养这么大不容易，要喂鱼食，又要拔鱼草，如果塘边栽上鱼草就方便多啦！"

听到他们的议论，我就想起了已经"走"了的郗行长，脸上猝然烧烫起来。我想，以后，是逍遥徘徊鱼塘边，欣赏塘色美，还是做一个点缀塘色的人？

好像有一种癖好，每每闲暇时，我就到宿舍楼前的鱼塘边站一会儿，每次去便情不自禁来到我亲手栽种到塘边的鱼草前，摘下一些片片叶叶扔进水中，成群的鱼儿便向我游来。年年有余、吉祥如意这些词就出现在脑海中，我的心中就荡漾起幸福的浪花。

作者单位：总行工会工作部

"那年"的事件

王建安

2019年,农行恢复设立40年,改革发展的40年,大行担当的40年,砥砺奋进的40年。40年发展,40年伟业,国际一流的商业银行集团正在启航行远。

我是一颗小小的石头,深深地埋在泥土之中。40年的华章里,农行培育我成长25年,爱像蓝的海,有万千语,我想说,那年……

那年,我22岁。从银行学校毕业,来到一个山区营业网点,做了一名会计员。没有电脑,算盘核算,手工记账。没有空调暖气,冬天土炉取暖,条件艰苦,但扎根基层的青年志愿,体会到的是农行大家庭的温暖。

工作后恰逢行社分家,营业所年末缺乏决算人员,作为新入行的热血青年,我翻旧账,反复学,信心满满,主动承担任务完成了营业所年终决算。至今,忘不了支行老师们的期待与信任,忘不了基层工作沉甸甸的那份责任感。

那年,撤并山区网点,我所在的营业所被撤销,我临时被抽调,去另一个被撤销的更偏远的山区网点搞清算。

数九寒天,身披军大衣,脚蹬布棉鞋,围着简易煤炉,一笔笔,一本本,几乎还原记账,重新核算。奋战一个月,最后相差1000元。山重水复疑无路,工作暂时停滞,可无从下手。一分也不能差,深夜里苦思冥想,忽有灵感,查12月31日,查6月30日,果不其然,找到突破口,原来是一笔账务方向记反。终于,清算工作圆满收官。那一刻,看着麦穗飘香的行徽;那一晚，走在水流清澈的河边；那一天，眺望着远方的高山。那份情怀，那份执着，那份释然，快乐与农行事业紧密相连。

在没有电脑的年代，全靠算盘核算，手工记账

那年，我又被分配到一个办事处，从最小的山区营业所到最大的乡镇办事处，有了计算机记账核算，后来迁址有了崭新的营业网点。农行扬眉吐气，农行人有了底气和士气，每一天的工作充满激情富有意义。协助承担会计主管岗位，带队去省会大城市学习先进服务经验，至今不忘那一年的锻炼与成长，铭记老领导老吕和老姜，永远难忘那一年团队的奋进与力量。耕耘中华大地，建设美好城乡，每一名从基层成长起来的农行人，才能更深刻体会到这句话的使命与担当，才会觉得一生都会有无穷的力量，支撑着理想，催生着梦想，回头望，最基层的经历和磨炼，使我最深刻明白了，什么是大行德广，基层农行人在自豪与奋斗中顽强成长。

那年，我被调到了支行机关。干文字、干综合，白天跟着领导进企业搞营销，晚上深夜灯下爬格子写报告。干信贷、干清收，进国企入民营下库区走农户，为了农行利益分厘必清。干宣传、干党团，各项工作争优创先，获得全省青年岗位能手称号，获得全省宣传报道先进支行荣誉，付出与奉献中，坚定着对农行事业的自信与忠诚。

那年，我被调到了二级分行机关。办公室综合工作成为主要职责，办文、办公、办会、综合材料、宣传材料、党建材料，团队合作创一流，竭尽全力争先进。团结奋进的伙伴们，熬尽了青丝，写秃了狼毫，为工作理想，为个人梦想，为农业银行，把爱写进材料里，把情记在文字里，那年我们的奋斗和业绩传为美谈。感激我的兄弟，一起拼搏成长的日子，才是真正的青春，农行闪亮行徽的那一抹绿色，记录着我们无悔青春的奋进岁月。

那年，我被调到了省会城市。短暂的一年，见证了农行勇挑"三农"重担，还有股改前夕攻坚的艰难。但农行人的坚韧与执着，责任与担当，智慧与勇敢，在金融史上留下壮美诗篇。那年，组织给我特殊贡献奖，单位被表彰为全行先进基层党组织，领导作为唯一代表，在表彰大会上做典型发言。围绕业务抓党建，抓好党建促经营，党建与业务深度融合，成就了分行的可持续高质量发展。

那年，我到总行工作。借调，交流，系统内招聘，京外调干，北漂十年。忘不了组织全行保持党员先进性教育活动和科学发展观教育活动的每一天，学思践悟，砥砺我坚守着应有的"三观"。一路奋进走来，转眼从事后勤保障工作也有十年，学与思、践与行、写与干、鼓与呼，为"一体化"新型后勤保障体系学习研究实干。全行股改工作先进个人、全行服务"三农"先进个人、全行综合管理先进个人，农行的荣誉给我激励，给我温暖。

在建设国际一流商业银行集团的征程上，作为一名从最基层走来的农行人，工作25年，岗易几地，路亦漫漫，家易几所，但工作需要，人生随处可安。

作者单位：总行巡视办

工作证第 66 号

王孝先

1979 年 3 月，我携夫人和 4 岁女儿、2 岁儿子，从宁夏银川国营平吉堡农场回到北京，结束了我们夫妻 14 年的知青岁月。

1979 年 7 月，北京进行统一招工考试，我参加了考试并被录取。9 月份到中国农业银行总行报到，工作证号码为 66 号。

中国银行、中国农业银行、中国人民保险公司、中国人民银行下属的核算工厂四家单位办食堂，场地在中国银行，地址在天安门广场西侧西交民巷路口的钟楼，农行出两名炊事员，我干面案、张志强同志干菜案，当时面案有 9 个人、菜案有 7 个人、凉菜 2 人、2 人搞卫生、1 名采购、1 名管理员，共有 22 个人，负责 4 个单位 1000 多人用餐，餐厅就像大礼堂，有几十张方桌，来的人都坐得下。

经过一段培训，我开始上早班。早班五点半上班，我四点多起床，五点出发，家住在沙滩南巷、北大红楼对面，早上北京的空气真好，天天上班经过天安门城楼，心里美滋滋的，我又回北京了，身上有使不完的劲。

早班有 7 个人上班，两百多人吃早点，吃馄饨要 50 斤面才够吃，一个半小时包完，剩下的时间要蒸米饭、馒头，要吃油饼就要 100 斤面，4 个单位的人员在一起工作都注意团结、协作，关系都不错。过年时农行行长方皋到我们餐厅来慰问，每人发一条毛巾、一条肥皂，行长说一年来你们辛苦了，你们站着干一年，我坐着干一年，这次我站着讲话，你们坐着听。当时陪同行长的还有中行办公室主任坐在旁边，听到这话也不好意思地站了起来。春节前副行长带队，陪同的有主任、处长到工人家慰问，嘘寒问暖，我觉得到农行工作是来对了地方。

早点过后，紧接着准备午饭，面案三人一组，压面条 50 斤，烙火烧 50 斤，包水饺 50 斤，菜案两人专门负责切菜，看他们干活就像变魔术，一上午能切十几大筐菜，其他菜案师傅有切肉片的、有酱牛肉的、有洗菜的，做凉菜的是两位女同志，刀功不错，做的小菜很受欢迎，做小炒就一个人每天要做 60 多份，采购一人就靠一辆平板三轮车，拉各种蔬菜，拉酱油一次拉 10 桶，每桶 50 斤，中午吃扁豆我们忙不过来，就在早点饭桌中央各放一斤豆角，吃早点的同志会择好，等吃过早点再到各桌收回。中午卖饭餐厅炊事员少忙不过来，各单位干部轮流收饭票，积极性很高。

四届人大期间，领导给我一张到中南海参观毛主席故居的票。我来到中南海后，看到人不多，不少人胸前戴着人大代表证。主席卧室床很大，一半睡觉、一半放着不少书。

1982 年，农行搬到广安门内白广路总参三所，那里有食堂。在永定门外海慧寺分理处，农行盖了一栋八个楼门的六层高的宿舍，民工在分理处食堂吃饭，他们那里两位女同志忙不过来，把我们两位男同志调去帮忙。我们在中行餐厅烧煤气，到这里烧煤，分理处三十多人吃得不多，民工就不一样了，早上五点多钟上班，一直干到晚上六点劳动量大吃的多，早点吃油饼二两一个，每人吃五个，中午吃馒头每人六个，吃面条煮一锅不够再煮一锅，一连煮了四次，面条够吃了卤又不够了。

1990 年我转为副科长，1995 年我加入中国共产党，1996 年老科长退休，我全面负责干部培训中心工作。培训中心有一号、二号两座楼，客房有床位 109 个，配套的有三百多平方米餐厅，人员有二十多人，正式工少、临时工多，男的少、女的多，她们多数家在外地，年纪又小来北京工作不容易，安全生产必须放在第一位。

当时来农行总行出差的干部都住干部培训中心，各省分行行长有的也住在这里，接待工作很重要。每年冬季给总行员工发放农副产品，外地卡车夜里十二点后才能进京，等安排好他们吃、住，有的水果要连夜卸下卡车，离天亮也不远了，白天分发农副产品又要半天，三九寒天站在外面，穿得多也不暖和。

在干部培训中心工作要和翠微小学打交道,因为我们租着他们的地方。一次查水表,说我们用水超了,非要让我们按每吨12元的价格交20万元,我想客房、餐厅多次检查没发现浪费水现象,问题出在什么地方呢?几天后餐厅外下水井堵了,在清理中我看到污水中有个不大的小泉眼,水清清的,我立刻把翠微小学领导找来,经过工人检查,原来是一段自来水管烂掉了。通过这件事,翠微小学再也没来找麻烦,罚款的事也不提了。几年来我重视员工学习,只要他们好学我就支持。杭州女青年周珏,来我们这里前没考上大学,在干部培训中心经过两年学习、考试,完成大学学业,拿到毕业证书。

1985年,我掉第一个牙,是门牙,以后干活一累就上医院看牙科。记得是1999年除夕夜,领导跟我说:"培训中心部分员工因工作需要回不了家,你陪陪他们晚点回家。"我说可以,没想到晚八点我牙龈出血不止,由爱人陪同到北京口腔医院拔了两颗牙还缝了好几针。2006年,我光荣退休,满口牙也退休了。

我对退休生活很不适应,主要是生活没有规律了,每天不用走路上班了,运动量就小了,吃饭也不按点了。思想一放松病就找上门了,先是血压不正常,后又发现心脏不好,去宣武医院、友谊医院、电力医院看急诊,都是晚上发病,后经电力医院专家诊断是血管堵塞,左前降支堵了百分之九十五,到安贞医院做了支架手术。

正在我觉得退休生活无趣时,农行成立了合唱队,我积极报名参加。一水的女同胞,就我一个党代表。慢慢男同胞也多了,有三十多人的规模,还有一些其他项目我也参加,我是出勤率最高的,多年来子女动员我到全国各地旅游,我一次都没去。参加几次农行老干部春晚,圆了我多年的文艺梦。猴年春晚,我上了五次台(两个歌舞、大合唱、小合唱、数来宝)虽然感觉累,但是身体好多了,也快乐多了。

作者单位:总行离退休人员管理局

邂逅 C3

韦鲁玉

美丽的记忆就像根植于心田中的大树,虽有时会因为心境的烦乱而如秋叶飘落,但当你忆起他时,总会看到盛夏时的枝繁叶茂。说起我和 C3 的邂逅,却是从意想不到开始的。

记得那时,我刚刚开始接触到信贷业务系统,一切都是那么陌生,虽然工作中有着种种的不顺利和意外,但年轻人的冲劲让我对一切挑战都充满信心。谁知道,刚刚加入农行软开工作第一天的我,就接到了上级领导的通知:为保证农行信贷业务系统三期(C3)在全国按时按计划投产上线,部门领导决定,新入职的六名员工,第二天就要奔赴天津,与已经在那里封闭开发的同事们会合。接到这个消息,我心中不知是什么感受。让我激动的是,我终于能够更加深入地了解 C3 信贷业务系统,这不仅对于我快速学习新业务、新系统是一个最良好的契机,更为我在未来研发工作的开展和方向打下了坚实的基础。但令我为难的是,这就意味着我要离开我熟悉的环境、熟悉的家。工作的要求就是命令,于是我毅然打起背包,加入 200 余人的封闭大军,投身于如火如荼的 C3 系统封闭研发工作之中,而这一去就历时 15 个月之久。

封闭开发的工作远比我想象的还要艰苦,每天除了吃饭、休息和短时间的小量运动以外,我和其他的研发同志一样,几乎时刻都忙碌在显示屏前。从最初的需求讨论,到编写设计方案;从代码实现,到测试封装;从应用场景的设计,到正式投产上线;从一个一个代码的编写,到整体系统的全国推广,每一步都融入了全体封闭人员的汗水和努力。回想那时,同事们经常会在需求分析会上讨论到喉咙沙哑；会为了一个数据库表字段设计争论到焦头烂额；会为了一个无法测试通过的功能点而反复的修改、测试，再修改、再测试；会为了两个功能模块的联调而废寝忘食；会为了每一个里程碑式的节点而喝彩、欢呼；会为了系统正式投产上线的成功欢呼拥抱。而在这一切的背后，是生病打完点滴后，立刻返回工作岗位的坚持不懈；是为了远方家里病中孩子的牵肠挂肚；是对一两个月都不能在年迈父母前尽孝而感到枉为人子；是思念新婚爱人的伤心垂泪……

如今回忆起来，这样的片段，几乎穿插于我们封闭开发工作的每一天，大家心中充斥着苦与甜、喜与酸，但仍然坚守岗位，没有怨言，因为大家都知道，这是生活给予我们的考验，而我们一定会守得云开见月明，推动C3系统成功地全国上线，用努力的青春，回报领导和同志们对我们的信任和期待！

时过境迁，弹指挥间，一转眼C3全国推广上线已近十年。十余年的农行工作时光也已如水般流逝，我从一个当初不懂业务的菜鸟，成长为一名成熟的运维人员。有缘分的是我所保障的系统，仍然是当年为之付出心血的C3信贷系统。想到这些，我心中不禁充满温暖，仿佛一位长辈一样，看着自己的孩子呱呱坠地，并伴随着他，一同历经婴儿、孩童、少年……

十年间，我在运维保障工作中，注意流程合规性、熟练掌握应急操作技能、及时处理生产问题。几百次的成功投产变更不眠夜，有我们的精细化变更评审做保障，有我们的双人实施复核当后盾。上千次的事件查询受理，数不清的应急处置现场，我和技术保障部同仁们一起，始终以确保安全生产为第一要务，切实保障了生产系统的安全稳定。而我，也为我能成为一个合格的C3保障人，而感到骄傲和自豪。

在这腾飞迈进的十年中，C3系统更为茁壮的成长，而C3系统的家族，更是一步步地壮大，升华！C3全球化工程、智慧信贷、新一代个人网上贷款平台、惠农e贷、"e链贷"、数据网贷、微捷贷，这一个个惠及"三农"、遍及世界的好产品不断地涌现出来，既服务于全国金融市场，更展现了服务"三农"的金融创新模式，而商业智能分析（无量）平台、票据综合服务平台、数字水印云服务平台、大数据分析等技术与业务系统的融入整合，更加大幅度地提升了农行信贷业务与产品整体服务能力，为信用风险防控注入新智能，为把农行打造成为国际一流大型商业银行，奠定了更加坚实的基础！

　　励精图治终不悔，不忘初心再前行！从互联网金融到智慧金融的路上，从被动运维到主动运维的路上，从手动运维到自动化运维的路上，展望中心领导对保障部的深厚寄语："十五载春秋征战日与月，满堂彩华章深藏功与名。"我们心中对未来更是充满了信心和斗志！"保家护行"，有你，有我；未来路上，你我携手共创！我们必将不惧风雨，砥砺前行，用热情和激情，点燃更加璀璨的农行人生！

作者单位：总行研发中心

春天行动

王佳男

　　2015年夏，在石家庄，我邂逅了他。那时的我，刚刚走出象牙塔，懵懂而踌躇。那时的他，挥斥方遒，意气风发。他叫我入行新员工，我叫他中国农业银行。从那天起，我们俩达成了一次合作，这次合作的名字叫——成长。

　　入行培训结束，我来到了涿州市支行，成为一名高柜柜员。从存取款到结售汇，从数零钱到开对公户，业务一笔一笔地办，经验一点一点地积累，工作慢慢从生疏变为了熟练。我也从熟练中感到了成长的喜悦。这份喜悦，一半来自内在的自我评价，一半来自外在的客户评价。2016年底，因为要过年了，营业室里客户特别多。一对四十多岁的夫妻来我这里办业务。他们来到窗口对我说："我不知道为什么，我的卡取不了钱了。"我一查，是密码锁定了，便很快为他们办理了解锁手续。业务很快办完了。那位女士得知办好了，说："咦？就这么简单啊！"同行的男士说："还是人家专业。咱们等了这么半天，就差让人家给解一下。"两个人一边说一边高兴地离开了。听了他们的话，我既高兴又着急。高兴的是，我通过自己的业务能力，为客户解决了问题；着急的是，他们在营业室等了半天，只为做一个密码解锁。这件事督促我更加努力地学习业务，提高业务办理效率。

　　让人没有想到的是，为此事努力的不只有我，还有他——农业银行。这些年来，我行注重自助机的开发和使用。从只能简单的存取款，到通过自助渠道办理大部分银行卡业务，大大提高了业务办理效率。2018年，BoEing系统又基本实现了无纸化，节省了处理纸质传票的时间，进一步提升了工作效率。

　　我和农业银行就这样共同成长着。其中，最锻炼人的，要数"春天行动"。从入行到今天，我已经度过了四个"春天行动"。"春天行动"虽然辛苦，但是每一次"春天行动"，对我和农业银行而言，都是一次化羽成蝶的蜕变。

　　2016年"春天行动"，我负责营业室个人交叉的营销。在各项金融产品的推广过程中，客户的金融知识得到了迅速普及，为日后各项产品的营销做好了铺垫。同时，我也在与客户高频高效的接触中，得到了迅速成长。通过大家的团结协作，营业室个人交叉几乎每天都能达到九十个以上。那是我有生以来说话最多的三个月，也是我沟通能力提高最快的三个月。

　　2017年，"春天行动"开始了，农行又要大干一场了。然而，我却在2016年12月怀孕了。更为不幸，也更为幸运的是，我产生了严重的孕期反应。为何不幸？因为身体和工作实在难以平衡。为何幸运？因为我相信，这也正是上天对我的考验，我愿意接受挑战。那三个月，我挺过来了。这是比军训更锻炼人的一场磨炼。那最辛苦的一段经历，使我变得坚强，勇敢无畏。我感到我比任何时候都更相信自己，比任何时候都更强大。那是一次意志的洗礼，是一次重生。

　　一转眼，又到了2018年"春天行动"。因行里需要，我提前结束产假，回到了工作岗位。与以往不同的是，这次是去了开发区分理处。在该网点，身边的同事大部分都在四十五岁以上。他们常说，我是大学生，有活力，比他们强。但是，我看到的却是他们积累了二三十年的工作经验。他们对任务的解读能力、处理能力，对客户的驾驭能力、营销能力，让我感到望尘莫及。这个"春天行动"，我觉得自己的眼睛不够用，耳朵不够用，去看、去学、去尝试。而农业银行，也在这次"春天行动"开始了向股份制银行的学习。我行开始转坐商为行商，放下了高高在上的架子，走街串巷地进行营销。

　　2019年"春天行动"，是我第一次开始研究、解读任务的一个"春天行动"。不再眉毛胡子一把抓。应该先干什么，后干什么？哪个重要，哪个相对不重要？针对自身的特点，哪个任务能完成？哪个任务需要努力？怎么努力？我开始了具体的思考，并就自己的想法向主任进行了汇报。很幸运的是，主任对我汇报非常重视，给予了我非常有价值的指导。在我不断雕刻自己的同时，农业银行也在不断改进。掌上营销的推广，极大地提升了营销的效率和可能性。使得营销不只限于网点，为走出去营销提供了便利。农银E管家也得到了客户的普遍认可。开通了外呼系统，使得信用卡分期有了抓手。以我个人为例，分期任务完成较去年增长了近60万元。

"春天行动"结束了，我和农业银行一起，又走进了人间最美的四月天。农业银行在这个四月，告诉我说，他要继续转型，继续进步。我告诉他说，我也来到了一个新的网点。这是我入行以来的第三个网点。离开了学习业务的营业室，离开了规范业务的"三化三铁"网点，到了新的网点，我又会有什么新的历练呢？

作者单位：河北省涿州市支行

空白凭证

胡海燕

那一年的夏天，出奇的热。一场名为"厄尔尼诺现象"的热流覆盖华北，我所在的临漳县城在劫难逃。

那一年的夏天，我是凭证管理员（空白凭证），就职于临漳支行会计科。这一年，有一项空白凭证销毁工作列入了第二季度7月份，计划利用半个月时间完成此项工作。要知道，那不是一项普通的工作，那是自1979年以来一年一年积攒的作废的纸质凭证，有储蓄凭条、有手工账簿、有上锁保管的有奖类储蓄券等二十多个种类，这些个带着岁月痕迹的纸张类的凭证堆满了支行三楼西头的两间房，要销毁这些空白凭证必须事先清理归类、登记造册，而上锁保管的带号码的凭证，必须一本本地过手、一个个号码分类登记，我和另外一个凭证管理员以及我们的两个会计科长四个人全都投入了此项工作中。

那一年夏天，太阳起得早，日头早早地透过窗户照进来，我们四个人拿着马扎和小板凳，打开了凭证库的门。第一天，我们无处下脚，只能坐在门口，选择门后面的凭证开始清理，从零开始，从一本本空白凭证开始过滤、筛选、登记，然后一点点地向凭证库里面推进。我们四个人，两个人一组，一个念凭证名字和号码，一个写在纸上。

说实话，这样的桑拿天，不干活、干坐着，身上都是汗津津的，何况在这样一个光照充足的房间里，这样一个不能开电扇的环境里（如果电扇打开，满地纸张必然飞起来），我们每个人的眉头上都是汗珠子，每个人的T

恤都被汗水浸透了，但是，我们没有改变计划，仍然按照原来计划推进着。

我们有着自己的消暑方式。在中午十一点的时候，我们就下楼去买一个西瓜抱上来，边说边吃，边吃边笑，然后，继续我们的凭证登记工作。

这样，随着一天天的推进，我们脚下的水泥地的面积在扩大，我们手中的登记册在加厚。经过半个月的鏖战，我们登记完了所有的空白凭证，连同那些柜子上锁的重要空白凭证，我们都进行了另类造册，我们把这些登记造册的空白凭证装进麻袋，堆放在地上。高高的八个麻袋，是我们半个月的心血和汗水，厚厚的一沓子的登记册，是我们的工作"战利品"，我们的登记册被装订在销毁凭证的传票后面，被列为表外科目的附件永久保存着。看着这八个麻袋，我们四个人会心地笑了，我们心里知道，销毁凭证的前期工作完成了。

销毁空白凭证工作的时间没有一天推迟。头一天登记造册结束，第二天支行的那辆面包车就停在楼下。搬运麻袋的同事们将八个麻袋放进了面包车里，跟车的是我们两个凭证管理员和两个会计科长。因为，我们必须对销毁过程全程跟踪和监督。

那家乡镇造纸厂距离支行有40华里的路程。面包车承载着我们四个人和八个高高的麻袋走过三十华里的柏油路，绿树红花，一路顺风。但是，当走过十里乡土路的时候，车轮滚滚带起的尘雾，飞进了面包车里，窗户封闭不严密，面包车没有空调，我们的面包车就这样高高低低走进了造纸厂。下车后，我们四个人的脸上和头发上都落满了尘土，还好，翻江倒海的路途没有把胃里的食物吐出来，这真是万幸的事儿啊。

那家造纸厂的环境让我意外，光秃秃的，一棵树也没有，很难找个阴凉处，一丝风也没有，太阳像一个巨大的锅炉炙烤着大地。我们只好蹲在屋檐下那条细长的阴凉处。那个销毁凭证的水池就在眼前，我们盯着半个月以来我们亲手登记过的空白凭证，一点点地被黄色的药水腐蚀。整整两个小时，我们在关注着纸张凭证的变化，直到成为泥浆，我们才放心离开造纸厂。

那时候，我们两个凭证管理员三十多岁，两个会计科长都是四十多岁，我们的身体怎么可以这样的忍耐？当时我在想，这些销毁凭证的工作难道不可以推迟到以后吗？反正是多少年前就开始积攒啦。还有，可不可以把这项工作换到凉爽宜人的春秋两季，为什么非要顶烈日战酷暑去做这件事情呢？

有些疑问在当时或者以后一段时间内，我都没有想明白到底为什么。经过一些事情后，随着阅历的渐渐丰富，多年之后，我知道了答案，这是承担和负责，是一种"活儿在那儿堆积着，心里不安"的工作品格。

当年的会计科长已经退休在家安享晚年，当年跟我搭伴的那个凭证管理员还在做着她的凭证管理工作，所不同的是，她现在管理的都是电子凭证。时代不同了，有一次我们俩碰面提及当年，她说，现在只有客户的第一个信息登记表是纸质的，其余的都是电子的啦。电子化和信息化已经将我们带入了一个最好的时代。

作者单位：河北省邯郸市分行

时针指向零点

王元章

  1983年最后几天,我是在矾山片的河北黑山寺信用社度过的。那年秋季,我被分配到营业所下乡帮助工作。马上就到年底了,几个信用社的存贷款任务完成情况还不明朗。所主任压力大,于是把我们几个支行下乡和所里的外勤重新调整力量,我和所里小孙到黑山寺乡。

  那时基层信用社对待上级分配的任务十分重视,大家荣誉感特别强,都暗暗较着劲,不到山穷水尽绝不认输。尤其是主任,经常夜以继日地工作在村户,组织存款、清收贷款。因此,每天都有大量的现金源源不断地汇聚到信用社。当时农村交通不便,乡村之间都是土路,即使是连接县乡镇之间的公路,也都全部是沙石路。汽车开过后往往尘土飞扬,把路上骑车和步行的人们弄得灰头土脸。

  每到秋季农副产品集中上市的季节,乡村道路上车水马龙,农民收到的现金分散进入千家万户。而这个时候也正是金融部门收贷、储蓄的黄金季节,所以我们内部称这时候为"旺季"。

  收储多了,村里信用站每天向社里交钱,而信用社现金又必须及时送到所里。出于安全考虑,上级对各级保险柜都有规定,超过一定额度必须及时送到所或者县农行的金库,矾山营业所金库就负责该片几个信用社及自身业务的现金存取。所以,当时信用社隔三岔五有人员背着现金骑车或者坐汽车向所里送款。好在那时安全形势比较好,出事故的也不多。

  过去银行有特别规定,年末社、站现金必须清零,也就是保险柜子里不能存有现金过年。所以不管年底结账多晚，社里的现金必须当天12点前送达营业所入库。实际上直到现在，各级金融部门仍然是有年末查现金库的规定。

信用社一年的任务大部分都压在第四季度完成，而最后一个月和最后几天更是关键所在。农民的还钱习惯也是阳历年前还贷，所以最后一旬社里的现金特别集中，每天需要向所里送款。有时候社主任或者外勤忙得不可开交，我们下乡人员就帮着送去，回来后将手续交给信用社会计。那时候，大家长期都在一起工作，思想也比较单纯，互相之间信任。

最后一天终于到了。天空飘起了鹅毛大雪，本来矾山地区就海拔高、比较寒冷，一下雪就更冷了。下午，社里杨主任匆匆从村赶回乡，他是个对待工作任务心中有数、做出成绩从不爱显摆的人，当天已经把全部年任务胜利完成。当然，几个月的劳累已经使他近乎筋疲力尽。

会计老庄正在一刻不停打着算盘结账，他办事特别认真仔细，但也使算账速度比较慢。我和小孙因为已经帮助社里完成任务，心底高兴溢于言表。但还有一项特殊任务需要必须办好。那就是把社里保险柜子里的全部现金交到25里外的营业所柜台。只有所里收到这些钱，点得清清楚楚，做到账平表对，才能算完成全部任务。

时间一分一秒地过去，当老庄在大家的帮助下，将各站和社里的一整年数字整理清楚，并达到上级要求的时候，已经是晚上十点半。这时候，营业所几次来电话催促，其他几个信用社已经现金到账，只等着黑山寺社的现金送达。因为我和小孙还需要回所，信用社主任和所里阎主任已经电话联系好，让我们两个人代他们将所有现金顺便交到所里。于是，我身上背着一个四十多斤的大黑提款包，小孙身上扛一杆长枪（当时信用社看库房用）骑车出发了。

茫茫夜色早已来临，北风卷着雪花吹打在我们已经冻得发麻的脸颊上，整个矾山白皑皑一片，野外人迹罕见，道路上偶尔有汽车打着刺眼的车灯急驰而过，车轮带起的雪花抛的老高。那时候的路高低不平，弯弯曲曲特别不好走，再加上到处冰天雪地，厚厚的积雪足能盖住脚脖子，人随时随地都有可能滑倒。

小孙是个急性子，他仗着身体好又年轻，在路上竟然提出要与我比赛骑车速度，一点也没有意识到身边还带着这么多现金。我倒是比他年龄大一点，知道今天这个日子情况特殊且危险：身上现金太多，时间已经很晚，旷野四处无人。我自己暗暗提高警惕，边走边观察着周围的动静。一路上，他始终在我前面十几米带头，等到了三堡村子西边的一个大下坡前，小孙突然加速把我甩了很大一截，同时自己也被厚厚的积雪滑倒，在坡底下摔个大跟头，枪也掉在地上。我乘机一阵紧追，才算没有被拉下距离。

当我们前脚跟着后脚终于到了营业所时，时针指向零点。

作者单位：河北省张家口市分行

难忘的第一堂课

王立新

我是山西农行学校的一名员工，从1979年入行到现在整整有40年。对我个人来说，经历的工作太多，但大都淡化了，唯有第一次登台讲课让我终生难忘。

我记得，有一天教务科突然发给我一张表，发表的同志说想征求一下意见，问我想不想任几门课的兼职教师。当时我犹豫了，一系列的问号挂在我心头：这么辛苦的工作我能不能坚持下来，我那不太标准的普通话能不能让学生听懂，这么繁重的讲课任务会不会影响烦琐的办公室工作。说实话我有点胆怯。我带着这些问题找到有关领导，领导说学校任务重，存在的困难多，我们都得克服，教学和行政管理的矛盾冲突也肯定存在，但自己必须学会调节，做到教学和行政工作两不误。没有太深的理论，没有过多的思想工作，更没有强硬的态度，一番谈话后我就接受了。那时候讲工作没有条件，工作不能讲条件，组织需要就是命令，一旦组织决定了的事，不论任何人都会无条件地服从。

分配给我的课程是《马克思主义哲学》和《中国共产党党史》两门课。要用一个月的假期进行备课，下学期开学我就得登上讲台。

这一个月我过得好辛苦！

正好是寒假，除大年初一参加学校组织的团拜外，我大部分的时间都在办公室度过。

讲好一堂课不是那么简单，在一个月的时间内我首要的任务是备课，第一次备课我付出了比他人多倍的精力。第一，没有现成的讲义供我使用，我得自己编写。第二，从来没有登过讲台，没有讲课的经验，我得学会掌握讲课技巧。第三，更重要的是没有系统地熟悉过课本内容，虽然这两个学科我以前也学过，但只是熟悉一些大概内容，应付考试还行，要给学生系统地讲授还远远不够，我必须尽快通读和研读教材，掌握好整个教材的内容体系，做到学通吃透，然后才能编写教案和讲义。因此，一个月假期陪伴我的就是这两本书，走到哪带到哪，吃饭看书，走路看书，睡觉看书，甚至上厕所也看书。遇上不懂的就请教别人或听磁带、看录像，直到把问题弄清楚为止。两本书不知道翻阅了多少遍，开学的时候，两本书已经被我批改标注的不成样了。直到现在我还保存着已经破烂不堪的这两本教材。

熟悉了课本，接下来的事就是教案编写。首先要根据课本的内容和课时量写出每门课的授课大纲，在此基础上写好每节课的讲义稿。为了写好讲义稿，丰富讲课内容，我到书店购买了几盘专家讲授录音带，从教务科借出录音机在办公室一遍一遍地听，将比较好的内容记录下来，以丰富我的讲义。为了使讲课内容生动，我又从其他相同教材中摘录了许多生动的事例放在每节课的讲义中，比如在写"相对论"一节的讲义中，我从具体的事例入手，如"下雨天"是好事还是坏事，结论是相对的，不同的人有不同的认识，如果你正在室外打球，那你一定认为是坏事，因为下雨影响了你的活动。如果换成一个农民伯伯，在久旱无雨的情况下，下雨就是一件好事，因为雨水有助于禾苗生长。类似这种专用名词概念很多，如普遍性、特殊性、绝对性等，这些概念单纯地从理论上来讲枯燥无味，但从生活中找到事例就好理解得多。

所以，用事例说话是我编写讲义的重要特色。经过实践，我感觉效果很好，在后来的教学中，不论讲什么课，教学案例都是我必须收集和使用的，它能明明白白地告诉我们一些浅显的道理。

编写好讲义，只完成了备课工作的一部分，由于是首次登台讲课，如何讲，时段如何分，能不能在45分钟的一节课中准确地把准备的教学内容讲完，自己心中没数。节奏快了怕下课早，影响其他班上课；节奏慢了怕讲不完也影响别的老师上下一节课。因此，必须学会掌握进度和讲话频率，为了掌握好进度，我在办公室对着窗台自己试讲。

我记得试讲准备得很充分，首先买了五盘空白磁带，用借来的录音机进行录制，录下后自己听、自己找问题。然后在办公室挂了个小黑板用来写板书，还利用晚上办公楼没人的时候关起门来大声地进行试讲。我前后进行了五次试讲才满意。第一次试讲语速太快了，停顿少，板书少，结果只用了35分钟。第二次试讲太慢了，语速慢，板书多，停顿的时间长，结果用了一个多小时。第三次试讲的时间正好，但也不理想，没有和学生的互动，也没有提问，课堂气氛呆板。第四次不满意，第五次终于找到了感觉，效果明显。试讲完后已经是凌晨两点了，但我好轻松！

开学的第一周就有我的课。我记得是周二的第三节、第四节课，分别给中专两个班上课。在前面两节课的等待中，我都是在忐忑不安中度过的。随着上课时间的越来越近，我的心也越来越紧张。

第三节上课的铃声响了，我在办公室的镜子前整了整衣服，梳理了一下头发，想以一个最佳的状态和形象带给学生，同时告诫自己别紧张，准备好带上教材和讲义怀着忐忑的心情走进教室。

同学们好！老师好！在进行简单的课堂礼仪后，我开始了我的第一堂课。这堂课是成功的，当我用最后一分钟讲完课时，我得到了同学们热烈的掌声。这掌声几十年了还在我耳畔回响；它激励和鼓舞着我；给了我自信，坚定了我信心。我很怀念和享受我的第一堂课。

作者单位：农银大学山西分校

三次"考试"

闫世贵

我生于1958年3月，1978年12月参加工作，到2018年12月，我在农行多个岗位上兢兢业业地工作了40年，是改革开放的见证者、参与者和经历者。

我出生在火红的"大跃进"年代，于改革之初参加工作，退居二线后从事三大攻坚战之一的脱贫攻坚工作，从2015年3月任省农行驻繁峙县横涧乡扶贫工作队长以来，已经四个年头了。在这期间经历过三次省级检查验收，也可以说是三次"考试"。

第一次"考试"是2016年12月13日，山西农大对省农行帮扶的横涧乡白坡头村整村脱贫退出的第三方评估。那一天是农历十一月十五日，是第3个国家公祭日，12日晚上降了一场雪，雪厚6厘米，受降雪影响，温度达到零下十几摄氏度，道路出现结冰情况。

乡里由方书记和彭乡长组织第一书记、乡干部成立了迎接检查协调组，早晨八点，我们从乡政府出发前往白坡头村迎接评估组。途中在一个急弯处，因路滑一位第一书记驾驶的汽车发生了侧滑，滑到了路边的农田里，汽车的底盘被石头卡住，无法行驶，后经乡政府派专人调吊车救援脱困。我自己驾驶忻州分行派的一辆现代车，小心翼翼地行驶着，顺利到达了白坡头村。

上午十点半，第三方评估人员到达了白坡头村，分几组同时进行入户评估，村委会有一组听取汇报、查看资料，山西农业大学公共管理学院副院长梁剑峰任组长，村主任、第一书记和省行驻村工作队员（忻州分行韩存年）

分别向工作组做了汇报，我就驻村工作队所做的工作进行了补充，评估组对我们驻村工作队的工作给予了肯定，梁剑峰组长还专门加了我的微信，留了我的电话号码，下午评估结束后，评估组回了县城嘉盛伦酒店，方书记和彭乡长也一同回了县城，等待评估结果。

晚饭前，方书记电话告诉我说，今天入户时有5户贫困户对调查组说了一些不符合实际、影响整村脱贫的话。比如有一户说生病住院后医药费没有报销，家庭收入低；有一户说自己家除务农种植收入外无其他收入。方书记想让我和他们一同会见梁剑峰院长。当时已经是晚上七点半，白天的雪融化后已结冰，路面非常滑，再者评估组对我们工作队的工作是肯定的，从内心来讲，我不愿意去，但考虑到大局，我觉得应该去。

我坐着白坡头村支书开的汽车，60公里的路程，我们行驶了两个多小时才到达了县城，到达嘉盛伦酒店后已经是晚上十点，方书记和彭乡长正在大厅等候我，在我到达之前，他们已经会见过评估组的几位领导，结果有一位领导坚决不同意白坡头村整村脱贫（如果该村不能整村脱贫会影响2016年全县脱贫任务的完成），后我和方书记一同会见了梁剑峰院长，说明来意，并把关于5户贫困户家的真实情况以及村委会的调查结果报告给梁院长，比如有1户农户没报销的医药费是2013年的医药费，当时还没有纳入贫困户，并且他本人没有缴纳医疗保险；另外有1户他家除种植收入外还有他儿子的务工收入，这样他家的人均可支配收入超过了2016年的脱贫标准。我们请求梁院长对这几户贫困户的真实生活、生产状况进行重新核实，梁院长也为我们不顾天黑、路滑的危险而忘我工作的精神感动，答应明天再研究、商讨一下。

第二天上午我和白坡头村支书一同回到了白坡头村。在回来的路上，方书记电话告诉我评估组经研究决定，对白坡头村的已经走访过的5户贫困户重新入户走访，进一步核实情况。

回到白坡头村以后，我和横涧乡党委书记、白坡头村支书、主任对这5户分组进行了走访，我们说明情况，给他们详细讲解了精准扶贫相关惠农政策，对他们家的各项收入、支出进行了询问和测算，测算后他们5户年人均可支配收入超过了2016年的脱贫标准，测算结果得到了他们的认可。12月15日，山西农业大学的评估组派专人对白坡头村那5户贫困户进行了再次入户走访评估。这次，5户贫困户都如实把自己家的情况反映给了评估组，这样,白坡头村实现了整村脱贫摘帽。虽然白坡头村已脱贫,但是我们省农行会继续对其结对帮扶,以便巩固脱贫成效。

白坡头村是横涧乡第一个经过省第三方评估后脱贫摘帽的重点贫困村,对全乡其他贫困村的脱贫摘帽有引领示范作用,特别是在我们省行的大力帮扶下,该村的箱包加工产业日益壮大、成熟,现已带动横涧乡其他村成立了箱包加工厂,箱包加工产业的健康发展也得到了县扶贫办的肯定,繁峙县政府专门就手工业发展出台了相关扶持政策。

第二次"考试"是在2017年11月3日,接受大同市扶贫办的检查。当天上午我们驻村工作队协同村两委同志们整理扶贫资料到中午一点,而后我的一位初中同学邀请我到他家做客,下午二点钟,我接到乡里电话说省派市级交叉检查组要来我们省行帮扶的东水沟村进行检查,我立刻从同学家出发,到达东水沟村片刻后,县乡领导陪同省检查组的领导们也来到了东水沟村,带队的领导是大同市扶贫办的王主任。接下来检查组的同志们分成两组,一组留在村委会听取村支书、第一书记和工作队的汇报,并查阅相关资料,与此同时,另一组入户调查。

刚开始汇报进行得很顺利,听取汇报的过程中,检查组的同志问到村集体经济的支出情况时,由于支出项目多且间隔时间长,村支书一时对支出的明细记不太清楚,所以回答得比较笼统。这时,检查组的同志对村支书的话产生了怀疑,认为东水沟村的脱贫攻坚工作不扎实,突然说:"你们扶贫工作做得好与否,不能光听你们说,我们也要入户进行核实。"当时在座的同志们都很茫然。见此情景,我觉得我应该立即和检查组的领导解释清楚,以免产生误会。于是我来到另一间办公室,见到县里陪同的孔县长正和检查组的王主任交谈,我告诉孔县长说听取汇报的同志对我们的扶贫工作产生了误解,还没听完汇报就入户去了。孔县长让我给王主任说一下情况,我向王主任介绍了我们省行工作队积极争取各项资金,工作队员入户走访了解贫困户生活、生产情况,结合东水沟地多坡广的区位优势而后因户施策,在东水沟村成功实施了健康养殖(牛、羊)和中药材种植(黄芪、黄芩、秦艽),实现了东水沟村所有贫困户都有产业的目标,目前养殖业种植业发展良好,同时我们省行在结对帮扶村开展了送文化、宣讲政策等系列精神扶贫活动。听了我的汇报后,王主任当即说:"你们省农行工作队确实亲力亲为,对结对村进行了很大的帮扶,你们的做法值得我们学习。"

晚上六点,入户走访的检查人员陆续回到了村委会。这些入户检查的同志们(包括未听完汇报,对我们有误解而去入户的那位同志)对我说,通过入户走访了解到,我们省行工作队确实工作扎实,真正起到了帮扶作用,而后检查组一行回到了县城。

我对此次"考试"的感悟是,当我们的驻村帮扶工作受到误解和质疑时,我们要及时主动采取有效的方式和对方沟通、解释,从而消除误解,维护省农行的声誉,不能因为是上级派来的检查的"钦差大臣"而听之任之选择沉默。

第三次"考试"是在2018年12月12日,那天上午我正在省行人力资源部汇报工作,十一点二十分时驻村工作队副队长孙富怀电话告知我省督察组在东水沟村对我们工作队进行了督察,认为我们工作中存在的问题较大,而后督察组不辞而别。我听后感觉到了事态的严重性,立即安排孙富怀将督查情况上报乡政府,同时做出书面情况说明并且就存在的问题立即整改。

午饭后我回到了忻州,我和乡党委方书记分别给繁峙县委组织部郭部长打电话,告知了检查情况,让郭部长帮助和督察组协调沟通、解释一下,下午五点钟我驾车前往繁峙县,快到繁峙高速出口时,我在电话里向郭部长询问了协调情况,告知郭部长我想见一下督察组的同志,沟通、解释一下,郭部长说督察组已向县委做出了通报,让我先不用见督察组了,先由他协调处理吧。

我回到横涧乡白坡头村工作队驻地时已是晚上七点半,工作队副队长向我汇报了今天督察组检查东水沟村的详细情况。事情的原委是:12月12日,省农行驻东水沟村工作队员正在乡政府三楼会议室参加迎接评估验收再培训再动员会议,九点五十分左右驻村队员接到省督导组到村通知,立即向大会领导报告,并与驻村工作队副大队长孙富怀,乡组织委员、村支书一同返村。督察组检查后给县委组织部反馈驻村工作队存在六方面的问题。

我向繁峙县扶贫大队长汇报了此事,同时对起草的书面说明材料进行了审阅并在细节方面做了修改,而后发送给了郭部长和驻繁峙扶贫大队长。

晚上十点钟我回到了乡政府住所后,郭部长电话告诉我,经过协调明天县里派工作组到东水沟村对省行工作队进行书面考试,并核实工作队长在岗情况。

12月13日上午，乡纪委书记冯璐峰陪同县纪委、组织部的检查组到达了东水沟村委会，带队领导居主任安排，对三名驻村工作队员进行了书面闭卷考试，限时40分钟，在单独的房间，有两名专人监考。与此同时，副队长孙富怀陪同居主任到白坡头村核实驻村工作队员的食宿情况，留下了影像资料。

考试结束后，县纪委、组织部门的同志们对三名队员分别进行了口头考测，居主任从白坡头返回东水沟后又单独对三名队员进行了提问、考测，一直到中午一点，检查工作才结束。后来通过询问工作队员得知，无论是书面闭卷考试还是提问测试，3名队员大部分都回答正确。

以上是我扶贫工作中经历的三次"省考"，虽然每次的考题都有难度，但在大家的共同努力下，最终的结果还算圆满。从2015年2月任省行驻横涧乡驻村帮扶工作队长以来，其间虽然队员几经轮换，我却一直坚持了下来，几年来所帮扶的三个村的村级和户级各项指标都达到了国家贫困村的退出标准，村容村貌、基础设施发生了根本性的变化，更重要的是村干部和村民的素质都有了很大提高，村民脱贫致富奔小康的劲头更大了。之所以能取得这样的成绩，固然离不开我们每位队员的认真工作，努力沟通、协调和配合，但更重要的是省行这块金字招牌赋予了我们攻坚克难的勇气和信心，省行党委对精准扶贫工作的重视是我们努力工作的坚强后盾，我们的帮扶工作得到了当地政府肯定和百姓的称赞。

2018年12月开始，由北京师范大学和山西农业大学组成的评估组对繁峙县开始了为期8天的全县脱贫摘帽评估，截至目前，横涧乡有两个村接受了评估，我们省行所帮扶的三个村是否会接受评估还不得而知，年初繁峙县可能还要接受"国考"。扶贫工作永远在路上，我们会一如既往认真完成好结对帮扶的各项工作，为新时期改革开放之要务——脱贫攻坚奉献自己的力量。

作者单位：山西省分行

雪山送款行

任向东

1987年冬天的那场雪比以往年来的更早了点。时令刚过立冬，吹了大半天的西北风夹着漫天的雪花，飘荡在山城的四大街八小巷。

入夜风停，雪下得更大了。纷纷扬扬的雪花飘落了整整一夜又一个白天。第三天晨起启扉，山城银装素裹，天地一色，少了一份嘈杂，多了一丝安宁。童话里极具诗意和浪漫的雪景，并没有给未准备好过冬的人们带来多少惊喜。

带着缕缕彻骨寒意，开门营业。这是我参加农行工作后的第二个冬天。这天的八点五十分送走第六个顾客后，管联行的大杨让我去行长办公室。掀起棉门帘我看到四张木椅上坐着办公室张主任、会计股长老王、经济民警小高、小车司机刘师傅。

一脸懵懂的我还没思考领导叫我干啥，讲话干脆、办事果断的李行长已开了口：现在把大家叫来，是有一件重要的任务，向暖泉营业所紧急运送现金30个（那个年代过来的人都知道，一个就是1万）。张主任准备三张铁锹、两把暖壶和四个人的干粮，小高负责枪械和"325"通行证，向东负责大小额钞币配备，刘师傅检查运钞车和添足油料，十点前老王带队，向东、小高随同，争取早点出发。

没有思想动员，没有讨论研究，两分钟安排了一件看似平凡的工作。

20世纪80年代的小县城农行营业室和会计股属一个部门，既负责对外营业又承担全行会计核算管理，代理全县信用社的现金调拨。我们营业室没有专门的大库管理员，比我早工作一年的小刘和我是出纳员。营业时收付款分离，交叉复核，营业终了清库盘点整捆现金入大库。说是大库不过是两把锁的大保险柜。

半小时后，我和小刘完成了清库交接、主辅币配券。我纳闷，行长早上应该看过"头寸"啊，全行现金不到50万元，剔除残币可流通的不超过45万元，为啥要调往暖泉30万元。我拿着现金调拨单（附券别分类）让会计股长、行长签了字，静等发车。

暖泉镇位于我们县的西南方，距县城60余公里，全镇近两万人口，是三县交界的旱码头，历史上商贾云集，民风剽悍。镇属一个叫沙塘的村子"鸡鸣三县"，据说是方圆百里有名的"拳窝子"，民间也流传着一句俗语"没有三下两下千万不要在暖泉打架。"暖泉营业所代理着一镇两乡四个信用社的现金调拨业务。事后我才知道，农副产品收购期间，所社在粮食购销部门现场办公，给绝大部分的农民办理了活期存单。入冬以来，那些手持存单的群众急需购置逾冬的炭火物资，那几天正值古镇物资交流大会，看着琳琅满目的商品，老百姓存款变不成现金非常着急，两天后口口相传就演绎出了银行没钱了的谣传。营业所主任老高没办法，只好把电话打到行长办公室求助。

九点四十五分，行里唯一的"北京212"吉普车驶出了大门。一路向南是国道209线，路两边的行道树像一尊尊雪人整齐地排列着，似乎在默默祝福着过客一路平安。车行10公里，右转拐入万暖（万年饱—暖泉）县乡公路，这也预示着这一次送款的艰辛刚刚开始。

80年代县城通往暖泉镇唯一的公路就是翻越40余公里的木弧台山。木弧台又名没狐台，海拔1971米。翻越木弧台山需走10公里的盘山路，20公里的转山路，10公里的连续下坡路，都是坑洼不平的碎石沙土路，每年第一场雪后转山路上的雪只有化冰不见消融。

拐进万暖公路不到300米，交通部门设有安全检查站，相当于现在的交警公路巡逻中队。经警着装的小高下车出示了工作证和"325"商品调运通行证。交通管理员问询了我们的车况和应急工具后就挥手送我们钻进了山沟。

进山的路起伏坎坷，河道里平常横亘侧卧的怪石盖上了厚厚的雪被，却似一个个大小不等的馒头，少了些许吓人的怪象，多了一分温柔和怡静。那个时间40公里的木弧台山路上前不见车辙，只有我们的吉普车喘着粗气摇摆着屁股向山上蠕动着。刘师傅是青藏高原汽车兵转业到农行的，经验告诉他，爬雪山全靠低挡轻油双脚协调，大约两个小时后我们终于上到了木弧台，开始了20公里的转山头。

如果说上山是耐力的考验，那么转山头就是舞蹈艺术的展现。木弧台山上的路不像别的山顶高原那样坦缓，而是过一个垭口绕一座峰，时而阳坡，时而背阴，雪后茂密的白桦、油松、侧柏、灌木把公路围得水泄不通，吉普车犹如在望不到头的雪洞里窜动。林间雪路分不清大车碾压的沟垫和雨水冲刷过的石坎沙壕，吉普车时而摇头前冲，时而甩尾侧滑，背风的地方积雪将近40厘米，吉普车只有加大油门一次又一次的颠簸冲锋。

终于在过第三个垭口时，吉普车突然要罢工了，只哼不走。带队的老王急忙问，才走一半多怎么就要工钱了。刘师傅说，问题不大，长时间的低挡大油门，发动机温度太高，"冰镇"一会就好。我们也松了一口气，全体下车，欣赏千里冰封的林海雪原美景。刘师傅却打开引擎盖，拿着铁锹给怠速运转的发动机"输雪制冷"。我绕到车后20米处一块石台上眺望，斜阳洒在连绵不断的小山包，远方低洼处村落依稀可见，顿感眼界开阔，心旷神怡。

一阵夹着雪粒的山风吹来，我们快速钻进了车内。半个小时后，吉普车又像喂足了草料的牲口，撒着欢向目标奔跑了起来。虽然在最后一个垭口的陡坡上，经历了下车铲雪推车的艰难一刻，四点半我们总算平安抵达了暖泉营业所。

听到汽车的马达声，中午就翘盼现金的所社四个主任全都冲了出来。

看着期待的目光，二十二岁的我突然心有所悟，这次雪山送款行，不也是农行和个人的人生历程吗？干工作首先要认准方向，目标明确，这次送款目的是打出国家银行的信誉，解决老百姓的燃眉之急，用现在的话说，服务"三农"从点滴做起。看清道路，有胆有识，明知路途艰险，为了目标还要义无反顾，敢于担当。

作者单位：山西吕梁市分行

岁月如歌

赵晓丽

2000年1月31日，是一个我终生铭记的日子。

这一天晚上，我一个人在支行营业室做报表，快要完成任务的时候，我心中却越发不安起来，有一种不祥的预感。其实在我心里，一直惦记着中午被送往医院的父亲。就在早上的时候，父亲摔了一跤，医生诊断后说，父亲病情严重了。可当时父亲说话的声音是那么的硬朗，他对我说，你去上班吧。而就在我一直加班到很晚的那个夜晚，父亲因突发脑出血去世。父亲是领我走进农行大门的人，可是在生死离别的时候，我选择了为农行工作，而不是留在他病床前尽孝。

我从小特别喜欢唱歌，喜欢用歌声倾诉和表达情感。可是会唱的歌曲里没有一首歌能够如我所愿地表达我对父亲的思念之情，只是有一首《甜蜜蜜》歌曲中的几句歌词触动了我，"是你，是你，梦见的就是你，你的笑容这样熟悉，我一时想不起。"再也见不到父亲熟悉的笑脸，一个人的时候，想起父亲就泪流满面。

记忆中1996年我做支行营业室联行员后，工作就变得越来越忙，经常加班，1997年与农发行分家、1999年向资产公司剥离资产等，工作任务繁重。父亲离去不久，一次加班吃饭时，同事们要我唱首歌，大家认为我会唱一首忧伤的歌，可是我唱了首《甜蜜蜜》，令人尴尬的气氛至今让我记忆犹新。古人讲"文章合为时而著，歌诗合为事而作"，就是这个道理吧。

2010年乌兰察布分行组织建党90周年庆祝活动，举办县级支行大合唱比赛，那时正值总行刚推出服务"三农"的金融创新产品惠农信用卡不久和即将完成A股、H股上市工作，时任基层营业网点会计主管的我，工作非常忙碌。由于特别喜欢唱歌，我白天做业务，晚上加班排练。记得当时演唱的歌曲是《军民大生产》和《咱当兵的人》。当时我就有一个很强烈的愿望，希望能够有一首农行人自己创作的歌曲，用我们最深厚的情感，唱我们自己的歌。

大约是2010年底吧，我查出患有卵巢囊肿和子宫内膜异位症，请假回家治疗。其间我参加了县爱乐合唱团，开始专业学习声乐，我熟悉的"1234567"，变成了跳动的音符，"多来米发索拉西"。

"机会是给有准备的人"的，也可以说"机会是给为梦想坚持努力的人"的。2016年11月，我演唱的一首原创歌曲《大堂歌》，由乌兰察布分行选送参加了总行"大美农行"原创歌曲大赛。虽然只是参加了初赛，但《大堂歌》作为一首"大美农行"主题原创歌曲，有幸成为全行181首作品之一。《大堂歌》讴歌了基层一线农行人，守"三尺平台、书写华章"，为"追逐梦想、激情飞扬"，凭"风采农行、风雨无阻"的奋斗，和"魅力农行、无怨无悔"的心态，抒发农行人坚守信念、并肩携手"一起奔向前方"的壮志豪情。

大赛举办过程中，有幸听到并记住了总行企业文化部一位高级专家的一句话，"大赛的每一首歌我们都一遍一遍反复听"。我被深深感动了，这是我，一个来自最基层农行人的无限荣光！这份感动不再遥不可及，仿佛就在身边。因为每一首歌都是每一个农行人用心用情用生命去诠释的，岁月如歌，它凝聚了我们对农行满腔的热爱！

回头望望来时的路，农行人前行的脚步愈发坚定从容，每一个农行人的个人梦想与农行梦、中国梦紧紧相连，我们共同追寻着一个幸福梦，薪火相传，生生不息。

作者单位：内蒙古区商都县支行

别了，ABIS

张 琦

相信大部分农行人的职业生涯，都是从柜员开始的，我也不例外。

刚入行的时候，带我的主管叫李晓萍，她的认真和严厉在支行是出了名的，任何投机取巧的违规行为，在她这里统统行不通。办业务要一丝不苟，绝不允许图方便就违规；钱要捆得整整齐齐；给另一个当班柜员复核，不允许盖了章就敷衍了事；登记簿书写有错误，会被毫不留情地撕掉重写，绝不能有涂抹……在主管的严厉监督和教育下，我的进步很快，而且养成了办业务三思而后行的习惯，对我今后的工作有很大帮助。工作不长时间，开始执行凭证上收。每天下班后我们都要当天就把凭证整理好送到上级行，如果有疏漏，一定要当天就整改，绝不允许拖到第二天。

于是每天结账的时候，柜台里除了大家翻传票的声音，没人敢随便说话，就怕影响整个结账进度。如果上交的凭证有错误，会被罚款。其中最糟的情况就是丢失传票，不但会罚款，还会被处分。尽管当时对农行的业务不是十分了解，我这只菜鸟就已经暗暗在心里列出了"柜面业务中千万不能犯的错误排行榜"，第一名就是绝对不能丢失传票。所幸在当柜员的这些年里，我没有犯这样的错误。

我工作的时候接触的第一个系统是 ABIS。

操作系统的屏幕是黑白的，完全用键盘操作，总能给人一种怀旧之感。没有鼠标，就意味着柜员在办理业务的时候，敲键盘的速度要非常快——这也是柜员等级考试中重要的一部分。每年第一季度要考试之前，大家下班后总会自觉留在单位练习，噼里啪啦敲键盘的声音就像一首歌颂勤奋学习的交响曲。功夫不负有心人，我的柜员等级考试成绩逐年提高。

不过，没过几年我们就和 ABIS 说再见了。经过两年多的升级改造，BoEing 系统取代了 ABIS，黑白屏幕的时代彻底过去了。BoEing 系统不仅能避免记不住交易码就不会办业务的尴尬，在帮助柜员营销产品方面也是个好帮手，只要读取客户的身份证或银行卡，就能显示客户各种产品的签约情况，让柜员的营销更加精准。记得一次一个客户来办业务，当他的身份信息被系统读取后，显示他今天过生日。我祝客户生日快乐，客户很高兴也很吃惊，说你怎么知道我的生日？我说这是我们农行强大的操作系统对你的祝福。

如今的 BoEing 系统像一艘航母，上面还搭载着 NBOS 系统、ITS 系统、PETS 系统，真正实现了本外币一体化。

随着业务种类的增多，业务流程不断改造，以及客户数量的增多，现有的人工窗口远远无法承受柜面业务量激增的压力，柜员工作变得十分耗费精力。不过 2016 年我们迎来了新朋友，这个朋友外表看起来不起眼，可是论工作效率，我们没人能比得上她。在我们眼里烦琐的开卡、开通电子银行业务、理财签约或者是挂失业务，她几分钟就能完成。她一个人能抵得上好几个人的工作量，是网点当之无愧的劳动模范。没错，她就是我们农行的神器"超级柜台"。随着系统不断升级，设备不断完善，"超级柜台"的功能越来越多，办理业务的流程却越来越简单，但在风险防控方面却一点也不含糊。随着网点转型工作的不断深化，现在绝大部分非现金业务，都可以在"超级柜台"办理，她已然成为网点工作中最好的朋友。

工作多年，我已然从一只对业务一知半解的菜鸟，变成能独当一面的"老鸟"，农行改革发展的脚步也从未停歇。当年我给自己定下的"柜面业务中千万不能犯的错误排行榜"第一名已经被我除名了，因为随着凭证电子化的上线，所有主票凭证全部实现电子化，纸质传票数量比过去减少三分之二。一笔个人业务的办理时间也比过去减少一半，基本实现无纸化办公。柜员能一边办业务，一边将凭证扫描工作完成，大大节省了时间。最重要的是，主管再也不用担心我丢传票了。

尽管现在我已经离开了柜员岗位，那些与主管和同事共同攻克难点业务的喜悦、系统上线前加班加点演练的辛苦、考试前挑灯夜战付出的努力、

"春天行动"中不遗余力营销产品的热情、被客户误解的委屈、受到客户称赞的满足感……正是当柜员经历过的酸甜苦辣造就了现在的我。

在不久的将来不会再有柜员这个称呼了，取而代之的是柜面经理。为推进数字化转型、零售业务转型、网点战略转型等战略部署在基层落地，提升基层员工适应转型及履职能力，总行已经印发《关于加强新时代基层员工转型转岗培训工作的意见》，进一步指导各行完成转型转岗培训工作，一楼营业室的微改造已经在如火如荼地进行中。这才短短几年，小柜员又迎来了大变革。

农行的变化真是快呀，就连一些经常来办业务的客户也觉得跟不上节奏。对此我们跟客户这样解释道：哪怕只有三天不上班，这业务就可能变了呢。这次我不能亲身经历了，还真有点羡慕他们呢。柜员小，岗位不小，小柜员的指尖，触摸的不仅是键盘，也是农行有力跳动的脉搏。

奋斗的脚步永无止境，我愿跟随农行一起，书写更加精彩的农行故事。

作者单位：辽宁省台安县支行

我的农行故事

"泥猴子"与"冰棒"

程正义

沐浴改革开放春风,清原农行自1979年恢复重建经历了40年风雨历程,我恰巧亲身经历了其中的30年。

我亲眼见证了清原农行改革开放发生巨大变化:网点遍布城乡,业务种类齐全,全面实现电子化,线上业务达70%以上,存款由成立初期5000万元发展到现在25亿元。作为农行建设者、见证者,我深感骄傲和自豪!30年事情大都记不清了,唯有"泥猴子"和"冰棍"的故事历久弥新,挥之不去。

"泥猴子"故事。现在我们使用专线是150M数字电路,非常稳定,一年到头没毛病,好像"故障"一词销声匿迹了,而二十多年前我做科技工作的时候可不是这样,遭老罪了。最早开通线路是9.6K、19.2KDDN专线,这种专线运行速度慢,故障频发,给日常维护带来很大压力。

1998年7月的一天,我和县电信局技术员底文涛处理完湾甸子、大苏河分理处线路障碍已是晚上十点多钟,返回路上经过五道大岭,车子在瓢泼大雨中蜗牛般挪动,还不慎发生侧滑掉入边沟,可糟糕透了。那时不像现在有手机打个救援电话,深更半夜的,前不着村后不挨店,上哪找电话去?我俩只好下车顶着大雨,四处找石头铺,用手捧沙子垫,我在后面一次次用力推,车轮子"纺线"甩了一身泥,忙乎了一个多小时,终于把面包车救上来,我俩也淋成落汤鸡,造得像"泥猴子"似的,狼狈不堪。汗水掺着雨水流过脸颊,流进嘴里有些苦涩,但心里滋润。

"冰棒"故事。现在柜员系统升级是头一天晚上开机,上面推送程序包,第二天早上提前开机自动更新,只需几分钟,万事大吉,大家都省事。可是,二十年前系统升级完全靠科技人员逐个网点手工拷盘。县域支行网点分散,路途遥远,交通不便,给升级工作带来许多麻烦!

1999年严冬一个深夜。我去乡下夏家堡分理处升级柜员系统,回来车子突然打不着火抛锚在半路上。我冒着零下三十多度严寒,摸着黑,深一脚浅一脚走了五六里路到附近村子里找电话救援,又在路上等了二个多小时,冻得抓耳挠腮,体若筛糠,几乎冻成了冰棍,等到县行来车把我们拖回家已经凌晨两点多钟,第二天大病一场,后来落下冻伤。虽然病得这么厉害,我常常拔了吊瓶就下乡、回来再挂上,就这样带病坚持,拼命工作。有人劝我休息几天,可工作扔不下呀!

"忆往昔,峥嵘岁月稠"。从28岁干到45岁,17年基层科技工作,苦辣酸甜,有奋斗的艰辛,更有成功的喜悦,可以说我为农行科技奉献了青春,为农行默默奋斗了30年,痴心不改,无怨无悔。

我助农行成长,农行陪我变老。如今,我还有几年就要退休了,就要离开敬爱的农行、亲爱的同事,可爱的环境和这里一草一木,真是留恋农行,感恩农行!我要珍惜在岗的每一分每一秒,尽心尽力,尽职尽责,加倍努力工作,不忘初心,牢记使命,站好最后一班岗,争取为农行做更大贡献,再立新功,真心希望清源农行明天会更加美好!

作者单位:辽宁省清源县支行

《金融》小报编撰记

谭凤山

我1983年高中毕业,双十年华,正巧农行招工,我经过考试成为基层网点的一名员工。爱好文学、喜欢写作的我,上班就琢磨单位的宣传工作,业余时间创办了《金融》小报。这个小报有几个之最:工具最简、级别最低、尺寸最小、编辑最少、范围最窄、读者最杂。

三十多年过去了,浏览抚摸着还在散发油墨馨香油印的小报,依然让我激动万分,那在蜡纸上轻舞飞扬的岁月,是那么生动而真实。难忘蜡纸散发的芳香,刻写时的沙沙作响,笔尖在蜡纸上行走,宛若芭蕾舞者的踮脚轻舞,是那般欢畅!愉悦和欢欣冲淡了涔涔汗水,难忘手工写稿和印刷的过程,充满的是浓浓的喜悦和期待,面对成果被争相传阅,幸福和成就感是无法复制的。更难忘小报受到关注并引起反响的时刻,那激动人心的兴奋和青春热血的沸腾!现在,农行的青年员工或创办微信公众号,或在微信群里,宣传农行、业余创作,用键盘和屏幕传导着激情四射的青春,反响很好,关注众多。而我的青春则由铁笔和蜡纸描摹而成。

我的工作岗位是农贷会计,管理贷款借据,协助信贷员发放、回收贷款,或替班临柜。那时没网络、没手机,电视也凤毛麟角,业余时间多用来读书写作。

彼时,乡镇企业办得如火如荼,农民发家致富的热情一浪高过一浪。迫切的资金需求和对金融知识的渴望,使银行的地位越来越高,宣传也显得举足轻重。我便萌生创办小报的念头,想把所见所闻、所思所想通过小报抒发和表达。

我向主任透露想法，结果主任与我不谋而合。主任说，他刚参加工作时办墙报，一次数九寒冬下着雪，还在外面水泥墙上写字，手冻得不好使，就进屋暖和一阵，热情似火。每当看见人们站在墙报前观看，高兴和满足充溢身心。主任不仅答应迅速开办，而且大发雅兴写了题词。我说干就干，先参考报纸的样式设计刊头，起名曰《金融》，听来好像大刊一样。从邻家梨树锯来一段枝干，经过炕头烘烤，连续两天刻成印模，涂上红色印油，一试，大红的"金融"两字龙飞凤舞般跃然纸上。

坐下来翻书查找资料，充分发挥想象力，用了几个晚上，几千字的新闻和金融相关知识等文字就写成了。然后计算字数，在蜡纸上安排版面。刻钢板是个细致活儿。因在学校有刻试卷的经历，刻起来还算顺手。蜡纸上刻字，不像在电脑打字，可以任意修改，随性而为。刻得轻印不出来，刻重了渗油墨。一笔一画，横平竖直，力量适中，小心翼翼，不能急躁，不能溜号，刻一会，手指生痛，两眼昏花，腰酸背疼，停下来休息会儿再刻。越是刻到后面，越要小心，如履薄冰，刊头、卷尾、插图、点线，每一样都不能马虎，否则便前功尽弃，从头再来。

刻写过程，也是不断提升自己、修炼自己的过程，仿照报纸的标题和正文，仿宋、黑体、隶书等美术字都细细描刻，拈针绣花一般；文章边刻边改，用心推敲字词。行文至尾，还刻花一朵，甚是耐看。那种享受，既是视觉上的，更是精神上的。连续几天，一直刻到子夜时分。夜深人静，刷刷的划痕刻字声，犹如奏鸣曲般美妙，让心灵陶醉，让热血奔涌。一坐几小时，什么都忘了。思想、感情、寄托都流淌在笔端，汇成美丽的构图。在一尺见方的蜡纸上，倾注着我的满怀激情。刻完一篇，放下铁笔，成就感油然而生。蜡纸在灯下闪亮，我情绪高涨。我为自己能够抒发情怀、表达理想、赞美事业而由衷地兴奋和喜悦，乐此不疲。

1984年5月，《金融》小报诞生了。八开两版，定每月一期，每期印50份。小报出来，大家争抢着先睹为快。省市大报看惯了，净是大事要事，太遥远。这写身边人身边事的小报冷不丁感觉新鲜。所里几个人都指手画脚，出谋划策。我联系邮局，让邮递员随着报纸发至乡里各单位、村部和自然屯。想象着亲手油印的《金融》小报与中央省市的大报一起发到全乡干部和村民手里、他们翻看阅读的情景，美滋滋的心情就别提了。

没过几天，主任参加县行开会，回来乐呵呵地，受到行长表扬了："基层网点，编印报纸，是个创新。宣传农行，服务农户，促进工作，很是难得！"认可和鼓励，弄得我彻夜难眠，业余时间更投入了。天天琢磨，日日思考，刻写逐渐熟练。第二期采写老主任《走村串户为人们》的通信稿，大家传看，都说，天天见面，没想到他做的好事还藏着掖着呢！老主任眼看退休了，在银行干了一辈子，第一次有人写他，泪眼婆娑，连连表示要老骥伏枥，壮心不已！大家询问下期写谁，都希望通过努力工作自己也上小报荣光一回。第三期开始，身边的几个同事也拿起笔来书写投稿。

快乐地写、刻、印、发，让我充满了自豪感和成就感。连续写稿，也使我的布局谋篇能力有所进步，写作水平逐步提高。其实，任何付出都是有回报的。熟读唐诗三百首，不会作诗也会吟！发出小报后，有几个村打来电话要求征订，我心中喜不自胜。向主任汇报，主任说，不就是纸张的事吗？免费赠阅，只要小报有用，就多印多发。理不说不明，鼓不敲不响，你在为银行扬名，这是值得称赞的好事！

稿件越来越充足，第四期时不但扩为四版，还编了增刊，也学着省市大报起名《银花》，刊发诗歌散文。半年下来，编刻小报成了我生活的一部分。从办小报开始，工作和生活就变得丰富起来，看书写稿每天都很忙，脑海里都充溢着沙沙沙的刻字声，办小报的由头也让我有了充足的借口不去玩乐。有时做梦还在编稿、刻写、印刷。所有的情感，所有的思绪，所有的寄托，都凝聚在笔端，汇成我的梦想，从白天到夜晚再到梦苑。年轻时，要是专注于一件自己喜好的有意义的事情上，那么，任何诱惑都不会让你迷失。直至形成习惯，伴随终生。1984年，主动还贷款的村民络绎不绝，储蓄存款快速上升。营业所信用社盈利上千元。我一边办报一边写稿投稿，被市电台和报社聘为通信员。年末我被调到县农行办公室当秘书。从此，对于文字的喜好，再也不能割舍！

三十五年来，正是青春岁月的起舞，让我从未停下手中描摹的纸笔，从未停止书写记录农行前行的脚步，讴歌身边动人的故事。正是当年一笔一画的勾勒，才使回忆愈加厚重而甜美。当我们行走，当我们回头，青春花季的一路纷扬，一路放歌，化为绚丽的浪花，在身后旖旎荡漾，尽情编织着璀璨的诗章。

激情忆想，作诗一首：

"三十五载匆匆，转眼两鬓霜浓。
驻足遥想过往，农行伴我一生。
当年青春岁月，激情往事如虹。
蜡纸滋润生命，梦想就此起程。"

1984年5月，《金融》小报诞生了

作者单位：辽宁省朝阳市分行

一本意见簿的自白

蒋忆丽

我是农行里一个默默无闻,不起眼的存在,但又是每个网点必不可少的"标配",我每天安静地躺在大堂的桌子上,看着来来往往的客户,听着形形色色的故事,记录着发生在农行的点点滴滴。你问我是谁?我的名字叫意见簿。我是银行的第二窗口,是客户的回音壁,下面就来听听我和我的小伙伴们心中的农行故事。

来自农行天津北辰支行的小伙伴早已按捺不住心中的激动,抢先发言。故事的主人公叫陈玉刚,是北辰支行个贷中心的一名客户经理,因为工作关系,需要经常来往于开发商与各区房管局之间。那天,陈玉刚同往常一样来到武清区房管局,陪同客户赵先生办理业务。当走出房管局大门时,看见一男一女在马路对面拉扯,起初他并未在意,当走到马路中间时,听到女子大叫"抢劫!",只见刚才那名男子已将一个包抢到手,地上还洒落着一些百元钞票,女子坐在地上紧抱住男子的大腿,一边大声呼救。陈玉刚意识到事情的严重性,大喊一声"干什么呢!"随即毫不犹豫地冲向马路对面的歹徒,在奔跑中还被一辆飞驰的电动车撞伤了胳膊,他顾不得胳膊的剧烈疼痛,径直奔向歹徒,歹徒先前已被陈玉刚的一声大喊吓住,又看到他向自己奔来,吓得丢下钱转身就跑,陈玉刚奋力追赶,快追上时从侧后方猛扑过去,一把拽住歹徒的衣领,徒手与歹徒展开了搏斗,并用腰带将歹徒捆住,随即同行的赵先生等人也赶到现场,被抢女子已被吓得哭泣不止。陈玉刚一边擒住歹徒一边提示她赶快报警,最后在群众的协助下被抢女子散落的9万元现金全部被拾回，该女子当即拿出一沓现金给陈玉刚并连连感谢，陈玉刚谢绝了她的好意，在与警方交接后，收拾被撕破的衣服和摔落的手机后悄然离去。

事后，该女子专门前往北辰支行，表示想再次当面感谢陈玉刚，但当日陈玉刚恰巧因公外出了，她便在支行大堂的意见簿上写下了她对陈玉刚的感谢。

陈玉刚在工作中常说："我是一名党员，我的初心和使命就是为人民谋幸福，为民族谋复兴。这个初心和使命激励着我们共产党人不断前进。"实际上陈玉刚就是这样一名普通员工、普通党员，时刻以共产党员的标准严格要求自己，并在危难之时见义勇为、挺身而出。

接下来这个故事发生在我的老家——农行北新泾支行。一日，客户任女士提着一大袋硬币来到北新泾支行要求存款，运营主管和大堂经理得知此事后，二话不说拿出分币盘，与经办柜员共同完成了近 5000 枚壹角硬币的清点。清点过程中，任女士表示为了存掉这些硬币，自己也曾到家附近的各家银行寻求帮助，但是都不愿办理，没想到你们帮了我大忙。任女士因从事废品回收工作，表示家中还有很多硬币。随后的几天里，北新泾支行从运营主管到营销人员再到柜员，全员上阵利用休息时间帮客户清点硬币。就这样，任女士的 1 万多枚硬币在最短时间内得到了清点与规整，虽然这次硬币清点占用了很长时间，但我行员工没有一丝推诿和不耐烦。任女士也对我们的举动表示十分感谢，专门写了一封感谢信送到网点，并在意见簿上留下了她的感谢之词。

因为北新泾支行周边有几个菜市场，所以时常会碰到前来存大量硬币的客户，但北新泾的员工深知，基层网点的服务质量代表了整个农行的形象，整齐划一的"硬币山"背后，凝聚的是农行人对"客户至上、始终如一"服务理念的执着与坚守。

下面这个故事发生在上海川沙镇支行。这是 2 月的一天，一位女士急匆匆地来到川沙镇支行说要汇款，问到对方是否认识时，客户声称自己网恋的男友在叙利亚参加战争，需要转 8000 美元给其集团董事会，用来办理提前退休，且要求客户对此保密。柜员一听，立马意识到这可能是一起典型的电信诈骗，一边呼叫大堂经理对客户进行劝说，阻止其转账行为，一边拨打当地派出所民警电话。此时这位女士也意识到情况有些不对劲，便翻出先前的聊天记录，发现"男友"要求客户前往 ATM 转账至"男友"集团指定的账户，并要求不能对外透露任何信息。与此同时，民警已火速赶到现场，进一步对客户进行劝说，为客户分析了当下相关防电信诈骗的案例，最终客户放弃了汇款。在我行工作人员及民警的共同努力下，成功堵截了一起电信诈骗。川沙镇支行员工高度灵敏的职业嗅觉及认真负责的工作态度，得到了客户的赞赏和感谢，帮助客户避免了资金损失，为农行赢得了美誉。

这样的故事还有很多，每天都在全国各地的农行上演，或见义勇为、或拾金不昧、或轻伤不下火线，坚持带病工作、或几十年如一日，在岗位上兢兢业业，这些故事有些登上了报纸电视，成为人们口口相传的佳话，但更多的是细微之处见真情，点滴小事见精神，真正将服务变成习惯，真正做到为客户着想。未来我这本意见簿会记录更多的农行故事，见证更多的感人瞬间，承载更多的农行精神，让这满满的正能量伴随我们农行人过好每一天，走好每一步，做好每一件事。

作者单位：上海市北新泾支行

"进城"较量

罗 进

古城南京,农行营业网点遍布城区各处,为市民的生产、生活提供了极大的便利;这些营业网点紧随时代潮流,不断推出各种便民举措,更是受到了客户的普遍赞誉,成为受到社会高度认可的重要金融服务机构之一。

然而,熟悉并了解情况的人知道,40年前可不是这个样子。由于是农业银行,前面冠以"农业"二字,这样的银行,营业范围就应该在农村,怎么能摇身一变进城,成了"城里人"呢?

在南京,农业银行进城并不那么简单,还经过了一番周折,作为亲历者和参与者,现将整个过程披露于后,纪念改革开放40年。

农行南京分行于1980年恢复设置,并在某银行设置农行专柜,为309个农口单位服务。刚刚设立的农行,可以说还是"小媳妇",借别人家的"屋檐",过起了"低眉顺眼"的日子。

然而,再小也有发展、壮大的要求,也在励精图治,一个契机悄然来临。为了搞活商品生产和流通,南京市决定打开城门,欢迎大家到南京经商;同时一些农口单位也进城设点,迫切要求农行提供配套服务;加之城区农口单位分散各地,也要求农行相应增设网点。实事求是地说,嗅觉灵敏的农行南京分行当时就敏锐地意识到了这一重大商机。

农行南京分行果断向市政府请示,要求增设网点为搞活商品生产和流通服务,市政府要求市商业网点办公室帮助农行选址。此后,农行在健康路、山西路、水西门、汉中门等地设置网点,使企业结算资金周转速度加快1倍以上，对活跃城乡商品流通起到积极推动作用。时任省委常委、南京市委书记几次在我撰写专题汇报材料上批示"很好"，在我发表在南京市计委简报"区别对待，择优扶持"上批示："把工业企业搞活当作自己事来抓，这种精神值得发扬。所有区县银行，都要向栖霞农行学习。"《南京日报》每月刊登我采写农行的消息。可以说，农行在南京市内的影响力开始与日俱增，逐渐被社会认可和接受。

农行各项业务蓬勃发展，一些大行感到压力倍增，认为农行不该突破传统分工界限，农行进城动了他们的奶酪，拒绝受理在农行机构开出的同城五联支票，其核心就是要农行退出城区网点。据当时统计，1986年6月10日至7月5日，其拒绝受理562张支票，金额1377165.98万元。其间，虽然客户再三要求按以往规定给予办理，都遭到拒绝，客户只得到农行重新改办支票结算手续。

开弓没有回头箭，农行在城区增设网点为城乡一体化服务不可能停留。事情发生后，农行营业部与对方联系交涉3次，摆事实，讲道理。但这家银行竟然又通知开户单位，7月1日起拒收在农行开户单位的支票，严重影响了社会资金的正常周转，而且使客户重复往返跑路，浪费大量人力、物力、财力，使整个银行的信用工具和农行信誉受到极大伤害。

为恢复正常金融秩序，农行南京分行向南京市人民银行和市委财贸部做了汇报。7月8日中午12点30分，行长通知我起草向南京市政府紧急报告，请求制止这家银行做法，恢复正常支票结算。同时要求分清是非，明确责任，防止今后再有类似事情的发生。我和行长一起到会计处，一边了解情况，一边构思写作，一边递给行长审定，仅用40多分钟就完成文件起草。然后打印校对，下午3点前专人送到南京市委、市政府、市委财贸部、市计经委、市体改委、市人行。

为尽快平息事态，文件送走后，我反复思考并报行长认可：邀请南京人民广播电台资深记者，下午4点左右到这家银行柜面现场采访，客观报道这家银行做法，当晚内参发市委、市政府；同时把文件精简压缩报市委每日动态，便于领导了解事情真相。

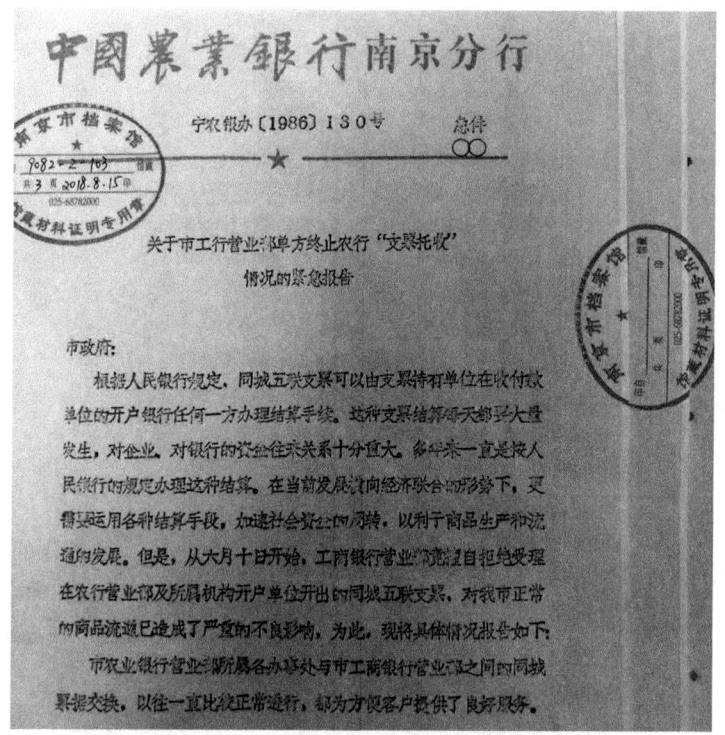

笔者起草的汇报文件

这件事在南京引起震动，市委、市政府领导做了批示。在强大压力下，这家银行恢复了与农行的正常票据交换。排除干扰后，农行马不停蹄，两年多时间城区营业网点发展到10多个。截至1987年3月，各项存款、贷款分别比1984年增长93%、175%。同时发挥银行监督作用，认真审查申请贷款企业每一笔购销合同。1986年10月至1987年6月，制止了62笔非正常交易货款发生，使企业避免1.63亿元资金呆滞损失。我把采访情况连夜整理，先后发表在《新华日报》《南京日报》，尤其南京电视台《南京新闻》播出后派专人送节目至中央电视台，很快在1987年7月18日《新闻联播》栏目播出1分40秒，进一步树立了农行良好的社会形象。90年代南京农行被评为最受市民信赖银行。

我的农行故事

《新华日报》当年头版头条报道了此次事件

时至今天,新时代的大潮使银行间的矛盾早已烟消云散,银行间虽然依然存在竞争关系,也是在新时代具有中国特色市场经济条件下的竞争关系,是正常的市场经营行为,竞争促进了进步、促进了繁荣、稳定和发展。农业银行早已跻身国内大行之列,在国际上的影响力也在日益显现,作为当年事件的亲历者,我深有感慨,为农业银行的不断发展壮大感到欣慰。

作者单位:江苏省分行

幸福的年代

朱 丽

1979年,我高中毕业。记得当年有两个流行词,一个词叫"拨乱反正",一个词叫"百废待举"。一个词关乎政治,一个词关乎经济。适逢改革开放四十年,从1981年参加工作到今年退休,四十年紧紧地裹挟着我的职业生涯。其间,我像是襁褓中的婴儿,被严严实实的爱包裹着,不漏一点缝。近四十年的农行工作,我真切地感受到了:幸福的年代,幸福的家!

我一开始工作的地方叫"古城"。古城不古,也非城,是地道的山区,与安徽接壤,是离县城最远的乡。因为父母都是正式的老师,在体制福利的关照下,我通过招工的形式考进了农行,分配到古城营业所工作。想着如今我女儿们求职的艰辛,我进农行时顺利与简易的幸福感孩子们是很难体会的。几乎就在进营业所的同时,省分行举行职工乒乓球比赛。因为父亲是体育老师,受父亲影响,加之我读过少年体校,乒乓球有较好的"童子功"。还没进入工作角色,我近半年的时间在市行、省行训练、比赛,并且代表省分行参加华东地区的乒乓球比赛,取得了不错的成绩。在省城,第一次住进了星级宾馆。那天吃饭时,看到桌上的菜如此丰盛,都不知举箸何往。只是觉得碗像茶杯,这么小。我好像一口气吃了四碗饭,没有矜持,更不淑女。一个山里娃,扎着马尾辫的小姑娘,第一次受到了那么多人的关注。比赛一下场,短暂的休息时间,有人会把削好的水果送到我手里,有人会把洁白拧干的毛巾送到我手里。省行工会的一位年长的领导操着家乡话笑着问我:"给我当女儿好不好?"如此礼遇,让我受宠若惊,我一下子体验到了农行这个大家庭里的温暖。

我在心里想，这里是我的单位，这里是我的家，骄傲和自豪油然而生。

幸福满格。就这样，我是蹦蹦跳跳地踏入了农行的。之后的日子里，到粮管所收粮食放款，到食品站收猪调查客户，清理小额旧农贷款，跟着老主任下乡走二十多里的山路，一点都不觉得累。点着煤油灯轧账、找账常到半宿，第二天脸上都是煤油灰，鼻孔里也乌黑，但我乐此不疲。

三六九，古城走。是说每逢农历上中下旬有三有六有九的日子，古城逢集。那天老主任带我下乡回来，正好古城逢集。老主任姓闽，是离休干部，新中国成立前便参加了工作。闽主任喜欢把褂子披在身上，跟当地的山民没什么两样，遇到路人总是乐呵呵的，见到谁都打招呼，都认识。与其说他是营业所的主任，不如说他更像是一个家长。我们营业所就在街道上，营业所门前的地摊上有卖山药、野兔等山货的。那天，闽主任指着地摊上躺着的一只叫卖的猎物问我："这是什么？"我看了看说，是狗。闽主任说不是狗，是狼。我细看，耳尖、体大、鼻长。真是狼！那年月山民环保意识并不强，靠山吃山，他们也会猎杀一些野生动物当山货卖，我大惊失色。我这才想起，夜至，常听周边狼嚎叫，我瑟瑟发抖。事隔多年，闽主任说都怪自己，不该告诉我山周围有狼。所里的男同事和领导对我很关照，他们知道我胆小，更不让我去夜间值班守库。那些年，农行没有"分转脱"，是个"大家庭"，每个乡镇都有我们的营业所。即使是在乡下工作，在农行也会觉得是一件体面的事情。农行人接地气、顺民意、有民风、知冷暖。闽主任等一辈"老农金"艰苦朴素、吃苦耐劳的传统成了我职业生涯的修炼的又一门"童子功"。

转眼到了80年代的后期，我被调到支行营业部工作。爱人在乡下教书，我的孩子又小，考虑到生活不便，行里在老城区分配给了我两间房子。房子老、旧、小、漏，不足30平方米，伸手差不多能够到屋檐。我们在房屋后面自己用芦席搭了个厨房，家总算安顿了下来。虽是艰苦，但是每天骑着自行车上下班，同城里人一道，一路上随着小城上下班自行车的车流涌动，不自觉地会拨几下自行车的铃铛，去释放心中的喜悦。有一天，极冷，雪很大。支行办公室的一位周姓老主任约莫是知道会有雪灾，或是受了行领导的指派，一大早便一家家查看农行破旧的宿舍。敲开我家门之后，大雪封门，室内室外温度差别不大。周主任看到房屋并没有损坏，只是门的间隙过大，一夜的雪从门缝里挤进来，落了一地，在室内的地上隆起了缩微的"雪岭"。周主任把门关上，拿起一把起子，然后用旧传票塞进罅隙里，再用起子把旧传票的纸再一点点地往罅隙深处塞。从上到下，塞到门下的罅隙时由于空间狭小，周主任索性坐在"雪岭"上。哪知，雪滑，起子一抖动，戳破了手指。我大惊，周主任却连说没事没事。在寒冷的冬日，我却感到浓浓的暖意。在周主任的身上，我又感受到了我们农行人的博大和爱，看到了"老农金"的无私无畏以及乐于助人乐于奉献的精神。

子在川上曰："逝者如斯夫。"转眼近四十年了，抽、拉、攻、跃，我像是竞技场上的一位球手，始终充满活力。2019年1月，支行"春天行动"又开始了。我把任务表拿回家，一一对照，找朋友，找关系，打电话都打得手机发烫。我爱人也在机关，尽管是双倍的营销计划，但我利用一周的时间就第一个完成了"春天行动"的任务。同事都很惊讶。那天行长在楼梯间碰到我，向我"祝贺"。虽然只是一句平常的问候，我却百感交集。我告诉爱人，这是我在农行的最后一个"春天行动"，元月底我就要退休了。言毕，眼睛发湿。

留恋，不舍，不负我爱，只有感激：幸福的年代，幸福的家！

作者单位：江苏省盱眙县支行

三份剪报

陈绍龙

我喜欢剪报,把自己在报刊上发表的文章剪下来,分类粘贴,稍做修饰,装订成册,闲暇时独自翻阅。消逝的时光仿佛又在指间流连。

其中的三份剪报给我印象很深。这三份剪报是我在农行工作时写下的文章。三篇文章的背后,不只留下了自己的写作痕迹,还从点滴之中,折射出基层农行改革开放四十年中发展变化的印记。

1991年8月28日,《装在手提包里的银行》。

这是我在农行"发表"的一篇文章。严格意义上说,这篇文章并没有正式发表,只是打字机打印出来的铅字稿,但这篇文章是我进农行工作的敲门砖。

说来有趣,我与农行是靠文字结缘的。我师范毕业在学校做老师,爱人在当地农行工作。我也给《江苏农村金融》杂志的文学副刊《大观园》投稿。《大观园》发表的都是本系统职工的文章,我投稿时只好用爱人的名字"朱丽"。1990年7月25日,《江苏农村金融》在连云港举办文艺作者联谊会议,邀请"朱丽"参加,我冒名前往,住宿时闹了笑话,把我分与一女生同住,因在会议期间要下海游泳,并给我配了一件女式游泳衣。这些让我尴尬至极。我只好如实相告:我只是农行的"女婿"。虽说这样,但我这个"外姓人"却受到了极好的礼遇,他们对我都很友善。这让我对农行人有了极好的印象。

知道我能写,当地农行有什么职工演出节目也会让我写,我写过《二兰》朗诵诗及多篇文章。1991年,淮河大水。从5月至7月中旬淮河流域长时间、大范围降雨,降雨量是常年的2~5倍。盱眙遭受了自1954年以来最大的洪灾。农行特别是靠近举淮河的"城根信用社"受灾严重。但是,农行人的服务意识不改,农行人的社会责任永在。虽说信用社被淹了,但信用社的职工依旧在工作,拎着提包在大堤继续为灾民服务。据此,我写出了《装在手提包里的银行》这篇文章。想不到文章受到市行主要领导的关注,并"抽"我到省农行去写"抗洪救灾"的文章。正值暑假,我也恰好有时间。当年,带我去省行的市行政工办副主任刘成武问我,你想到农行吗?我们市行领导喜欢你写的文章。我不假思索地回答:想!

我带着《装在手提包里的银行》这篇文章成了农行的"儿子"。

1991年,农行还没有"分转脱",信用社、农发行还在"麾下","大行德广",从规模上来说,是个真正意义上的大行。"装在手提包里的银行",从管理规范和服务形式上,今天看来有待商榷,但农行人的服务热情,"老农金"的朴实精神,却是农行人的良好家风和永没丢弃的"传家宝"。农行人朴实、忠诚、团结、诚信的职业操守得到了体现。

2003年7月24日,《他是一团火》。

这是我为农行报社写的第一篇,也是发表最快的约稿。

那天我正在办公室写材料,一个显示010的北京长途电话打到了我手机上。一个女同志一句"陈老师"让我一惊。她自报家门之后,我明白了一切。原来,打来电话的是《中国城乡金融报》的一位编辑,报社新开了一个栏目,也发有几期稿件。我一直在办公室做文案,因为工作关系,我自然有所关注。编辑说要发一篇反映基层客户经理工作的稿件,自由来稿中又没有,要我立即动笔,明天就要。因为我对基层熟,也知晓身边客户经理的工作,放下电话,立即与被采访对象我行客户经理张福朝联系。张福朝对业务营销有很大的热情,加之他是军人出身,说话、走路风风火火。他还是大兴安岭的救火英雄,事迹曾上过小学课本。抓住特点,找好角度,采访很顺利,稿件写得也很快。不出三个小时,我便通过内部电子邮件系统将稿件发到了报社。想不到的是,第二天,我采写的人物特写《他是一团火》就见报了。事后,那位编辑又打电话给我,说人物写得很生动,稿件写得不错。

进农行之后,我就没挪过窝,一直在办公室工作。除了写日常的公文,也撰写新闻稿件，点滴记录农行的发展变化。从对外农行支持乡镇企业，到对内发表在《中国城乡金融报》的《"兵"至如归》，它从反映农行人履行社会责任关爱军人家属，再到社会变革、农行改革。1994—2006年，农行完成了从专业银行向国有商业银行的转变，"效益兴行"的提出，标志着农行市场化意识的逐步成型，客户经理队伍建设得到了应有的重视。"市场意识、人才意识"成了文化的基因，在农业银行服务农村经济发展和社会进步的同时，经营方式也在不断摸索和改变。

2011年4月16日，《拿份"守则"当家规》。

"爱行如家"，这或许是一种提倡，或许是一种期许。然而，对于我而言，一点也不矫情，却是一种现实。我和爱人都在农行工作，我弟媳和我内弟也在农行工作。一家亲密关联的四口人在农行说"农行是我家"一点也不为过。那年《中国城乡金融报》举办"学守则征文"，我是有感而发，写了篇《拿份"守则"当家规》的征文。想不到文章很快发表，而且得了唯一的一个一等奖，我爱人也是有感而发，写了她在农行学守则的体会《我学小丫"揽柿子"》得了征文三等奖。得奖人数本就不多，我们夫妻二人就拿了两个奖，自然难忘，我便将报纸上发表的文章剪下，贴在了剪报本上。

随着企业文化的提升，2007年之后，农行的核心理念也形成体系，推行了全面的风险管理，强调精细化管理和重视人力资源的改革，确立了"经营、管理、服务、风险、人才"理念。

三篇剪报，三篇我书写的文章，恰好对应了农行企业文化建设的三个历程。是巧合？是偶然？这已不重要。所幸的是，在改革开放四十年农行发展的征程中，我的点滴记录，成了我人生中忘不掉的记忆。

作者单位：江苏省盱眙县支行

保管箱纪事

肖秋云　李缉宁

如今,在我们江苏省江阴市,人们提到银行保管箱,已经不感到陌生。许多人知道江阴农行有保管箱,买了黄金后,就来开办保管箱业务。我曾经长期在江阴农行保管箱部工作,现在就来说说保管箱的故事。

1994年10月18日,江阴农行保管箱部正式对外营业。保管箱设在地下库房内,共有6327只不锈钢制作的保管箱,无论保管箱的存放规模还是质量,当时都是国内领先的。刚开办时,不少人觉得很神秘,有的是冲着新鲜感和神秘感来看看,租保管箱的并不多。那时还有人担忧:这么多保管箱,什么时候才能出租完?但随着江阴经济的快速发展,群众收入与日俱增,对保管箱的需求越来越大。很多人到农行买了金条就放在保管箱里。城区市民、乡镇经商办企业的老板,乃至一江之隔的靖江市也有客户来租保管箱。截至现在,6000多只保管箱居然供不应求了!

有一位租保管箱客户老张,20世纪70年代在江阴市一家企业当机修工,腰间的皮带上总是挂着一串钥匙。那时他每月挣几十块钱工资,连同一些票证,都锁在五斗橱上层的抽屉里。那把小小的钥匙维系着一家人的生计,成了他心中的宝贝。90年代他下岗了,却仿佛跌跤捡到了金元宝。他凭借在厂里工作时积累的经验自主创业,开办了一家小五金店,在农行的信贷支持下,生意越做越大。钱多了怕贼偷,他就到农行租用一个小型保管箱,领到了一把造型别致的新钥匙,取代了那把开五斗橱抽屉的小钥匙。人家笑他喜新厌旧,他却得意扬扬地说:"农行给我的保管箱钥匙,才是名副其实的'金钥匙'"。

后来他又迷上了鉴赏书画，选购了一些名人佳作。为了安全，他又花1000元钱到农行换租了一只更大的保管箱，把名贵字画放在里面。有时他还带着亲朋好友到农行保管箱部的接待室欣赏他收藏的古董。朋友们羡慕地对老张说"你这把'金钥匙'很值钱！"老张则神秘告诉他们："有这种保管箱钥匙的人在江阴不稀奇。"近几年，农行发放的"金钥匙"每年增加200多把。像租老张用的那样大号保管箱，还要登记预约呢！

看完字画从农行保管箱部出来，老张晃着他手里的"金钥匙"深情地说：我这一辈子年轻时学手艺当工人，中年又学经商做生意，临老了才学字画搞收藏。我将这把"金钥匙"传给儿孙，当他们打开保管箱一看，就会惊喜地发现，父辈竟然是文化人！

有一位已经在江阴买房开店的泰兴籍新市民徐书健，已经50多岁，我叫他老徐，近几年每年春节前夕都要到农行保管箱里小心翼翼地拿出用塑料袋封存的"传家宝"——一张存于1976年1月7日的120元存单，上面有他父亲徐庆江的姓名和江苏省泰兴县珊瑚人民公社信用合作社的公章，拿回家给儿女看看，叫他们不要忘记爷爷的心愿，不要忘记父辈是怎样靠党富民强国的好政策，传承爷爷勤俭持家的好家风，走上小康之路的。

这位老徐，1984年的时候我们就认识了，常跟我聊起他家里的故事。

20世纪70年代，老徐生活在苏北泰兴县珊瑚公社。那时，农村社员一年只有几十元钱收入，有的年份生产队年终分红还拿不出现金，老徐就和父亲一起利用农闲孵小鸡、卖小鸡、卖鸡蛋挣点钱。一家人勤劳俭朴，辛辛苦苦地攒了些钱。父亲响应国家号召，将这笔钱存到公社信用社，支援国家建设。

1980年，老徐的父亲因病去世。在弥留之际，他把那张存单交给了老徐，并叮嘱他："这张存单上的钱不要随便拿出来用。你、我这辈子没有机会上大学，等到将来孙子、孙女长大了，把钱取出来供他们上大学。我们世代都要勤俭持家……"老徐牢记父亲的嘱托，边读书、边劳动，无论家庭生活多么困难，都没有舍得把存单上的钱取出来。

20世纪80年代，党的十一届三中全会带来的春风吹遍大江南北。1984年，老徐跨过长江来到苏南的江阴市，经亲戚介绍到江阴浴室当服务员，俗称跑堂。他每天热心地给浴客倒茶、递热毛巾，还认真学习擦背、摩脚等服务技能，并学习了一些管理常识，受到浴室经理和广大浴客的好评。十几年来，他不仅勤奋好学，而且勤俭持家，从不乱花一分钱，终于积攒到了10多万元资金，开办了一家名为"足趾多摩"的足疗养生馆。由于他经验丰富，管理服务到位，生意兴隆，天天顾客盈门。在改革开放好政策的感召下，老徐不仅自己一家人步入小康，而且陆续介绍家乡的50多位亲朋好友到江阴工作。他们都以老徐为榜样，勤奋劳动、勤俭持家，个个摆脱了贫困。

老徐原本是一个普通农民，靠改革开放的好政策和勤俭持家的好家风，改变了自己的命运，成了一个小有名气的个体业主。等到儿子考上大学时，他按父亲的嘱托，想把存单上的钱取出来给孩子使用。到我们农行来计算一下，42年前的120元活期存款，就照存单票面月息1厘8毫计算，连本带利值229元，虽然增值了不少，但只相当于他现在一天的收入。于是，他没有把这笔钱取出来，心里念叨着："老爸呀，你辛苦了一辈子，攒下这些钱真不容易啊！要是你能活到改革开放40年后的今天就好了啰！这张存单我就留着，把它当作勤俭持家的传家宝吧！"后来，他把这张存单和从农业银行购买的"传世之宝"金条一起，存放在农行的保管箱里，永久保存。

20世纪90年代初，客户租保管箱主要存放存单、存折、房产证、股票证等一些有价证券，只需要最小的保管箱，一年租金200元。现在可不同了，客户纷纷要租大号保管箱，存放金条、古董、字画等贵重物品，最大的G型箱，一年租金就要5800元。

2009年9月，江阴农行黄金业务开办，给保管箱业务带来了新的生机。黄金和保管箱配套联动营销，推出"购金赠箱"优惠措施，解决了客户购买黄金存放的后顾之忧。因此，江阴农行黄金销售每年有好几百公斤，销量连年在全省县级支行中名列第一。

2010年8月，农行保管箱部进行了全面装修改造，减少了小箱子，引进国际一流的手动机械保管箱，新增了大量适合客户需求的C型箱。特别是增加了大规格保管箱（F、G型箱），G型箱内可以放置长轴字画、小型保险箱，该箱型也是目前国内市场上独有的。

"旧时王谢堂前燕,飞入寻常百姓家"。随着越来越多的老百姓将致富梦变成了现实,当初冷门的保管箱业务,现在变成热门了,从原来一年增加几十只,发展到一年增加两三百只,租大箱子还要预约。江阴农行保管箱业务的发展速度和租箱规模,已在全省农行系统中名列前茅。

作者单位:江苏省江阴市支行

"项目电报"交响曲

程兆亮

"丁零零……，丁零零……"
洞幺（01），幺洞洞拐（1007）
洞两（02），幺两肆（124）
洞叁（03），两幺洞（210）
……
洞洞（00），五幺洞两拐（51027）

不知内情的人，也许会猜测，这是在发电报。回答：是，也不是。

这是农业银行复建初期的项目电报，每月按旬上报。和普通电影上的发报完全不同。

说起项目电报，身处农行复建初期的农金人都很重视，上至各级领导下至基层营业所的全体员工。虽然项目电报工作主要是由基层营业所会计完成，但是营业所主任、农金员、会计员、出纳员对其毫不生疏，因为这项工作实在是太重要了，是营业所的一项大事，每月10日、20日、月末都要编制上报。

项目电报，一组为2个数据，第一组数据为"代号"，第二组数据为具体数值。项目代号由上级统一确定，划定归属范围。项目电报属保密事项，当事人操作时会按保密工作要求办事。即使有别有用心人想知晓内容，也只能泛泛地知道数字，而不知道数字对应的内容。

项目电报从基层做起，逐层汇总、上报，直到总行汇总出全国农行经营数据。其特点是定时、快速，能迅速让上级行领导快速掌握了解最新的业务数据，为做好全行经营决策起重要参考作用。

基层营业所是编制项目电报的基础单位。营业所会计先要在做好日结账基础上，将每旬数据汇总，结出旬报表，再按照约定的代码填写相应的项目电报数据，通常以万元为单位。上报项目电报没有电影中的电台，是通过有线电话报送过去的，电话也没有现在这么方便。最早是手摇震铃式的电话，要通过邮电局农话台接线员手工接通，工作起来十分不方便。如遇碰上以下情况想要接通就是难上加难了：一是全县有上百个部门条线，都需要与各自相对应的点进行电话联系，客观造成通信线路繁忙拥堵；二是雨雪天气通信线路故障频发；三是通信设备陈旧老化经常掉线；四是遇到市、县政府部门急办事情，经常会中断正常通话的常规业务。

而基层网点如遇到会计感冒，报数时口齿不清楚的时候，一般都会由主任亲自代报。

我是1979年在农行复建后第一批招录干部进入农行工作的，是沐浴着改革开放的春风与农行共经风雨40个春秋。我有幸在基层营业所接触过项目电报，更有幸在县支行计划会计股工作，从事过项目电报统计工作，回首往事，历历在目。

第一次在支行计划会计股做项目电报工作，是因为原统计员生孩子，领导让我"代班"做几个月的项目电报工作。初次接手项目电报工作，真是手忙脚乱。接线员转接电话很慢，邮电局的话务员老是说："线路正忙，请稍候……"这一等就是20多分钟。试想，我们有34个乡镇、1国营农场，一共有35个营业网点，如果按这个进度，就是一刻不停地帮我接通也要12个小时呀。遇到这种情况，领导也十分重视，立即抽调股室其他同志，借用其他股室电话帮助一起完成项目电报，这样节省了三分之二的时间。这就是团队力量！

工作一段时间以后，与邮电局的联系多了，也知道几号话务员姓什么、几号话务员是谁。通过与他们交流，一方面增进了相互了解，另一方面也逐步让话务员知道，我们项目电报工作的重要性，工作很快走上正轨。每当进行项目电报电话接听时，我会左手拿话筒，一边听网点报出的数据，一边口中重复网点刚报来的数据，同时右手飞快地在记录纸上记录。这样做的好处是能让报数据的人知道我记下的数字，加强核对，防止错误。虽然每次和基层通话都报得很准，口齿清楚，并且项目电报00代码就是上报数据的合计数，但我每次都会立即拿起手边的算盘进行加总合计，看是否与00代码上报的数据一致，如有误差就要再报一次，直到数据准确。

支行在做好辖内基层网点数据汇总后，还要按照市分行给定的代码上报编制县支行项目电报，只有将这一电报报出并确保准确无误后，才能暂告一段落。循环往复，周而复始。

由于代班期间工作认真扎实，无一差错，我连续9次被市分行通报表扬。四个月后，领导把我留在计划会计股工作。每逢报送项目电报，我都与统计员一道细致做好工作。一晃五年，无论是节假日，还是雨雪天，从未中断。

县支行级及以上单位在汇总、报送项目电报时，不只是将基层上报的数据简单汇总上报，还要与前期数据对比，比如发现数据突升、突降，都要再次与疑似有问题的单位进行电话核实。一般情况下，领导都会主动加入汇总审核行列，凭借多年工作的经验，能很快地分析出问题和可疑点，然后进行核查核对。

为了提高项目电报归属的准确性、报送的及时性、数据的真实性，市县行每年度都要对辖内单位进行考核评比，评出一、二、三等奖，在一定程度上提高了项目电报数据质量。

在我的记忆中，1991年淮河流域发大水。淮河乡因水灾电话线路中断，当时营业所会计涉水步行20多公里，硬是凭着双脚将项目电报数据送到了县支行，保证了全行数据的完整、准确、及时上报。

随着改革开放的不断深入，项目电报经历了手摇震铃、手工拨号、传真电话、电子邮件等过程。伴随着计算机业务的普及，银行电子化程度的提升，手工项目电报已退出了历史舞台。但那个时代，却给我们留下了不可磨灭的印象。

项目电报形式上只是十个阿拉伯数字，但"小数字"却酝酿着"大文章"。

作者单位：江苏省盱眙县支行

典型宣传策划记

吕志强

数风流人物还看农行。

十五大全国党代表刘玲英、十六大全国党代表张建新、十七大全国党代表柯茜茜，是农行人耳熟能详的三大典型，铸就了农行历史上一次又一次辉煌！他们的典型事迹虽然渐渐远去，但彰显出的正气、正能量不断转化成巨大的精神动力，永远激励农行人前行。追忆峥嵘岁月，彰显农行辉煌。我作为三大典型的策划和宣传人，更是心潮澎湃，尤其是那些幕后花絮，历历在目，终生难忘。

一说刘玲英，重大策划起着决定性的作用。1993年12月22日，浙江省云和县局村信用分社遭歹徒抢劫。刘玲英与歹徒英勇搏斗，身中31刀，右眼球被挖……当医生剪开她身上的血内衣时，一把带血的金库钥匙掉落在手术台。医护人员惊叹："原来金库钥匙在心上，真比命还重呵！"听着云和县支行李光亮副行长的诉说，我内心涌起强烈的责任感：一定要尽快把刘玲英的英雄事迹宣传出去。于是，我分三步策划：第一步，立即陪着云和县支行副行长李光亮向省分行行长汇报，得到了省分行领导的大力支持，并建议尽快向省委宣传部汇报，力争省委领导的重视和支持；第二步，立即与新华社浙江分社著名记者慎海雄联系，力争早发电讯通稿，抢夺新闻舆论主动权；第三步，建议省分行尽快派员慰问并全力抢救刘玲英。然而，当时公安部门有不同声音。我在多个场合着重介绍她临危不惧、英勇搏斗和平时的敬业奉献，同时据理力争，以雷锋为实例，呼吁对英雄要看主流，不求全责备，终于促成对刘玲英正面典型的共识。三步策划，步步到位，尤其是新华社通信稿很快在全国主流媒体见报，引起全国热烈反响。试想，如果当时"不同声音"占上风，事迹变成事故，就没有这一典型了。

很快，《浙江日报》头版头条发表了刘玲英事迹的长篇人物通信，省委召开刘玲英事迹报告会，省委书记亲自授予刘玲英"敬业奉献无私无畏"铜牌，从省委宣传部到总行党委、全国妇联、全国总工会等纷纷发出向刘玲英学习的决定……一个弘扬学习刘玲英的热潮，从浙江大地席卷全国。

时任浙江省委书记李泽民代表省委授予刘玲英《敬业奉献　无私无畏》铜牌

《人民日报》头版头条配照片发表刘玲英事迹的长篇通信，刘玲英光荣地受到江泽民等中央领导的接见，先后荣获全国三八红旗手、全国农村金融卫士、全国五一劳动奖章等荣誉，当选为党的十五大代表。时任浙江省委书记不久的习近平，赴丽水分行慰问刘玲英，给刘玲英和农行人极大的鼓舞！

二说柯茜茜，恰到好处的策划助她不断走向成功。1996年春天，我应温州分行行长之邀采访中山储蓄所。当时柯茜茜是临时工，唯一的亮点是多指多张点钞荣获全国冠军。但是，深入采访后，我发现作为典型还不成熟。1997年3月，总行领导出席千岛湖资金组织会议，会议结束后由省分行行长蒋志华陪同考察温州分行，并由我负责随行采访。我得知后立即进行了精心策划：请总行领导视察中山储蓄所，并准备了笔墨和题词的参考条目。总行领导当场题词："全国农行名牌所"，这为日后的宣传埋下伏笔。之后，长篇通信《青春赞歌》，从《中国城乡金融报》（1998年6月24日头版头条）走向全国主流媒体，柯茜茜与她的十三姐妹的图片报道，学习柯茜茜的演讲比赛等策划宣传，都有效扩大了影响力。关键的策划还有一招，请总行宣传部邱晓茹部长一起向温州市委领导汇报，力争市委的重视和支持，并建议在人大代表名额分配上向农行倾斜。果然，在全国九届人大选举时，温州市政府有基层、女性、非党的代表名额，柯茜茜均符合条件，客观上为她当选人大代表创造了条件。在赴京开会前她又特意在杭州武林广场举办"全国人大代表柯茜茜金融服务咨询"专场，主流媒体当晚或第二天进行了立体式的宣传报道。全国人大开会期间，我通过与媒体记者的策划，有意识地拍摄到了李鹏总理与左边柯茜茜甜美笑容的合照。此合照收进了农行行史展馆，瞬间荣耀成了永恒。后来，柯茜茜转正、入党，获得全国五一劳动奖章、全国劳动模范等荣誉，并当选党的十七大全国代表，如今当上了温州分行副行长。

  三说南浔支行文明学校和张建新，持续深化的策划彰显农行一次又一次辉煌。1997年9月28日，湖州南浔支行成立了文明学校。当时虽是毫不显眼的小苗，但我坚信，在党的阳光雨露下，它必成参天大树。于是，我对文明学校提出了"只做不说，重在培育，选准时机，内外并举"的策划宣传方案。其间，我多次向省分行党委、省委宣传部和总行宣传部领导汇报，力争各级领导的重视和支持，同时积累素材，适时实施内外并举的策划宣传。先以《希望之光》在中国城乡金融报头版加短评推出长篇通讯，然后扩大到《金融时报》头版头条加短评推出《南浔之路》长篇通讯，再在《人民日报》2000年2月20日二版头条发表《文明学校拂春风——农行湖州市南浔支行加强职工思想政治工作建设纪实》的长篇工作通讯，使影响力从农行、金融界走向全国。尤其是新华社动态清样发表《农行南浔支行探索思想政治工作新路》，引起胡锦涛总书记的重视并做重要批示。后来，中央宣传部牵头组织新华社、《人民日报》、央视《新闻联播》《光明日报》等14家主流媒体联合采访南浔支行，并统一时间分上下篇播发南浔支行文明学校的经验，这在农行是史无前例。南浔支行先后荣获了全国思想政治工作先进集体、全国优秀基层党组织、全国文明单位等称号，行长张建新也荣获全国五一劳动奖章。2002年11月8日，张建新光荣出席党的十六大全国代表大会，不久升任为湖州分行副行长。张建新珍藏的与温家宝总理亲切握手的合影，成为农行辉煌历史的见证。

优秀征文

2002年11月，张建新出席党的十六次全国代表大会

三大典型，十年心血。领导评价说，典型辉煌的背后，蕴藏着宣传策划者的智慧和心血，并多次在会上表彰我，授予我全国农行优秀宣传工作者称号，给予我宣传工作杰出贡献奖……然而，我深深懂得，典型的巨大成功起决定作用的是省分行党委和总行党委的拍板和培育，令我心甘情愿付出的是省分行党委和总行领导对我的信任和支持，是先进典型本身的正气、正能量给我的巨大激励，是农行给了我施展才华的平台，我所有的策划和宣传，为的是展现农行的辉煌！

光阴似箭。如今，我已是古稀之年，但我"壮心未与年俱老"，为了农行明天的辉煌，我仍在默默地献计献策……

作者单位：浙江省分行

满怀深情架金桥

鄢东良

1987年是我参加农行工作的第6个年头，那年春天我被调入县支行秘书股工作。

武义县支行地处浙江省中部，是原国民党高级将领汤恩伯的老家。1949年国民党军队败退台湾时，有不少浙籍年轻官兵被胁迫入台。由于两岸长期处于敌对状态，邮路、航路、汇路被人为隔断。但两岸中国人是打断骨头连着筋的亲兄弟，血浓于水，任何人任何势力都无法剥夺两岸百姓对亲人的思念牵挂，以及对和平统一的渴望。

坚冰终有融化时。在邓小平同志"一国两制"科学构想和关于发展两岸关系政策的感召下，台湾当局不得不调整"不接触、不妥协、不谈判"的"三不政策"。两岸人员往来和经济文化等各项交流开始发展起来，长达近四十年的两岸隔绝状态被打破。

那年夏天，有一张来自台湾的汇款单摆在了支行行长的办公桌上。时间已经过去20多天，仍无人来办理取款手续。这个难题让年轻的行长愁眉不展。

是否这位台属已不在人世？是否因人口迁徙已经离开山区居住地？大家从多种可能性上猜测。

在两岸春暖花开的重要节点，农行人该怎样以实际行动贯彻落实党和国家的两岸方针政策？让台胞放心，让台属满意？农行人应该怎样担当起重大的历史使命？行里的同志们在思考。

支行领导立即召集有关人员开会研究，会后决定派"老农金"徐洪祥股长和我前往实地调查、寻找这位台属。

按汇款中的收款人地址,这位台属应该居住在距县城几十公里的山村。接受任务后,老徐和我背着背包,带着干粮,一头扎进了人口稀少、交通恶劣的大山里。

一个村挨一个村地到户走访,尤其是重点向当地的老人问询这位台属的下落。崎岖的山路上,闷热无比,汗水浸透了我们的衣裤。饿了,就到山民家中讨碗茶水就着干粮吃。累了,就在山崖下凉荫处小憩会儿。

第一天毫无收获。第二天重新进山,眼看太阳就要下山,老徐和我已有些失望。真是"山重水复疑无路,柳暗花明又一村",功夫不负有心人!在一个只有十几户人家的自然村里,我们终于找到了要找的这位台属,并通过村里的干部核实了情况。当满头白发的老人接过汇款单时,竟激动得老泪扑扑掉了下来,他连声说:"共产党真好,农行真好,**谢谢两位同志!**"

回支行后,我立即以这件亲历的事情为新闻素材,写下了一篇题目为《满怀深情架金桥》的小通讯,先后投稿《中国城乡信息报》(后改为《中国城乡金融报》)《金融时报》《人民日报》。结果这篇稿子在半个月内分别被这三家报纸采用。最让我想不到的是,作为一名农行基层员工写的报道,竟会被中央党报《人民日报》刊发(1987年11月1日《人民日报·海外版》第五版)。

从大学(专科)毕业后迈入农行的大门,我在这个让我一辈子深感自豪和温暖的大家庭里整整工作了近四十年。在此期间,我还被借调到浙江省分行办公室,参与了农行恢复建制十周年的宣传报道工作(农行经历过二次撤销、二次恢复)。十多次被评为省、市农行宣传、信息工作先进个人,1988年又荣幸地被农总行授予宣传报道先进个人荣誉称号。

服务城乡撸袖干,满怀深情架金桥。我亲历的这个为台胞、台属服务的故事,只是无数默默无闻的农行人在神圣岗位上完成过的一次光荣任务。

农行人的脉搏与共和国齐跳动,一代接一代的农行干部员工们,一定会用自己的无私奉献和辛勤汗水,为实现伟大的中国梦添砖加瓦,向党和人民交出一份更加出彩的答卷!

作者单位:浙江省武义县支行

回乡路上

陈立新

今年春节是返乡最早的一年。过去都是要到腊月二十九才能走,今年提前两天我就悄悄地开车出城了。

在高速行驶一百公里不到,我就踅岔上省道,走到了几十年前的老路上了。说老路,是年轻时在基层工作,到地区、县城出差、开会所走的路。过去的羊肠小道,现在都拓宽取直,铺上了黑黑的柏油,城乡的变化都是极大的。车到滁州,滁城已有了绕城的快速路,当年我们去琅琊山,都是骑自行车,在醉翁亭、在琅琊寺,夏天、秋天、蝉鸣、细雨,留下了多少青春的记忆。现在绕城路一建,城市大多了,去琅琊山已不知如何去走?

绕过滁州,经过来安,即上了往长山的道路。这路还是当年的路,我感到亲切了许多。路边的梧桐树我是认识的,高大的杨树我是认识的,那些山路的曲折我是认识的。过了四十里长山,下了山即是大余郢(Yǐng)。过去大余郢是一个公社,后来改成乡,乡里有个信用社。我认识这个"郢"字就是在大余郢。三十多年前,我才二十多岁,分配到半塔镇农行营业所工作,大余郢信用社是我们下级机构。有一年分贷到户,要把原来有集体承贷的贷款,划分到每户农户头上,农户当然不高兴,但当时是和农户的上交和提留挂钩的,农民也没有办法。我被安排到大余郢乡负责划贷,住在乡政府院里,一住就是两个多月。每天下乡,一家一家跑,有好说话的,很痛快盖了章的,有困难户、难说话的,就要磨半天才能办成。我们全是靠的两条腿,一天要跑几十里路,夏天的毒日头,晒得够呛。中午就在生产队长或者大队书记家吃饭。韭菜炒鸡蛋，后来回忆起来，再也难找到炒得那么金黄的鸡蛋了。蒸老咸肉，好大一块，半肥半瘦，在嘴里咬半天，弄得满嘴油。喝散装酒，划当地的拳。夏日的酷阳一晒，就那么走在乡村的山道道子上。早晚在粮站的食堂吃饭，一个老太太负责烧饭。我们下乡，都要和老太太说一声："今天下乡啦！中午不要给我烧了！"老太太记在心中，就扣除我的这一顿（我们吃的是扒伙）。粮站食堂在粮站大院子里。进院子，一个大广场，穿过广场，往东南角，有一排平房，那里有两间房，就是食堂了。我在这个食堂吃了两个多月的饭。印象最深的是，这个老太太极其干净。锅台、桌椅都抹得干干净净，一尘不染。每顿一荤两素，吃的人吃完自己画个"正"字了事。

　　晚上睡在乡政府大院内。那是这个乡的最高组织机构。一间空屋子，一张床，一张桌子，一把椅子，就是全部家当。早上起来刷牙，有幸和乡党委书记一同蹲在门口，使劲将牙刷在嘴内蹭，弄得一嘴白沫，两人互相点点头，算是打了招呼。书记对我挺客气，我虽年轻，可毕竟是上级部门的同志（虽然仅是镇上），是下来帮助基层工作的。

　　信用社就在乡政府边上，朝外三间房子，每天都是人山人海，有办存贷款的，也有赶集或到镇上办事在里面歇息一阵的。农民们穿着满是黄泥的胶靴，带着篮子背篓，坐在那里抽烟，谈笑着或互相趣骂着，声音是很大的，笑声也是爽朗的。虽然他们生活十分清苦，可他们精神和身体是健康的，甚至可以说，是强壮的。

　　我将车停在了当年粮站的门口。呵呵，当年的铁门还在，那个院子也还在。铁门锁着，我扒着铁门往里张望，那东南角的一排平房，似乎已经没有了。我正扒着门瞅，远远的走过来一个男子，开了铁门又从外面锁上。我问他：那东南角的食堂还在吗？他笑笑望我：早拆了。我说，我原来在这个食堂吃过一阵子饭，所以望望。你不晓得那里的食堂吧？他说，我怎不晓得，我也不小了。你不小了，你哪年的？我71年的。71年？我82年在这儿，你那时才11岁，还在这个院子里跑着玩呢。我那时还可能在这院子里见过你，你是在这个院子里长大的吗？他说，是啊，我一直在这里啊。

　　我说他当时是个孩子，他笑起来了。他说，我也不小了，四十多了，马上五十了。说完挂着一串钥匙，走到街上去了。

　　我离开粮站，往前跑了不远，就到了当年公社和信用社所在三角地的一个空场上，信用社在对面建起了大楼，也改名为农村商业银行。我先到公社院子里转转，那个门楼似还在，可院子里已横七竖八建了很多小楼。随即，我折回对面的信用社，就见门楣上几个大大的字：大余郢农村商业银行。进得门里，一色的现代化装修，和城里银行的式样并无二致。窗明几净，物件有序，低柜区，自助区，井井有条……我见里面的柜员正给窗外的几个客户办理业务，便随处望望。一个保安腰上别着电棒，在那里盯着我。我见三个柜员，一男两女，颇有些老中青的样子。一个老年的男柜员在最东面，中间一个中年的女同志，西边是一个年轻的女孩，看样子是才招进没两年的大学生。我探头问那个年龄大些的男柜员：有个叫路仓的会计还在吗？里面那个男人说，退休了，早不在这里了，住到滁州儿子家去了。路仓是当年大余郢信用社的主办会计，一个虎背熊腰的汉子，留一撮八字胡。我知道"路"字可以作姓名，也是从他身上知道的。

  从大余郢到我人生工作的第一站半塔也才十几公里，我们经常骑自行车到各信用社。这是一条密植杨树的省道。我那时对杨树并不能了解。后读文章，说杨树多悲风。杨树高大，树叶密布，特别是秋末，一阵风来，杨树叶簌簌飘落，给人一种飘零的感觉。其实说杨树多悲风应为秋季，而在春天，一阵春风，杨树叶哗哗作响，像一群小巴掌拍过去一样，还是挺喜庆的。我们骑车从此经过时多是春夏，一阵风来，新生的树叶哗哗作响，天高云淡，还是蛮快活的。现在沿途的杨树还在，可是周边的农田都被改造成葡萄园，一眼望去，不到边的水泥柱，路边也凌乱不堪，有许多农人在路边卖自制的葡萄酒，打着手写的广告牌：自家酿造葡萄酒。经济农业固然比传统农业挣钱，效益好。但一切奔着钱去，农村的田园风光一扫而空，不见踪影，也有点让人心疼。

  半塔是革命老区，历史上有著名的半塔保卫战。新中国成立之初，就在这里建了一个烈士陵园，刚来工作那时，我们晚饭后经常散步到陵园去玩。陵园建在半山腰上，植了许多松柏，修了纪念碑。环境相当清幽，夏季天长，我们久坐在长长的石阶上，谈一些漫无边际的话题，一直到天都黑了下来。

  当年，我们分到半塔一行三人，在这里的青春故事，我曾写了《恋爱》和《长山》。记得刚上班，让我跟一个大我不到两三岁的女孩学习点钞。她年轻而漂亮，一笑脸上有两酒窝，我是很乐意跟她学的。我在半塔工作三年，出纳员就干了近两年。

　　未进镇上，我就将车停下，爬上当年我们夏天经常游泳的半塔水库大坝。当年的水库有一个滚水坝，坝上整天一片轰鸣，巨大的水流从坝上翻过，落入下面一个大水潭里。我们从大坝上往水里扎猛子，水翻滚着，我们随着水波而上下涌动，快乐极了。

　　如今滚水坝还在，似是重新维修了，只是水库小多了，也水少了，周边一片冬日的萧条景象。坝上有细细的清水流过，洒下一片稀疏的水声。转而直接上到烈士陵园。陵园也改扩建了，修了门楼和广场。进到里面，纪念碑和过去的碎石路还是原样，只是园里的松柏树林，经今年的一场大雪，倒伏了许多，有的已连根拔起。一个农民正开着拖拉机，拖走那些已经锯下的树枝。今年这一场雪使许多树木受伤，甚至死去。

　　下到镇上，正是年根前，街上人山人海，与我当年在此工作时逢集时一样，人贴着人走路。车是没法开了。我步行往镇里走，去我当年工作的营业所看看。那些路我是认识的，无非是拓宽修漂亮了。路的基础还是当年的，所以方位和模样是不变的。穿过无数的摊位，我来到曾工作过的营业所门前，过去的二层楼已重新翻盖，现在是一幢挺气派的新楼，陈设和现如今所有的商业银行一样，进到门里，透过厚厚的防弹玻璃往里瞧，工作人员已没有一个熟人。我转到后面小院，过去偌大的院子也给砌满了房子，再往后走，是一个小花园，里面有一些树木，我认出这是我师傅父亲过去种的，老人身体不好，爱静，种了不少的树木花草。见一个半大孩子，我问：你姓什么？他不吱声。我又问：王学敏家住哪里？他摇摇头。这时一个妇女走了出来，问我干什么？我说看看，过去在这工作过。她惊奇地问："我看你面熟，你叫什么名字？"我问："你是营业所、信用社的吗？"她说是。我说你哪一年工作的？她说1984年。我说，我已离开啦，你不认识我的。她又问我叫什么名字？我说姓陈。她说她知道我，他们常提起我。我问信用社的老沈还在这里吗？老沈啊，在这。她一指隔壁，一个小小的院子。院子的门开着，她正要喊，我说，别喊，喊出来我可走不了了。他肯定要留下我，我还要赶路呢，过了年从这过再找他吧。她望我笑笑，我便急急地退了出来。

　　出了营业所的院子，我站在大街上，街上人来人往，大家都忙着过年，没有人能够理解我此时的心情。营业所的门口，依然像我三十年前的每每逢集时一样，所有的空间都被各种摊贩占领，人走路得插着脚找路缝来走。此时天已近黄昏，暮色慢慢降临下来。

车子沿乡村的省道行进。沿途是冬日的河流和树木，道路曲折。我打开音乐，任思绪随着旋律和暮色慢慢飘散开去。

作者单位：安徽省分行

妈妈，长大后我就成了你

张 宁

亲爱的妈妈，您好，在母亲节即将到来之时，我提笔写下这封信献给您，我的母亲。这是我工作近两年来第一次给您写信，此刻忽然提笔，又兴奋又忐忑，思绪逐渐沉浸在二十余年的回忆里，往事幕幕，恍如昨日。

小时候，您是我心中的超人

佛说：前世五百次的回眸，才换来今生的一次擦肩而过。我们上辈子一定时时深情对望，才有此生母女情缘。自学会写字始，我便最爱在纸上随笔写自己的名字。关于这名字，您跟我说，你小时候很吵，非常爱哭，整夜整夜的吵闹，希望我长大后做个宁静的女孩。

记得我3岁半那年，我在县城幼儿园上小班，您在离家有10时路程的余井营业所上班，每天早上5点，您总是第一个起床，帮我穿衣、吃饭、送我到幼儿园后再搭车到单位上班；您总是把家里的衣服用大包背到单位，中午下班后洗，下班后再搭车回家。放假了，您就把我带到单位，这样就不用来回奔波了……在我的记忆里，都是您忙碌的身影。

由于外公身体不好，家里姐妹多，家庭条件不宽裕，您工作后就承担起了几个妹妹的学费，供她们念书、生活，毕业后又帮她们找工作，把她们带在身边，直到她们一一成家。外公每次住院、出院、办理报销手续都是您，现在外婆去世了，您又把外公带在身边，您真的不容易。不管工作、生活多么苦和累，但在家里，您永远都是精神满满、笑容满满，您像超人一样，用坚强和柔情撑起了我们温暖的家。

再后来，您是我学习的榜样

我从小在农行大院里长大。每一天，看着一身行服的您早出晚归、风雨无阻，心中满满的敬意。柜台前的您，一头简单干练的短发，嘴角时常挂着一丝亲切的微笑，总是给身边的人带来温暖。记得有一次，我偶然打开家里的一个箱子，看到了厚厚的一叠荣誉证书，一共有好几十本，我知道这些都是您努力工作的见证。多少个夜晚，在我们都睡下之后，您一个人在台灯下学习专业知识，提升业务技能。作为一名农行员工，您从不因生活的艰难而放松对工作质量的自我要求，在业务上精益求精，凭借丰富的工作经验和专业实力，得到了单位领导和客户的认可。我到您办公室，您单位的同事都说您很优秀，是我学习的榜样，我要向您学习。

长大后，我就成了你

现在我自己也成为一名农行人，从此才深刻体会到您的辛苦与不易。小时候，您为什么总是很少出席我学校的活动。我也曾一度很不理解，怨恨过您。我总是自己淋雨回家，总是自己吃泡面，而您天天加班，经常很晚才回家，现在我才深深体会到这份工作的不容易。这一点上，我很佩服您持之以恒，把工作当作生活的一部分。妈妈，到今天我终于明白，您给我很多宝贵的东西：您给了我乐观积极的性格，给了我能在这个社会立足的能力，给了我无论何时都能迎难而上的勇气。我是您生命的延续，我就是您。

记得进农行您陪我面试的时候，您给我打气加油说："别怕，你从小就听着点钞的声音长大！一定可以的。"身为一个"农二代"最大的好处就是，碰到不懂的业务可以请教学习。我和您在一起三句话就要聊到工作，碰到一些困难，您总告诉我不要慌，然后指导我，帮我找出问题。但最多的话，还是工作的时候要细心，不要着急，不能出错，要严格按规章制度办业务。我依然和您一样，不会投机取巧，不会耍小聪明，不会攀附关系，只会一步一步脚踏实地的，靠自己的努力做好本职工作，靠自己的实力争取机会。

曾国藩写家书是为了记录其为人处世、治军从政的主张；傅雷写家书是为了教子，在学习、生活上对其进行引导，而我这封简短的书信，寥寥数笔，都是平日羞于表达的性情，更多的是为跟您说声感谢吧。自小受您的深情和疼爱，能做您的女儿，是我此生最大的骄傲！

作者单位：安徽省潜山市支行

我的农行故事

1元余额的存折

李 璆

大学毕业后,我顺利地通过笔试和面试,进入了农业银行,从此我便由一名刚毕业的学生转变为一名银行职员,打趣儿点说,我也算是一位金融界的人士了。我大学期间主修的专业是英语,与"金融"二字扯不上多少关系,我也没想到有一天我会进入银行工作,直到我接到农行录取通知书的那一刻。这大概是上天的安排吧,从此,我便与农行结下不解之缘。

我与老公的相遇,也要感谢农行,她可谓是我们的"媒人"。我与老公认识前,一次偶然的机会,我上门去给一个朋友办信用卡,当时他也在场,待我讲解完我行信用卡产品的相关知识后,在一旁的他便主动提出也想办一张信用卡的意愿。从此,因为一张信用卡,我和他逐渐从陌生到相知,再相熟,最后步入婚姻的殿堂。如今我们相互都很珍惜这段感情,是农行信用卡这根纽带把我们联系到一起,让我们拥有了如今美好的生活。

我在乡下网点上班时,有一天镇上赶集,一位饱经风霜的老人拿着刚卖完菜的皱皱巴巴的零钱来存款,存完后他从兜里掏出一个馒头,坐在我们网点的大门口慢慢地啃着,那股满足的劲儿,让人看着特别心疼。我掏出手机,"咔嚓"一下拍下了这个镜头。

那天下班回家后,我把这张照片给家人看,与他们交流完我的感受后,公公的眼睛有点湿润了,因为这个老人让他想起了自己的父亲,一个吃了一辈子苦,没过上一天好日子的老农民。他从房间里拿出一个年龄比我还大的农业银行的老存折。这种老存折,现在可能比较难找了,当时科技没有现在发达,记账也都是手工记账,但是我公公却把它保存得完好无损,字迹什么都清清楚楚。这个存折的户主是我公公的父亲，上面手工写着开户日期是1986年11月16日，开户金额是200元，后来反复支取后，就剩1元余额了。老人家生前最后一刻，从枕头下面掏出这个1元余额的存折交给我公公，跟他说："要勤劳苦干，你要靠着这1元钱发家致富、过好日子，不要像我一样穷一辈子。"年幼丧父丧母的公公靠着这仅有的1元钱家底，苦干苦拼，即使在最艰苦的时候，他也没有把这1元钱取出来，而是用布好好包着，日子难熬的时候就拿出来看看，激励自己好好奋斗。苍天不负有心人，靠着自己勤劳的双手，他让家人过上了好日子。当他终于有第一笔收入时，他立马跑到农业银行开了一个新的存折。这一次，余额不再是1元，而是一大笔存款。

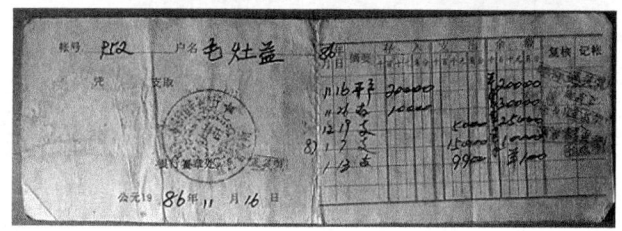

20世纪80年代农业银行活期储蓄存折

公公把这个老存折交给了我和老公，他说："这不是一个简单的存折，这是我们家风的象征，希望你们继续发扬。"我拿着这个存折，虽然很轻，但心里却沉甸甸的。

作者单位：江西省宜丰县支行

水果摊上的笑声

付 明

这是十多年前的事了。那一年,我在县城汽车站对面的农行储蓄所当主任,9月的一天,储蓄所的门刚打开,一位中年妇女提着一篮子红香蕉苹果,走进了储蓄所,她来表达她的心意,要所里人收下这篮子苹果!这是咋回事啊,故事的起因,听我慢慢述说……

原来,这位送苹果的妇女叫杨杏花,是我们储蓄所的一位常客,几乎天天与车站储蓄所打交道。每天早上,储蓄所一开门营业,透过大玻璃窗就能看到外面的杏花,她在农行储蓄所对面的汽车站前摆水果摊,已有多年了,她稳重中不失活泼,活泼中带着大方,清脆的嗓音,脸上时时带着亲切的笑容,向路人有节奏地吆喝着,叫卖着水果。

杏花家驻城南三十里外的大山里,四十出头,鸭蛋脸型,齐耳短发,一双水汪汪的大眼睛,说起话来大嗓门,快言快语,直来直去。就凭她这份山里妇女的热情豪爽,价格公道,着时吸引了一大批吃客,也让她的水果生意一年四季兴隆。身边几家卖水果的邻居有点眼红,说她挤占了自己的地盘,她一边摆弄水果,一边赔笑说:"出门都不容易,体谅体谅吧。我往后退点,你们摆前面,给我一个巴掌大的地方总可以吧?"就这样,杏花的谦虚、仁义大度,让她在街面上站稳了脚跟,也与卖水果的邻里和平相处。

每天到了下午的时候,劳累了一天的杏花,用挂在肩上的那块蓝色的毛巾擦一擦脸上的汗水,喝几口用大瓷缸子装着的凉白开,带上她的书包钱袋,急匆匆走进车站储蓄所,径直取号排队。储蓄所的人都认识杏花,临柜的几位人员亲切地叫她杏花大嫂,她麻溜地点好钱,再把活期存折一起用双手递进柜台里。杏花喜欢到这里存钱，一来方便，二来我们储蓄所人热情。前些年她家里穷时，两个孩子上学缴学费都困难，是我号召全所人员为她捐助过学费，虽说只有几百元，但那时，却解了她家的燃眉之急。当时她要请我们所里的人吃饭，我们说什么也没有去。她总是夸农行人好呢！

汽车站储蓄所门前总是干干净净，这与杏花分不开。她每天总是用扫帚把摊前打扫干净，还经常来农行门前打扫卫生，我们跟她说："我们自己来完成此项工作。"可她说："我来得早，没事干，就当锻炼身体了"，她成了农行的义务清洁工。前几年，她丈夫外出打工摔断了腿，医院治疗后，欠了几万元钱，就是靠她这几年在城里辛辛苦苦、起早贪黑卖水果的钱，还清了债务。这几年，她丈夫在家承包了10亩苹果园，最初，我们农行为他办理了2万元的扶贫贷款。经过她丈夫精心管理，贷款还清了，她丈夫也成了村里的致富带头人。两个女儿，一个上高中，一个上初中，在学校是尖子生，家中的生活过得越来越好，他们也更有精神了。

这天，离下班的时间还有个把小时，在外面卖水果的杏花推开储蓄所的门，神色匆忙地走进来，焦急得竟忘了取号，来到窗口，冲正忙活的小刘说："小刘弟弟，俺的存折不知怎么没了？这可怎么办呢，上面有俺这些年卖水果攒的5万块钱呢……这个月俺女儿就准备上大学了，这可怎么办呢……"小刘一听，耐心地劝说："大嫂，你先别急，先取号再过来细细讲，弄清存折是怎么丢的，不会有损失。"听了小刘的话，杏花这才从焦躁的神态中稳下神来，松口气，像往常一样去取号、排队。

待她把丢失存折的来龙去脉向小刘叙说清楚后，小刘很快给她办理了存折挂失业务。一个新的存折递到她的手中，她看了又看，还把存折捂在胸前，高兴得她连声致谢。

第二天，杏花把一篮子红香蕉苹果提进汽车站储蓄所，向全所人员表示谢意，这才有了开头的一幕。但大伙没有白吃杏花的苹果，而是照价付了钱。杏花高兴地说："今年俺家苹果丰收了，俺把钱都存你们这里，农行是咱农民的大管家，钱放这里，让俺百分之百地放心！"

汽车站水果摊上，杏花的笑容更甜了！

作者单位：山东省泗水县支行

摸奖储蓄

赵文强

20世纪80年代秋末的一天早晨，市民正在晨练。

县城中心广场上的大喇叭里传来中共中央通过《关于价格、工资改革的初步方案》的消息，市民们纷纷驻足聆听，一个个张开嘴巴，瞪大眼睛惊愕地彼此观望着。

几天后，一股股抢购浪潮犹如台风海啸般汹涌而来，从北京、上海和广州等一线城市，迅速波及二线、三线城市，冲击四线城市乃至大小县城。老百姓在商店里见到什么抢购什么，无论是日用品、服装鞋帽，还是彩电冰箱，好像这些商品马上就要从人间蒸发似的，恨不得将手里积存多年的存款都置换成看得见、摸得着的物品。接踵而至的是老百姓担心物价持续上涨和存款贬值，纷纷前往银行提取存款，各家银行资金头寸顿时大幅度减少，缓解资金紧张局势成了银行管理层案头的首要任务。

夏初时节，豫中平原沃野千里。小麦花穗由白至淡黄，在微风中欢快地挥舞摆动着，长势喜人，一派丰收景象。然而，处在河南省中部的农行襄城县支行面临着居民储蓄存款迅速下滑的困难，全县几十万亩小麦成熟，麦浪滚滚，麦收季节即将到来。作为农业大县承担夏粮收购资金供应的农业银行，在一年一度夏粮收购的关键时期，供应夏粮收购资金是头等大事。县农行计划科根据近期存款下滑情况和粮食收购部门提交的夏粮收购资金需求报告，测算出当前资金缺口高达5000万元！

组织资金成为农行当前的中心工作任务。我每天两次给行长上报存款组织情况，还要汇报各个乡镇银行营业所的存款组织进度、存在的问题和建议。

那些天，我几乎见不到行长脸上露出笑容，眉头整日皱着，好像遇到了迈不过去的坎一般焦虑。几天后，我根据《国务院〈关于中国人民银行开办人民币长期保值储蓄存款业务〉的决定》精神，在学习借鉴兄弟县支行开展保值储蓄活动经验的同时，建议县支行迅速组织摸奖储蓄活动。支行领导同意了我的建议，并号召全行上下迅速行动起来。紧接着我策划了摸奖储蓄和前期的储蓄宣传活动。

在摸奖储蓄前一天，我组织由县支行机关人员、储蓄网点职工、民间乐队和优秀储户代表参加"县农行摸奖储蓄宣传队"共100多人，上街宣传。农行职工穿着豆青色的行服，乐队穿着大红的衣服，优秀储户代表也是一身新衣服，大家佩戴着上写"参加摸奖储蓄利国利民"的绶带，满面笑容地行走在县城的大街上。我则戴着一双雪白的手套，手执指挥棒，踏着乐曲的节拍行走在游行队伍的最前面。伴随着激昂热烈的乐队鼓锣镲鸣和欢快的小号演奏，大街上涌来了很多看热闹的市民，翘首观望行进着的游行队伍，议论纷纷。我在前面导引着游行队伍，从县城的主要街道紫云大路、中心路、东大路、东大街、西大街、北大街、东大路，一直游行至东风广场，沿途进行着民间乐队表演，沿路还向围观群众散发摸奖储蓄宣传折页，耐心解答着群众的储蓄疑问。游行队伍前面走着，后面跟上来数百名市民，说着笑着议论着。队员们在烈日下晒得脸色紫红，豆大的汗珠流淌在脸颊上。我的衬衣湿透了，裤管上沾满了灰土，僵硬的衣领划得脖颈发痛。接近中午时间，游行队伍缓缓地来到终点——次日开办摸奖储蓄的东大路储蓄所门前。

我又带领十几名职工，按照事先的方案，分头筹备次日摸奖储蓄活动具体事项。我对奖品的设计购置、存单的印制、现场人员分工、安全保卫等各个方面工作，缜密组织、逐项检查。除了继续雇用民间乐队现场演奏外，我还邀请县电视台的记者前来采访报道。大家一直忙碌到深夜。月亮升到了头顶，我和几个同事才拖着疲惫的双腿离开了摸奖储蓄活动现场。大街上行人匆匆，沿街门店纷纷打烊了。

次日上午，初夏天空晴朗，装扮一新的东大路储蓄所门前逐渐地聚集了上千名市民，不少郊区和农村的群众也慕名而来。现场彩虹门悬挂一条写着黑体金色大字"欢迎参加摸奖储蓄活动"的大红条幅，喇叭里不停地播放着摸奖储蓄的意义和奖品设置。彩虹门两侧摆放着摸奖奖品自行车、电风扇、洗衣机等几十种数百件物品。9点整，随着万头鞭炮炸响，行长正式宣布摸奖储蓄活动开始。

现场群众兴致勃勃地排着队，有的踮脚看着前面慢慢移动的人群，欢喜和笑意写在每个人的脸上。储户在储蓄所窗口交款后，拿着盖有农行鲜红业务印章的存单，来到摸奖台前。在礼仪小姐的引导下，第一位储户把手伸进装满奖品号单的大红纸箱里。他抓取一张号单，满脸兴奋地交给现场工作人员。"大家看这里，储户张先生存款1000元，摸到了一辆飞鸽牌自行车，价值160元。大家看一看，这种储蓄和往常的存款一样，利息照给不说，还上浮一定比例，划算得很。更特别的是，你还能高高兴兴地拿到奖品，我们这次摸奖储蓄中奖率90%。走过路过不要错过，挣钱不容易，花掉太可惜，快来参加摸奖储蓄吧！"东大路储蓄所外勤大声地向观望的群众解说着。

我一直盯在现场，和其他工作人员一起管控着摸奖储蓄活动现场秩序。"啪，啪，啪啪！"又是一阵子鞭炮声响了起来。我回头一看，储户马先生中奖后特别高兴，自己买了一挂鞭炮燃放起来，以示庆贺。一个上午时间，城乡群众就从摸奖储蓄现场"摸"到自行车、洗衣机、电风扇、电吹风、洗衣粉、毛巾等共500多件。工作人员则把这些获奖人员的名单和奖品抄写在光荣榜上，那里围拢着几百名群众。现场群众夸奖着议论着。眼看到了下午下班的时间，储蓄所门前还有100多人在排队等候。我急忙上前解释，承诺明天继续开办后，储户才依依不舍地离开。

县农行摸奖储蓄持续开办了五天时间，吸收居民存款6000多万元，比同期多吸收存款5000万元。县政府领导称赞县农行此招一举三得：政府很满意，稳定了金融秩序；收购单位很满意，解决了夏粮收购资金短缺的燃眉之急；储户很满意，存款不仅保本，还多得了利息和价值不菲的奖品。城乡群众纷纷向县农行伸出了大拇指："你们真中！"

每次听到这句话，我就会咧嘴大笑……

作者单位：河南省许昌市分行

没一粒种子会被春天遗忘

王 沁

你说，你是一粒种子，但已被春天遗忘。是吗？

你说，你刚一出生便埋在厚厚的泥土中，看着身旁的哥哥姐姐都在努力往上冲，你不知道他们是在干什么，就问，这是干什么？哥哥姐姐头都未抬，大声说："春天快到了，赶快往上冲，否则会被春天遗忘，不知要等多久了。"

被春天遗忘？那么，真的会被春天遗忘吗？没有人回答。他们都太忙碌了。

2018年，我很幸运入职中国农业银行，来到了湖南衡东支行草市分理处。这是一个距县城40多公里外的一个偏远的小镇网点，这里没有城镇的繁华与热闹；有的只是属于农村特有的朴实与宁静。上大学的时候曾与一个卓越的财经人士聊天，她说只有在飞机上睡得最安稳，四面八方都封住了，无处可去，没事可做，才可以踏实地睡上一觉。一直觉得那是一种令人向往的、积极成就的人生状态。自从开始职业生涯以后，不知不觉也向那种状态靠拢，有事则忙、无事便慌。恐怕自己虚度了年华，蹉跎了岁月。每一天都很充实，而每一天也都很相似，网点中的前辈们给了我榜样的力量，他们长年扎根基层，默默奉献，如清水般深沉，有着清水一般的品质，平淡中折射出无数基层农行人的光和热……

老胡是5月份来的网点。初来乍到，为尽快熟悉营业所的客户并开拓业务，除了上班时积极邀约客户，下班后仍然放弃休息时间主动去登门拜访，了解客户。俗话说：一回生，两回熟。他很快就与客户和周边商户建立了良好的关系。遇到难以开拓的客户，他从不放弃，一次不行，就找准时机再去，有时反反复复要坚持很多回，在他的努力下许多客户与网点有了更多的业务往来，单就个人存款在"春天行动"中一举就突破了8000万元。

老高是扶贫专干，只见过他一面。他深入贫困村开展扶贫工作，不分白天黑夜，吃住都在村里。每逢节假日想到的不是陪伴家人，而是时刻惦念村里的贫困户有没有足够的物资过节，还拿出自己为数不多的工资为贫困户送去温暖，全村村民都把这个外乡人当作本村人了。

老欧一年365天，基本都守在网点，几乎未曾休过一个完整的假期。每天清晨7点左右就能看见营业间里亮起了灯，那必定是他在为新一天网点对外营业做准备。他早上整理营业间做好对外营业的准备，晚上巡查自助服务区。同时为了网点运营质量的提升，常常组织大伙一起学习业务知识，督促合规操作。

"冒徕"叔常年深耕在柜台一线，脊椎落下了病根，每逢天气转凉他就会旧疾复发，只能用手扶在腰部减轻疼痛。有次网点开展聚合码扫街活动，刚好天气转凉又淅淅沥沥下起了小雨，大家都劝他不要去了，但是他说："作为网点的一分子，应该贡献出自己的一分力量。"

文哥平时看上去婆婆妈妈的，平常总会叮嘱新人注意业务操作规范，对出现的状况总会提出相应的解决办法，敦促新人养成合规的操作习惯，总会念叨办理业务要在稳中求质求速。

邓叔，是一个话不怎么多却默默埋头做事的人。印象中，他从没说过累……

苏东坡曰："江水风月本无主，闲者便是主人。"看云听雨，邀约观花，至上的拥有本来是无须作契的啊。细看自己，咦，什么时候也钻出泥土，长出了两片嫩芽，虽然纤细，却温暖无比。时候已是春天。

是呀，你没有被春天遗忘。没有一粒种子会被春天遗忘。

作者单位：湖南省衡阳市衡东支行

独一无二

许琪琪

每粒种子都有落地生根的地方。而我,从2013年开始,便作为一名柜员在农行揭阳分行落地生根、茁壮成长,其间有喜有忧、有笑有泪、有花有果。或许我的一些故事会与别人的有些相似,但这始终都是属于自己的故事。

记得我刚刚进入农行工作的时候,那时候每天紧绷着神经在工作,毕竟我作为银行工作人员,面对的是钱,而我深知自己的责任和使命,一点都不敢马虎,认认真真地学习与工作。但作为新手还是难免会犯错。

那是2014年一个炎热夏天的中午,大家都在单位休息。而我作为一名柜员,休息中突然被一个梦吓醒了,梦里都是早上的工作。醒来后我意识到,自己早上好像有一笔换卡业务忘记向客户收费,马上起身去检查传票,发现自己真的有告知客户需要收费的情况下忘记向客户收费了,只好很心虚地报告主管。主管问我,我们的管理理念是什么?我说,细节决定成败,合规创造价值,责任成就事业。她说,嗯,那就严格按要求整改。

我想了想,鼓足了勇气,向客户致电,心里预想过很多可能性,毕竟为了10元钱要客户跑一趟,天气还这么热,感觉很抱歉,想着客户肯定会把我劈头盖脸骂一顿。没想到当我礼貌致电给客户并说清楚情况的时候,客户说:"没事,也是我忘记给你10元钱了,你们也辛苦了,我下午会路过那儿,你们几点下班,我赶在你们下班前过去。"当我听完他说的话,突然觉得生活很温柔,自己的服务与付出,能得到客户的理解与体谅。这也让我懂得了,注重细节与合规是我在农行成才的第一件事。

记得有一回，有个客户没带身份证就过来存 10 万元。我一直耐心跟他解释，没带身份证没法在我们柜台存，我们是需要出示身份证核查并提交省行授权的，你可以移步 ATM 那边存。可他就是不听，一直在柜台嚷嚷：去 ATM 存只能存 100 元券，50 元、20 元券都存不了。我存完明天拿身份证过来不行吗？以前开卡你们都有留存身份证的。我说，真的不行，一定要出示身份证，希望你体谅下我们。他板着脸又继续大声嚷嚷："你是不是故意刁难我，我体谅你们，谁体谅我啊，我投诉你……"一直破口大骂。听得我心里委屈得想哭，那时候也是刚刚入行不久，不懂应该怎么去应付这种情况，也就板起脸硬气地拒绝了客户，并说"我实在帮你办不了，麻烦你让下位客户办理业务。"

没过多久，我们网点就收到上面发来的投诉联动单。那位客户真的投诉我态度不好！我踌躇了半天，调整好心态鼓起勇气向客户打了通电话致歉并解释。没想到，客户居然一改那种咄咄逼人的态度，反而跟我道歉，说："我是因为私事心情不好，加上带了那么多钱去你们那里存不了，一下子脾气就上来了，本来还想等下撤销那个投诉的。没想到你就打来，也好，顺便跟你道歉。"

自此之后，这个客户成了我们网点的熟客，遇到我们网点有客户争吵，他也会帮忙劝导一两句。其实回想这件事，也是自己处理不好，要是当时我不那么硬的拒绝，让他发泄完情绪或是慢慢冷静下来，或许就没有投诉这件事。事后跟他聊天了解到，当时他是因为父母住院了，而他为了医疗费用，在店里急匆匆筹了散乱的 10 万元现金，身份证也放在医院那边没来得及拿。其实，在大多数时候，彼此体谅、尊重下对方，冷静去处理事情，或许生活会很美好。而作为农行员工，更要有良好的情绪和心态，爱岗敬业，深思慎行，做一个有作为的农行人。

有次我在柜台办业务，有个客户穿着像普普通通农民工的感觉，我没有因为他的穿着而疏忽了他，反而很热情把我们农行的规范化服务做好，耐心地帮他办理业务，并积极营销我行的理财保险业务。一开始，客户不太懂理财保险，说要把 1 万元定期取出来，我就尽我所能向他解释了 15 分钟，顺便也了解客户的需求和信息。原来他是附近卖牛肉汤店的老板，他很想买这款理财保险，问我需要多久，他还要赶时间去店里洗菜。

当时，由于他系统留存的身份证信息过期，在柜台办理时间较长，后面等待的客户也很多，为了方便客户、节省时间同时也为分流业务，我便叫了我们的大堂经理带他到超级柜台办理业务，并在自助机购买理财保险，相对比较快。客户非常感激，不停说谢谢，便随着我们大堂经理离开我的柜台。下班后，大堂经理跑过来跟我说，那位客户购买了理财保险，我跟客户说过了犹豫期后可以来拿保险合同。

那时候，刚刚好是过年期间，柜台比较忙，一个星期后我便把这事忘了。而我们大堂经理很尽职，主动联系了客户并在中午休息的时候给客户送过去了。那个瞬间，我突然觉得，我不是一个人在奋斗，是我们整个团队在努力，努力维护好我行的客户。感觉真的挺暖的！再忙都有大后方守着，有家的感觉！

类似这样的事，不胜枚举。其实，农行真的是一个挺有爱的大家庭，真的很温暖！

关于硬币，大家听到一定很讨厌，带着又重又不方便。说实话，我本人也不喜欢带硬币在身上。至于数硬币，我想更是没有人喜欢吧！因为每个人的时间都很宝贵！记得刚刚调过来揭阳营业部那会儿，有位客户带了1000元硬币来存，那时候我们还没有配备数硬币的机器，只能手点。当时，客户一进来就说我要存硬币，可以吗？我微笑地用双手接过硬币说，可以啊。然后一边数一边跟客户闲聊。我一了解，才知道客户也是很无奈，他跟人家做生意，人家不还钱，一催一闹，对方从深圳载了3万多元硬币还给他，他无奈跑了市区好多家银行网点都拒收，碰到一些可以收的银行，都叫他放着，推说没人手隔天再来清点。

这位客户也说，叫我有时间点完打电话给他也行。我说不行，我们是要当面清点的，你一路带了那么重的硬币过来，你坐下休息，看着我清点就好。他坐着看着我说，你们银行服务真好，很多银行都不愿意收。我笑着说："我们农行的服务理念就是客户至上，始终如一。那些银行可能真的没人手吧，毕竟清点硬币很浪费时间，也会影响部分客户来办理业务的效率。但这是我们工作职责，我们不能也不会拒收。"客户表示理解，并留下电话号码，他说，家里还有一点，因为太重，每次只能带一些，让我在客流低峰期致电给他。我欣然答应了！当天下午，领导跟我说，客户致电客服表扬了我。那一瞬间,觉得这是对自己的认真工作与付出最大的欣慰!而这位客户,现在也成了我们网点的忠实客户。这件事也让我明白,在岗在职,只要保持良好心态,坚持我行的服务理念,认认真真工作与付出,便会有所收获,开出最美好的花,结出最美好的果。

作者单位:广东省揭阳市分行

服务在于细节

周柳静

"嘟嘟嘟……"晚上九点，手机铃声响起，时任厚街康乐南支行网点行长何少莲接到了远在海外的客户电话。

"何小姐，你好，我是洪先生，明天我中转到厚街，你帮我看看有什么好产品，后天早上我就要飞马来西亚了。"

"好的，没问题！洪先生，交给我，您放心！"

洪先生在我行的100多万元保险即将到期，此次乘着中转的间隙，想要办理续保。按照洪先生的习惯，他是一定要拿到正式的保险合同才会离开的。那么，问题来了，我们只有一天时间，需要完成从退保到续保，并且拿到正式合同。而正常退保到账时间是3天，再投保、拿到正式合同，怎么都得三四天时间。如何在一天时间完成所有的手续？

随即，我收到了何行长的紧急电话，何行长马上跟我说明了客户的情况，共同制订了解决方案：一是省去资料交接时间，直接到保险公司退保；二是说服客户出非实时单。向左走？向右走？保险公司在哪里？不，如果不熟悉，客户心里肯定会持怀疑态度。那时担任理财经理不久的我，内心有慌张、有犹豫、有不知所措，但更多的是迎难而上的勇气和信心。为了第二天能够呈现出一气呵成的专业流程，放下电话后，虽然是晚上的十点钟，但我还是以最快速度联系上了保险公司客户经理，向他确认最快的退保流程，同时自行驱车前往保险公司进行实地踩点。

次日一早，我亲自到客户居住的酒店接上客户，开启昨天夜里制订的最快速方案。但由于涉及数额较大，时间较紧急，过程中还是避免不了困难多多。当时，因为孕期极度不适的何行长在医院里面一边吊着点滴，一边与我保持联系，第一时间了解进度，过程中遇到困难马上与上级行领导沟通，同时，一直与距离我和洪先生最近的万江万福支行的同事沟通非实时单的准备工作。

时间慢慢逼近中午十一点。看着年近六十的洪先生稍显焦躁的疲态，我立即想到要出动我的"秘密武器"——水果、面包、牛奶，还有客户最爱吃的七妹槟榔。中午十二点三十分，我们终于赶到了万江万福支行，看到刚从医院走出来的何行长已在等候我们，而她本应按照医嘱静坐休息的。世上无难事，只怕有心人！在三方的共同努力下，我们最终成功完成办理退保与续保。大家长舒了一口气，不约而同地道了句"YES！"。

到这里，我们好像真的成功了，但不！万一非实时扣款出现问题，客户又已经在国外，我们的努力就付诸东流了。我们达成共识，不到最后一刻，绝不大意，绝不放弃！通过与客户的交流，我了解到客户的手机号码因为没有实名制即将面临停机，于是，我们立即动身陪同客户到中国移动营业厅办理实名制业务，在办理业务的间隙，时刻关注客户的资金动向。是的，我们等到了！下午五点三十分，资金到账的信息到了，我们马上返回网点、出单，马上联系保险公司出具正式合同。新鲜出炉的合同终于如期交到了洪先生的手里！那份合同，仿佛有生命一般，是热的，温暖人心！

12个小时，28个紧急电话，100多万元保费退保与续保的无缝对接，让客户对我们飞鹰一般的农行速度以及贴心的金融管家服务竖起了大拇指！这12个小时，无疑也是我人生的一堂课，何行长用实际行动在教导着我、感染着我，让我深知：在工作中，要懂得借助所有可借助的资源，做到万事俱备，便有东风；在服务上，要始终记得"客户至上，服务第一"，不管是生病还是生气，只要客户需要你，你就要驾着七彩祥云来迎接，而当你知道和记得客户的喜好，就表明你已经被客户所认可；在人生的旅途里，不管在哪个阶段、哪个时刻，都要认定目标，坚持到最后！

服务在日常，服务在细节，付之客户的真心与细致，日子终将会给予我们温暖的回报。

作者单位：广东省东莞市厚街支行

我们的"老板"

劳弘毅

二十多年前,我在广西百色一个小县城的农行网点工作。

小县城这么一个"弹丸之地",竟有十几个银行储蓄网点,竞争够激烈的。我们县农行营业部储蓄专柜的客户、各行各业都有,无论是谁,我们都以诚相待,因此存款余额逐月上升。

一天下午,我们正忙着,听到门外吱呀一声响,抬头一望,看到一个人推来一辆装满废纸和空瓶的两轮板车。那人约五十出头,矮个子、黑脸、络腮胡,灰色中山服打了几个补丁。他放下车,迟疑了一下,走进门来,凑近营业窗口,我朝他点点头:"你好!"他从口袋摸出几张皱巴巴的"大团结",低声道:"我想换点小票。"

"哦……小票?"我知道了他的来意。

"不能换吗?"他待了片刻,欲转身离去。

我马上叫住他。平时,也时常有人来换钱的,都是小票换大票,而大票换小票的很少。我接过钱给他换了角币、分币小票,他竟激动得手有些抖,结巴着连声道谢。他说他是收破烂的,最需要小票了,可跑了好几个储蓄所,都说不换,没想到这里这么好说话。

他走后,出纳员说:"下次他再来,叫他存点钱。"

过了几天后,门外又响起了板车的吱呀声。我一望,来了三架板车、三个汉子,其中一个就是上次来的络腮胡。他们进门一走近窗口,出纳员就问:"是来换小票吗?"

他们点头称是,忙不迭地递过钱来。我们给他们换了钱,络腮胡笑着给我递烟——几毛钱一包的"青竹"。我谢绝了,我不抽烟。

我对他们说:"各位大哥,在这里存一点钱好吗?"语音一落,他们都面带难色。

络腮胡说:"我收点破烂,每个月还要买米,哪来钱存?"

另一个说:"有钱存,我也不收破烂了。"我对面的出纳员捂嘴偷笑。

板车声刚在门外消失,出纳员说:"都像他们,我们的存款余额要上去也难。"我说:"他们也真不容易,给他们行个方便吧。"

一个秋高气爽的上午,吱呀吱呀的声响由远而近,出纳员瞅了我一眼,说:"大部队来了。"

果然来了,嗬!六架板车,高低胖瘦六个汉子,板车在大门口摆成一溜,为首的还是络腮胡,从门外鱼贯而入。

还是换小票,每人二三十元,共100多元,我们耐心地配好各种面额的小票,从伍角到壹分都有。他们接过钱后,却不急着走,只见络腮胡摸了半天,掏出几张大票,递给我:"我想存这点钱。"

我们都愣了一下,马上表示欢迎。我说:"要是手头紧,没钱存,我们也会给你们换小票的。"

"这我知道。"络腮胡说"这是我们六个凑起来的,大伙都说先存一点做个样吧,以后手头松了都拿到这里存。"

我接过钱一数,60元整。我让他们写张存款凭条,可他们都说不会写。我帮他们在存单上填写了大小写金额后,叫络腮胡填一个户名,他抓耳挠腮想了半天,说:"我们随便起一个名堂吧?"我点点头。

"我们每天都同板车打交道,就叫'老板'吧。"络腮胡做出了决定。

说罢,他们几个便哈哈大笑起来,我和出纳员也忍不住笑出声来。

以后就成了规律,每隔三五天,准听到吱吱呀呀的板车声远远地响起,此时,我们都知道,那是我们的"老板"来了。

作者单位:广西区百色市分行

三代人接力

杨成新

我家祖孙三代人从事农行的工作，吃农行的饭，干农行的事，一心一意为农行的事业贡献自己的光和热。

我的父辈自从随着新中国成立，从山城重庆步行六天五夜来到西南边陲的贫困地区农行叙永县支行参加工作开始，我们一家人就与农行结缘，为"三农"服务。那时的叙永县刚刚解放，土匪猖獗、百废待兴，他们是背上背着枪、肩上扛着算盘、账簿、人民币走乡串户开展农村金融工作，为农户服务。我记得那时的单位里没有电灯、电话、自来水，没有电脑、电算、打印机，全靠手工记账、手工复核、手工计息，当时的老会计都是眼不离账、手不离笔、身不离算盘的，一个年终决算报表，就能做上几天几夜，一旦一个数字有错，从传票到账簿到报表，全部重来。他们用最原始的方法为国理财，为民服务，为农行的发展呕心沥血。也正是老一辈农行人这种不畏艰险、不怕牺牲、任劳任怨、积极工作的革命精神，成为农行兴旺发展的坚强基石和精神传承，让一代又一代农行人前赴后继，无怨无悔。

我1992年投身农行工作，从基层营业所到支行、市分行，最后成长为一名保卫干事，那时的农行第一批电脑投入使用，电子化办公正式登上了农行的柜台，一场全行学习计算机的热潮席卷开来。我和同事一起坐在柜台里对着键盘，拿着字根表，相互讨论着，学习打字的场景让我终生难以忘怀。成为一名农行保卫干事后，我更是明白了安全就是生产力，安全事故无小事。为了进一步细化安全制度、明确安全责任，我和同事一起在原《押运制度》

《守库制度》《枪支使用管理制度》《营业场所安全制度》的基础上，补充制定出《机关安全制度》《计算机安全管理制度》《安全保卫奖惩制度》等十项制度办法，装订成册，分发到全市各支行、各营业网点，进一步提升安全管理工作质量。女儿高考那天，突降大雨，我正拿着伞准备出门接孩子，接到单位电话，全市有3个营业网点进水，且水势不断升高，款箱、凭证危在旦夕，需马上前往营业网点，指挥排危转移工作。我立即改道前往单位，等我忙到半夜回家，妻子哀怨地告诉我，女儿被大雨淋湿，三十九度高烧，第二天还得继续参加考试，我心里充满了对孩子的愧疚，但我知道从父亲手上接过接力棒，投身农行事业那天起，我就选择了付出、奉献和艰辛，农行的事业要不断发展壮大，离不开一代又一代农行人的辛勤劳作。

我的女儿在外公和父亲的熏陶下，从小就种下了一颗农行梦的小种子，在耳濡目染中不断生根发芽，直至开花结果。她2002年大学毕业后进入农行，作为农行的新生力量，从乡镇网点、支行、市分行，十七年时间先后在农行十一个岗位上工作、锻炼。一路走来，我看着她参加农行ABIS上线的繁忙紧张、股改上市资产清理的不眠不休，从市分行到支行工作的劳碌奔波，见证着她从一个新手成长为省级技术能手，从一个新兵发展为业务顶梁柱，现担任泸县支行行长；而我作为一个农行已退休员工，我能做的就是在她加班晚归时到楼下等她，在她繁忙疲惫时安慰、鼓励她，在她义无反顾到支行锻炼时为她照顾好年幼的孩子。

改革开放40年，农行发生了翻天覆地的变化，每一位农行人的生活里都留下了这40年改革发展的痕迹，我们祖孙三代人，薪火相传，用自己的青春与智慧传承着为农行事业的奋斗拼搏，也在这种奋斗和拼搏中成就着自己的人生理想与抱负，就像每一位奋斗过和正在奋斗的农行人一样。

赋诗一首：

走乡串户送温暖，
扶持"三农"事业忙。
为国理财求发展，
农行服务人称颂。

作者单位：四川省泸州市分行

优秀征文

一枚珍贵的抗震纪念章

吴光源

2019年5月，是四川汶川"5·12"特大地震整整11周年纪念的日子。11年前，42岁奋战在抗震一线的我，如今已过天命。年前曾想过，什么时候回去走走，看看当年重灾区如今的模样，看看灾区人民自建、全国人民援建后如今青山绿水的美丽家园。

2008年5月12日14时28分，汶川特大地震瞬时爆发，刹那间，山崩地裂，地动山摇。在户外避难的我于13日凌晨3时突接内江市市中区武装部手机打来"内江市农行民兵应急分队紧急集结，千里驰援汶川重灾区"的通知。我任班长的农行四川内江分行9名员工，被编入内江军分区民兵预备役应急营市中区应急连1排1班。带着420万内江人民的重托，全营于14日10时准时开赴绵阳安县晓坝镇，营救被困茶坪乡近万名重灾区灾民和部分中外游客。

在抗震一线的12个日夜里，我们面临强烈余震，克险难、竭所能，除搀扶和鼓励茶坪乡数千名灾民逃出海拔2700多米的大竹子山外，还出色完成了送药送水、运送食品、营救灾民、转移伤员、抢抬林木、抢收油菜、危房排险、搭建帐篷和站岗巡逻等任务。

伤痛可以退去，记忆却永远烙印在人们心里。今天的纪念，就先从这枚珍贵的抗震纪念章说起。说它珍贵，就因它是全国农行系统中，仅我以民兵预备役战士的身份唯一收藏的一枚。

"5·12" 抗震救灾纪念章

获此珍贵的抗震纪念章，当是偶然。自 2008 年 5 月 25 日回行后，我没再想过还有重返灾区的机会。8 月 24 日又接到内江市市中区城南街道武装部长刘江洋的电话："内江民兵预备役应急营已圆满完成救灾任务，即日返程。请你报告单位领导后，立即赶到秀水镇执行新的任务。"当日我即随武装部车辆赶到秀水，晚打地铺与本排 20 多名战友进驻了当地一名村干部家里。25 日进村入户帮助灾民重建，全连分别去了蟠龙村、秀安村。

8 月 26 日是全市民兵预备役部队有序撤离的日子。清晨 4 时起床，天空飞着小雨。饭前，政委清点人员后说"内江军分区受绵阳市委、市政府委托，发给救援现场一人一枚抗震纪念章。请大家珍惜荣誉，继续保持人民军队的优良传统，努力为国再立新功！"

绵阳市政府颁发作者的抗震救灾纪念章

几十辆"战时"征用车辆一字排开，原定内江应急营 600 多人 7 时准时开拔。因下雨及秀水交通临管等因素，近 9 时大部队才离开战斗生活了 103 天的抗震一线。本没想惊动灾民，但男女老少瞬时站满了道路两旁，冒雨目送子弟兵返程。车行很远，依稀可见空中无数挥手。此情此景，令人动容。

这块沉甸甸、由绵阳市委、市政府特制的抗震救灾纪念章，至今被我小心翼翼深藏。而我佩戴的民兵预备役肩章、袖标和制服，连同从晓坝镇带回的特震瞬间地崩山裂的碎石 2 块，回家不久也被市文管所收藏。

除弥足珍贵的"5·12"纪念章外，在我保存至今的近千张救灾照片里，其中两张 11 年来不时让人挂念。

怀孕 8 个多月的妇女

特大地震发生后，五六级余震不断，随时发生的山体滑坡威胁着我们脆弱的生命。5 月 15 日上午，在海拔 2700 多米的茶坪乡大竹子山上，我与吴劲松、陈晓波救援途中遇到一名 30 多岁、怀孕 8 个多月的孕妇在老公陪伴下携带生活必需品艰难逃生。望着二人疲惫的身躯和无助的眼神，"绝不让孕妇跌倒"是三人不谋而合的信念。我们格外小心地搀扶着孕妇下山，每向山下退行一步，三人中总有一人伸出一只脚让她借力，使其不会踩滑，历时 2 小时才把夫妇俩安全转移到长青桥下救助站，为医务人员心理辅导赢得了时间。

右 1 为内江市农行银行卡部吴劲松，右 2 为特资部陈晓波

是什么样的毅力，驱使这名孕妇爬翻如此险峻的高山？其实我们明白：女子本弱，为母则刚！

也不知当年那尚未出世的小孩是男是女？掐指算来，今年该是十一岁了。

80 岁的邓大爷

在特大地震灾难面前，人们很难想象，一位年逾八旬的老人翻爬 2700 多米大山时的困难和艰险，而一路下来需要 11 个多小时，他的精神又该是怎样的顽强。

大竹子山原本无路，坡度最大近 80 度。山西晋中消防支队的官兵先期为救援部队开辟出仅有的一条上山通道，也是灾民逃出茶坪的唯一通道。

2008 年 5 月 16 日清晨，内江市市中区民兵预备役应急连 110 多名官兵奉命冒着随时发生五六级强震的危险，每人背负装有灾区急需的药、水和食品，外加各自两天口粮——4 袋饼干、4 瓶矿泉水，近 30 斤重的背包，前去解救被困于茶坪乡里的数千名重灾区灾民和到千佛山旅游的游客。17 日晨，全连官兵从茶坪原路返回晓坝镇长青桥。即将登山前，我遇到了逃出来的邓显河大爷，见他左手拿着化肥编织大袋，内装 10 多斤大米，右手提着装着菜油的一大一小 2 个塑料桶，双肩还背有一个装满衣物的大背篓，走路已是异常艰难。我主动上前接过行囊，连同米袋装进了我的军用背包。从清晨爬山到傍晚下到山脚，在 11 个多小时的逃生路上，邓大爷一直非常坚强和乐观，自始至终没见他掉下一滴泪，但当历经艰险平安到达长青桥、屁股落地的时候，一路开朗的他才泪如雨下，泣不成声地对我说："我是我们村最后一个逃出来的，你们比我的亲儿子还亲！"

右为现内江市农行监察室纪检干部林涛

汶川特大地震过去十一年，不知老大爷的身体是否安康？我想他定是含饴弄孙，四世同堂了！

作者单位：四川省内江市分行

见 证

罗忠元

我1976年出生，四十来年的成长，我参与、体验、见证了国家开放和农行改革的发展历程和巨大变化，但令我感慨万千的莫过于自己作为农行人，经历了三峡移民、重庆直辖、农行上市这三项党和国家的壮举与大事，这是特定历史条件下，赋予我一生不可复制的人生阅历和宝贵财富。

在移民中植入农行情怀

我1996年参加农行工作在新田镇，这地方是万州的一个移民小镇。农行作为定位"三农"、服务城乡的一个国有大行，与当地的广大农民朋友情深意浓，库区的农行人也不例外。随着三峡水位蓄水时刻的临近，三峡大移民、库区大搬迁这项世人瞩目的大迁徙拉开了序幕，百万移民将别离故土、远走他乡，库区农行的许多客户、朋友、亲人也将割舍乡情、投入异乡。我所在的分理处，以高度的政治责任感、历史使命感，全力投入到移民搬迁的支持工作中来。我们筹集了经费，定向捐赠了最困难、最需要的移民；我们腾出了人力，定点到对口帮扶的农民家收拾行装；我们也花尽心思，为特定人群备好晕车药、折叠伞、便携式水壶等。当看到年迈的爷爷奶奶用手绢包好一抔泥土、用尼龙袋捆好一棵树苗，准备带到远方、陌生的新家，我们农行在场的所有员工眼睛湿润了。在码头、火车站、长途汽车站，我们泪别了一批又一批南下北上的乡亲。对于就近安置的乡亲，我们租赁了货车护送他们到新家；对于结对帮扶的家庭，我们少数员工同乡镇干部一起护送到广东、上海等地。为落实上级行指示，我们也第一时间落实了库区淹没企业和搬迁移民贷款的优惠与核保工作，为地方政府极大地减少搬迁压力和重建压力。我们分理处也在搬迁动工的两年中重新搬到新的场镇，漂亮的新办公大楼成了镇上的地标建筑。我们的搬迁工作付出了很多，也收获了很多，在搬迁后的数年里，我们曾经帮扶的客户仍对农行不离不弃、情有独钟，经常从千里之外的其他省市发短信或打电话，咨询农行卡、农行存折、农行贷款的相关问题。我相信，农行的品牌和情怀在这次移民大潮中已深植他们心中。

在直辖中顺应改革潮流

1997年重庆直辖以后，党政行政体制逐步去掉了市县之间的地级市层级，所有区县逐步由市委市政府直辖直管。农行重庆分行也顺应大势，相应地实行了扁平化改革。但万州、涪陵、黔江二级分行及其主城辖区支行庞大的机关人员该何去何从？总行减机构、缩编制的改革计划决定了这一轮改革中必定有人员转编转岗、外置分流。万州分行原管辖三区的机关编制和人员安排在这一刻的压力尤为突出。为保证大部员工在竞争上岗中找到岗位，2004年，重庆市分行党委在全辖实行了农行内部的大"移民"工程，通过竞聘的形式把年龄小、学历高、适应强的数百名员工分流到主城区支行的一线岗位上。是就地竞争上岗还是参加重庆分行竞聘分流，对于符合竞聘条件的我犹豫不决。我家属坚决反对，因为我刚结婚半年，爱人在当地公立医院上班，刚装修好的新房还没住几月，我本人在当地也已经是人熟地熟关系熟，对于工作和生活已经非常稳定和舒适。如果竞聘成功，这拥有的一切将面临失去的风险，况且在城市工作未来会怎样一切都难以预料。可是，我与家属有着不一样的想法，一个年轻人，老在一个地方工作，与老大哥、老大姐、老同事竞争岗位，把自己圈定在一个小地方发展，这不是一个大学生应有的人生追求。后来我义无反顾地参加竞聘，并幸运地分配到了主城区行。后来分行又陆陆续续分流招聘近百人到主城区行。我们这几批人为农行的改革做出了牺牲，少数员工因不适应主城区工作和生活节奏重新回到了家乡。我个人因主城买房贱卖了原来的住房，我爱人为了家庭辞去了公立医院工作，重新聘到私立医院工作。但是，对此我们却无怨无悔，正是我们的分流，农行扁平化改革人员过多问题得以解决，我们绝大部分人都很快适应了主城区节奏，不少同志走进了中层干部和客户经理队伍，实现了与农村不一样的个人追求和价值目标。

在股改中涅槃的大行风范

2006年，为实行农行组织架构、经营模式、治理结构等根本性转变，农行股改大戏拉开序幕。我作为办公室文职人员，见证、参与了不良贷款核销、固定资产确权等改革，特别是组织架构精简和内部人员优化等，力度之大是前所未有。支行13个部室，要精简8个部，机关人员减编16人，这意味着当时有三分之一的机关中干部要转岗成为员工，四分之一管理人员转岗成为操作人员。既要保证内部队伍稳定，又要确保股改顺利推进，支行党委多次召开会议，根据每个员工的年龄大小、工作能力、专业特点逐个把机关的岗位摸准摸清，在公开竞聘之前，充分做好组织谈话、思想沟通，最终把全员竞聘工作执行下来。一夜之后，机关近20人分配到了网点，支行人力资源部、安全保全部、工会办、监察室、房贷部、科技部、国际业务部、会计结算部等8个部门都消失了，按照前台、中台、后台的部门性质，分别整合到综合管理部、运营财会部、风险信贷部、公司业务部、个人金融部。机关所有的主任、副主任都称呼经理、副经理了，我本人也从刚工作8个月的公司部再次回到综合管理部从事文秘工作。紧随其后的是岗位职责、绩效考核等文件的出台执行。股改之后，农行的历史包袱没有了，中层干部队伍年轻了，机关人员精干了，基层力量充实了，考核激励效应显现了，营销力和竞争力明显提升了，支行真正实现蜕变，展现了现代商业银行应有的风范。

作者单位：重庆市江北石马河支行

小康助"小康"

付小康　任泉宇

我是农行重庆武隆支行的"三农"客户经理付小康。若不联想到脱贫致富奔小康的脱贫攻坚工程,小康这个名字,真不一定惹人眼目。可是,从我口中说出的武隆这个名字,一定会把大家深深吸引。因为那里有令人神往的国家5A级旅游度假区仙女山、叹为观止的世界自然遗产天生桥等。

然而,这样一个风光旖旎的地方,却是个国家级深度贫困地区。在这样一个国家级深度贫困地区,有那么一群欲改变贫困面貌的农行人,他们肩负服务"三农"的神圣使命,久久为功的情为民所系,利为民所谋,真心实意把党和政府的温暖,送到了人民群众的心坎上。向党、向农行、向自己交上了一分满意答卷。

我,付小康于1972年6月出生。1990年12月参军,1993年加入中国共产党。在那个繁花盛开的1994年春天,我退伍后到农行工作,先后在基层营业所干过出纳和会计。因工作勤奋出色,1998年调入内勤;2008年调岗到个人金融部任客户经理;2010年4月,派往仙女山镇流动服务组。从此,我就与大山里的人民群众直接打起交道,掐指一算,今年已是第9个年头。

记得在派往仙女山镇流动服务组没几天,我去到石梁子村黄泥坡组做基本情况调查,在那个单家独户门前的破板凳上,坐着一位叫潘启周的孤寡老人。虽然天气很热,但老人还穿着从冬天穿过来没有脱下的破棉袄。从他那凄楚无奈的眼神中,看得出老人已是再无衣服可换了。脚上的解放鞋侧边不仅脱缝,而且大脚趾还把鞋头戳出两个大洞来。进到屋里,只见两条板凳搭着个简易床铺,铺上被子里的棉絮全已成坨成块。我在想,他的冬天是怎么过来的?接下去的大热天,又怎样地过下去?特别是看到那锈迹斑斑铁锅中的几个馊臭洋芋,听老人说是他的晚餐时,我鼻子一酸,眼泪就流了出来。唰唰而落的泪水,洗涤着我的心灵,净化着我的灵魂。

情不自禁中,我给老人递去200元。老人在双手颤抖中,垂泪说这是他这辈子见到的最大最多的钱。他虽没说谢谢,但站在门前一直目送我辞别的身影,那便是老人最为动情的语言。在我充满惦记第二次去到他家的时候,老人已离开这个世界。只有站在门前像雕像般的身影,永远都没从我心头幻灭。我深深感到,身为农行人,让山里的人民群众迅速摆脱贫困,是刻不容缓的当务之急。

大家都知道,干金融工作,事情总是忙不完。对仙女山镇农户的基本情况调查刚刚结束,还没喘过气来,行里的不良贷款催收清单向我们流动服务组发下来。我拿着清单去到龙宝塘村中梁组,催收潘世胜于2009年种植药材所贷的3万元逾期贷款。由于潘世胜于2010年暴病离去,让带着三个孩子的妻子邓文素心力交瘁,家庭生活陷入极度的困境中,贷款还本付息完全无能为力。为催收这笔贷款,我来到她家,邓文素见着我就是一场哭。几个孩子不知道发生了什么事,或许以为我是坏人,惊吓地哭喊中,抱着妈妈的腿,吓得瑟瑟发抖。家中丧失顶梁柱、半无分文的邓文素,哪来钱还贷款?加之三个孩子大的不过8岁,小的不到2岁,孩子要吃饭,喊天天不应,叫地地不灵的邓文素,号哭说归还贷款筹借无门,只求等孩子长大后再挣钱来还。

看到这样的惨境,听过这么揪心的话语,若还狠起心肠收贷款,我还是人吗?我再也不愿把收贷款的事说下去。只是在想,贷款出现逾期呆滞,除了催收,还有其他什么化解的途径吗?我突然想起"盘活"两字来,决定在这两字上去做文章。于是我多次去她家了解情况,除送钱送物进行关怀外,还给孩子买去糖果。渐渐地,三个孩子也对我亲热起来,总是膝前身后把付叔叔亲热地叫个不停。我依稀成了他们家的主心骨,一家人总是希望我能帮助想出个什么摆脱困境的法子来。我从他们家的林权证中看到有30亩荒山,前几年贷款种药材想让家里富起来。由于潘世胜去世无人管理,加之邓文素又无技术,荒山依然是荒山,半分价值都没有。于是,我就想找有种植药材技术的老板来流转荒山,把药材继续种起来,通过盘活荒山资源以谋求出路。

不光是为了去收回贷款,更为这家人能过上生存得下去的日常生活。

我向邓文素征求意见,她说只要有人给上一两万元,就同意把荒山流转出去。2013年7月,我引来种药材的老板胡云,以5.2万元对荒山进行了流转。同时,还约定让邓文素为其管理种植药材的荒山,每年定额支付工资6000元。

通过变废为宝,喜出望外的邓文素感谢我为她超出期望值几倍流转出去荒山,并还为她在家门口找到一份工作,便拿出3万元归还了逾期呆滞贷款。从此往后,她家的日子从绝境中走出去,把希望的曙光迎进来。

通过进村入户工作,我看到像潘启周老人和邓文素这样的贫困户还很多,给他们送几百块钱、一袋大米,是不能彻底解决问题的,必须寻求长远之计给予有效谋划。那就是利用信贷资金支持致富带头能人,发展项目带领大家共同致富。2012年12月,家住关滩村桐坝组的栾波,想贷款解决为建筑老板拉沙运石子的流动资金。大家知道,在那个房地产火爆得要命的岁月,摔个跟头就会捡上大堆钱。给房地产老板拉沙运石子,当是个只赚不亏的买卖。我给他贷去5万元小额农户贷款,很快就淘到一桶金。一天,我去他们村调研农村产业发展情况,无意间看到家家户户大堆大堆的红苕烂在地里,联想到小时候缺吃少穿的日子,心头百般不是滋味。这都是粮食啊!为什么不想法子弄出去卖钱?难道大家的生活都富得流油吗?村民说收这么多的红苕,猪吃不了,拉出去卖,价格又低,只好眼睁睁看着烂在地里头。我去栾波家对他说,能不能把红苕收起来办个粉条厂?粮食烂在地里,我真的是难以忍眼看下去。极有事业心的栾波说他正有此意,经测算,除自有资金外,尚有10万元资金缺口。为慰藉过去贫苦的伤痛,为不让粮食烂在地里,我给他贷了10万元办起粉条厂。看到红苕得到有效利用,并还产出了经济效益,我那颗心疼粮食的心,才得到一番殷殷地慰藉。

2015年,党中央提出开展扶贫攻坚工程。我想不仅要让农民的红苕卖出去取得好效益,而且还能通过栾波带动有事做。在栾波自筹80万元的基础上,再贷款20万元,成立了武隆区栾氏食品有限公司。通过购买机器扩大生产规模,建成日产8吨、实现年经营利润过100万元的龙头企业。解决村民就业40余人,其中贫困户8人、残疾人2人。2019年2月,栾波正策划投资200万元再扩大生产规模,拟解决100人以上的留守劳动力。同时拿出60%的股份吸纳村民入股,不仅让村民脚不出村就能取得打工收入,还能让他们在一夜之间，由祖祖辈辈的农民变成持有股份的股东。

现在栾氏粉条已成武隆区畅销的旅游包装农副土特产品，供不应求，有广阔的销售市场，特别是重庆的火锅市场，预约签单就达 6000 多吨。

大家知道，武隆区是个旅游大区，盛夏时节来仙女山避暑纳凉的人就达 40 余万人之多。在外来人的欣喜若狂中，可也有山民认为这里是穷山恶水，一心想逃去山外头，桃园村梦幻谷的五户村民就是如此。这梦幻谷过去叫阙芨沱，四面环山，只有一小山口可以进出。如再有一条通舟的小河，真就是桃园村里的桃花源了。那个地方不仅风光秀丽，而且几十年前由林场栽种的成排成片水杉，无不呈现出美丽的西部风情。晨雾如烟，彩霞似梦，故被来这里宿营的驴友唤作梦幻谷，并上百度以成其名。这么好的生态自然资源，为什么要放弃逃出山外呢？何不办起农家乐为来此旅游的人们提供服务而让自身取得收入呢？2010 年 7 月，我找到张朝奎和吕春燕等五户村民座谈，希望他们放长眼光，立地增收把农家乐办起来，并同意给予每户 3 万元贷款支持。得到贷款后，五户村民把房屋小做打理，原汁原味地办起农家乐。如今，富起来的他们都在城里买了房子，过起了冬天下山休闲、热天上山纳凉挣钱的好日子。像梦幻谷里这样的农家乐，我支持过的就达 110 家、贷款 3000 余万元，解决农民就业 500 余人。其中贫困户发展农家乐 25 家，解决就业 150 余人。

随着旅游业的提档升级，对消费的拉动可谓不言而喻。在石坝村董家湾组，我看到两位老人过着相依为命的日子，以为他们像潘启周老人一样是两位孤人。没想到老人说自己有儿子在新疆打工种棉花，日子过得像棉絮般温暖，只有在春节的时候，才带着媳妇和两个小孙子回家来看一趟。由于年龄越来越大，加之都有病在身，总是想儿子回来陪伴在身边。当下农村，老人赡养已成严重的社会问题，在外为生活打拼的子女，往往不可忠孝两全。不仅老人三病两痛缺人呵护，甚至还出现老人死在家里好些天都无人知晓的情况。于是，我问老人这里能发展什么产业，老人说极适合养牛。话刚出口，圈里的一声牛叫，这让我产生想法：何不让老人儿子回家发展养殖业，把养牛项目做起来。这不仅可以为旅游人群提供生态肉牛消费，而且还能回到老人身边尽忠行孝，更可以大面积流转土地种草，也让村民取得土地流转收入。这个一箭多雕的事，一定是干得的。我通过与老人之子贺友南多次联系，2013 年，他终于回家了。在拿出自有资金 30 万元把 500 平方米的养牛场建起后，为购买草料，我便给他贷去2万元作流动资金，把10头牛先期养了起来。接着，为流转200亩山地种草和购西门大耳种牛，农行又贷款50万元进行支持。现肉牛存栏达100多头，价值高达200余万元。

为在流动服务中全面做好"三农"工作，由我创建的"付小康工作室"，已成为仙女山上的一张名片。除上述这些事例外，还有贷款支持的白手起家的种植大户缪传海、生态环保的养猪大户张小川、自强不息发展竹笋的"巾帼创业英雄"肖玉梅，以及成百上千的农业生产经营户。据统计，由我经手发放的服务"三农"小额农户和生产经营贷款达2300多笔，贷款金额达2.3亿元，且无一分钱的呆滞和不良。

如要溯源，首先，我要说是因为心中有崇拜的偶像，那就是大家耳熟能详的饶才富。在他的职业生涯中，心牵民情，竭诚为"三农"做好服务，取得了无一分钱的不良贷款业绩。既然前有"古人"，为什么后面就不能有"来者"？我自向仙女山上的村民发放第一笔贷款开始，就在心头留下一个梦：一定要做后来的饶才富，一个新时代的饶才富。我还把自己总结出的"三个三"的工作法记在心里头，付诸实践中，即是贷前调查三绝不：一是客户调查绝不走过场，二是资料收集绝不马虎，三是人品了解绝不忽视；贷后管理三到位：一是现场检查必到位，二是跟踪检查必到位，三是到期通知必到位；风险化解三个用：一是不畏艰难用心追收，二是借助法律用力催收，三是将心比心用情催收。

除此之外，就是还要与百姓群众同声相和交朋友、同气相求知痒痛。我常对自己说，仙女山上的百姓不脱贫致富奔小康，我就不是付小康！所以在贷款支持中，我并不是一味死把目光盯在贷款放出去后收得回，而是更注重提供智力支持和运用政策牵引，"一鸡多吃"组合式、抱团式发展现代农业、生态农业和旅游观光农业。在充分激活农民生产资料的同时，努力提升农副产品附加值，努力让百姓增收致富。只要百姓在贷款支持中得到实惠，只要我们用真情真爱去呵护他们过上小康的好日子，那"借债还钱，天经地义"的诚信美德，就会从他们心头喷发出来。他们不仅能按时归还贷款，还将永铭党的厚恩，不忘农行深情。

作者单位：重庆市武隆支行

收贷记事

王 军

我讲的故事发生在 30 年前的 1989 年夏秋季节,农行清收 1978 年底以前原农村生产大队集体旧贷的大会战正在如火如荼地进行。

由于生产队集体已解散多年了,所以我们当时行(农行)社(信用社)组成的清收队进到各个村里时,碰到的是千奇百怪的事。一听说清收旧贷,生产队的现有社干说他们不知道,让去找原社干;而原社干说他们已经什么都不是,管不了;一些一直连续担任社干的人,他们认为反正是国家的钱,对已分田到户的农民来说能赖脱最好;于是各种理由百出,反正是无法归还,有些甚至编造出原生产队账册挂在饲养大牲口栅子棚顶上,时间长了捆绳烂了掉下来让驴踢没了,无法分摊到户归还的谎言,总之是赖账不还。

对此,我们各营业所和信用社管片人员利用在驻地长期扎根,背包下乡,情况熟、底子清的优势,行社制订详尽工作方案,充分发挥一线农金员的聪明才智,实施一村一策办法,通过艰苦努力,大都完成了当时下达的清收任务,挽回了行社贷款资产的损失。

当年,我与成主任一组两人包的片是秦安与甘谷两县交界的几个村庄,山大沟深,交通闭塞,经济条件大都较差。虽然土地承包经营后村民饭能吃饱了,但手头余钱非常有限,这样的村庄清收难度可想而知。

芦家沟就是其中一个最为典型的村子。芦沟村地处两县边界的一处深沟底部,太阳早上 10 点多才能出现,下午 4 时一过就收去了光影,从乡政府驻地到这里要翻过几座山,一条道盘旋到沟底。当时该村连电都没通上,村民要吃上用钢磨（磨面机）磨的细面粉，一直要用架子车驴拉人推，爬大山走十多里山路到比较大的邻村去排队磨面，有时跑上几天才能完成。在我们进入该村的时候，在乡政府支持下，村民集资了几个月正准备拉电，这些钱集资得十分不易。

对此，我们与村干部们坐下来认真商讨解决办法。一开始他们根本不配合，我们就跟他们算账，说目前国家有政策，对1978年底以前集体旧贷可以收本挂息，村民负担会减轻许多，而这个政策是有期限的，目前是解决这个历史包袱最好的时段，否则以后会连本带息一起收，而利息是一个不小的金额，都是硬铮铮的银子，这个账你们自己好好算一算。经过与每一个村干部这样单个算账，又把他们召集在一起半夜开会算账对比，并为他们提出一套用已集资到的拉电款归还旧贷、而后银行用目前最优惠利率为他们村拉电用钱在几位村干部名下办理贷款、之后几年用电费补偿方式归还贷款的方法，使他们有了既能归还旧贷，又能解决目前急需拉电这个头等大事的信心，一下打开了工作局面；但这些社干不敢自作主张，说要召开村民大会决定，并要求银行干部在会上做保证。于是，在次日全体村民大会上，我们又苦口婆心地为村民们算大账、讲道理、理头绪，展望出路，终于得到了大家的一致认可。

在接下来的具体操作中，我们全程参与，一户户计算各家应承担的旧贷份额，一家家细致排摸目前家庭经济状况。当有些人坚持按人头均分债务时，我们依据已掌握的情况，批评了均分债务的思想和做法；对个别家庭破败和遭遇伤残而无力承担债务的人家和五保户建议要予以照顾，并由有能力的大部分村民再分摊负担；对个别有意见村干部和村民又逐个做工作，从做人的良知和换位思考出发去解决问题，最后达成了共识，计算出了各家应承担债务的数额，在与集资款进行折算后进行了长退短补，并张榜公布，从而一次性彻底地完成了该村集体遗留旧贷的清收工作。

几天后，旧贷归还与拉电贷款收付业务全部办理结束，事情得到了较为圆满的解决。

而此后只用两年多的时间，这个落后的村庄用电费加息的办法，将拉电贷款全部归还清结，村民头上再也没了巨额债务，一身轻松地奔向了新的生活之路。

如今看来，对这个贫困村庄集体旧贷的成功清收，既得益于我们扎实细致的工作，也得益于当时具有担当精神的村干部们，更应感谢那时边远村落村民们淳朴的民风！

从当年这个落后且又处于贫困村庄的清收实践中，我们可得出这样一个结论，就是金融支持农业抑或是任何产业，我们一定要设法争取实现双赢。

作者单位：甘肃省秦安县支行

渺小的我

石长霖

今天，在忙了一早晨业务的间隙，我看到了总行下发的征集以"我的农行故事"为主题的文学作品通知。

类似的通知每几年上面都会下发一两次，对于我这个并不专长于文字的人来说，一般都会略过。然而，在看到四十年这三个字时，心底猛然涌动出某种情愫，深深地碰撞着我的心弦……时光荏苒，岁月匆匆，过去生龙活虎的小伙子，如今已是两鬓斑白，老眼昏花。我情不自禁想要提起笔来，写写我这些年来在农行系统工作的故事。

三十年前，农行于我是感恩戴德的衣食父母，是我必须为之奋斗一生的事业。而今，在成为一名老员工、一名老党员的时候，我更真切地感受到她带给我的荣耀和我对她的责任。

那是 1985 年 7 月，以两分之差名落孙山的我，正式结束了自己的求学生涯。作为一个农村学子，十年寒窗没有取得功名的话，基本就意味着我的今生是与"公家"这个单位无缘的。家里不可能让我复读，而我们家简单的社会关系也没有可能给我找寻别的出路，我没有任何选择的余地。就在我彷徨无措、无比沮丧的时候，幸运之星降临到我的身上。当时恢复设立仅六年的中国农业银行青海省海南州中心支行急需补充员工，在高考落选生中优先选中了我。我被分配到了同德县河北乡农行营业所。巨大的幸福笼罩着我，那种眩晕感、不真实感久久都没有散去。我在心里一遍遍发誓，一定好好学习，好好工作，一定要对得起"公家"给我的铁饭碗。

河北乡方圆上百公里，有十个自然村，是一个只有几百户人家的纯牧业乡。点多、线长、面广，牧民群众居住十分分散。乡里不通水电，生活非常艰苦。我住在一个土坯房里，吃水要去几公里之外的河里面挑，做饭需要的食材得从百公里之外的县城购买。我来自农业区，语言上的障碍，生活习惯的不同，都给我带来极大的不便。

但出于对这份工作的感激，我积极面对，努力适应牧区的风俗习惯和生活方式，用最大的热情、花最多的时间去学习业务知识，不断探讨实践，在短期内就掌握了工作技能，能够得心应手地开展各项业务。也正是这种感激，在如此艰苦的环境下，没有沾染上抽烟喝酒的不良习惯。

在河北乡工作期间，艰苦的环境，青春的热情，感恩的心，让我迅速成长起来，成为银行系统的中坚力量。我入了党，并调至巴沟营业所任主任，负责全面工作。身上的担子重了，我逐渐开始把那种感激之心转变成责任心，而这种微妙的变化是在不知不觉中完成的。

为了存款、信贷等业务，一有时间，我就走村串户，与农牧民群众拉家常，了解他们的家庭需求，力所能及地帮点小忙。记得有年冬天的一个早晨，雪后初晴，天蓝的像是被水洗过一样，太阳映照在雪地上，刺眼夺目。我骑着摩托车，去到离乡最远的村子走访。在经过一处"垭豁"（青海方言：土坡）的时候，我看见一名藏族老人，蜷缩在路边痛苦地呻吟着。我赶紧停下车，扶起老人。

得知老人是去亲戚家，一路走来，肚子越来越痛，已经到了难以忍受的地步。我把老人扶到车上坐好，飞快地向乡卫生院驶去。由于我及时地送医，卫生院及时转院，老人得救了。后来我和老人成了忘年之交。他对我的工作帮助非常大，在老人的支持帮助下，许多牧民群众把毛毡底下藏的钱存入我们营业所，有急需用钱的群众也会到营业所里来贷款，并且会按时归还。营业所的各项业务开始有了起色。

我在乡里度过了十年的青春年华。在那里入党、结婚、成长。从一个毫无人生阅历，一心只为感恩图报的年轻人，成长为一个有着生活方向、有着强烈责任心、有着家庭责任感的男人。十年里所养成的这种负责精神对我影响深远。多年来，我先后在出纳、会计、信贷员、客户经理、营业所主任、综合柜员、会计监管、财务会计、信贷审查、风险管理等岗位工作。每一个岗位，每一种经历都使我受益匪浅，使我的工作能力得到了不断提高，责任心不断加强。每一项工作都得到了各级领导的好评。

今年农业银行恢复设立已经四十年了，我也在这条战线上工作了三十四个春秋，经历了农业银行从专业银行转变成国有商业银行，又转变成股份制银行的历史进程。而我也深切感受到了农行以"乐以天下、忧以天下"的企业责任观，为广大人民谋福祉，为小康社会建设添砖加瓦的企业精神。

三十多年的风雨历历在目。回首近乎半生的工作生涯，我与农行同呼吸共命运，我因作为其中一分子而倍感欣慰和自豪。在 50 万农行员工中我是渺小的，但在三十多年工作生涯中，我恪尽职守，做好一点一滴的本职工作，在蒸蒸日上的农行事业中，我又是伟大的。

作者单位：青海省海南支行

我的岁月我的歌

田丰芳

周末午后,在家里收拾旧物,翻出一本老影集。

坐在地板上细细翻看,我的目光停留在一张照片上。那是刚参加工作时的一张照片,年轻的我,齐耳短发,笑意盈盈。身后,是铁栅栏的柜台,老式的木写字台,玻璃板下压着绿色的绒垫。桌上有一本摊开的册子,我还记得那是每日必登的余额积数表。

在这个安静的午后,时空流转,那个曾经一说话就脸红,一把钞票数十遍的青涩女孩连同二十五年的岁月霎时涌现眼前。

二十五年前,我踏进农行的大门。在那个偏远的尘土飞扬的小镇,我写下了成长岁月中的第一首歌。那时候,那个笨重的装分户账的铁皮箱曾让我烦恼不已,几百户的单位账页要在短短的时间内找到,为此我一有空就趴在账箱子里记科目、记账号、记顺序。但我做梦也没有想到有朝一日这些会统统消失,现在只需在键盘上敲击几下,你所需要的账户就会一目了然地呈现出来。那时候,最怕季度结息,灯火通明的营业大厅,只听得算盘珠子噼里啪啦,只看到人人埋头苦写计息凭证,等所有的账务结平,天色已明。手腕酸痛难忍之时,也不禁抱怨为什么没有机器来取代手工。而现在,每个季度的20日也不过是无数个平淡日子中的一天。那时候,装订一本账簿很费劲,用的是手钻,完了还要像老奶奶纳鞋底一样用一根大粗针,穿上白色的棉线细绳订起来,右手食指的指节老被绳子磨破。所以,当我看到第一台自动装订机时,对发明这台机器的人简直有点感激涕零了。

那时候，那些埋首在数不清的账簿、写不完的数字的岁月，却给了我人生中第一份自信。之前，我是个颇有些自卑的女孩，然而在工作的第一年，我就拿到了一本大红的先进工作者证书。被人肯定，受人赞赏，对于初出茅庐的年轻人，有什么比这更重要呢？

不可否认，从前的工作是简单的，我们所知的业务不外是存款贷款，至多再加上唯一的理财产品国债。简单的工作带来悠闲如小夜曲般的时光，但内心深处隐隐有一种焦虑，那时中国加入世贸组织的准备工作正进行得如火如荼，我们的生活不会也不应该如此简单下去，一首小夜曲也不会一直这样缓慢地唱下去。

1999年宁夏分行ABIS系统全面上线，这是我第一次直接强烈地感受到什么叫电子化的银行。在我的记忆里，从那以后我的生活进入了一个忙碌的阶段。我无法停止下来，必须跟上一种鼓点才不会被甩掉，这种鼓点是农行自身发展所带来的一种全新的节奏。我忘不了推出的第一张金穗借记卡，在短短的几分钟里，一位客户收到了从外地打来的货款，他惊喜的笑脸就此定格在我脑海中；我忘不了第一次接触到基金产品时的尴尬，面对客户的询问，瞠目结舌不知所措；我更忘不了第一次为客户办理电子银行产品，因为不知道什么叫网上银行而脸红的窘态。在我二十几年的工作经历中，从没有在短短几年里碰到过这么多第一次，我被一种令人振奋的惶恐包围。农业银行已经在改变，我所处的时代已经在改变，变得如此崭新，如此耀眼，而我却如此陈旧，如此落后。不学习，不改变，如何跟得上这个行业，如何跟得上这个时代？

一个行业的成长是不断创新、不断发展的过程，而一个人成长的过程就是从旧到新蜕变的过程。每一次蜕变，都是艰难的，每一次蜕变又都是值得的。最新的一次蜕变，自己已经年过不惑。这个年龄，从身体到心理已经渐趋疲弱，已经渴望一种安定和平稳，已经有点害怕新的尝试。然而，当重担放在眼前，放弃和推脱就是一种不负责任的表现。咬咬牙，接过来，开启职业生涯中一次全新的挑战。走进了一个从未接触过的业务领域，才知道，我们行业的疆域之广、之深；才知道，行业知识永远没有学完的时候；才知道，原来还有这么多需要钻研、需要探究、需要更新的知识范畴；才知道，以前的自己只是井底之蛙，以为看到了整个天空，原来只是小小一方蓝天。两年的历练学习，除了多一份专业的自信，更锤炼了自己对生活对工作的感悟。所谓"知者不惑，仁者不忧，勇者不惧"，对于银行来说，持续创新是保持行业活力的核心；对于个人来说，不断学习是保持年轻心态的强大动力。

不久前与朋友聊天，有人问我想不想回到年轻的时候，我的回答是不。我说我爱现在的自己。当我在宽敞明亮的办公场所熟练地操作着各种现代化系统时，我是骄傲的；当我为网点仔细分析业务风险时，我是自信的；当我又一次解决了业务难题时，我是快乐的。一个人，如果收获了自信快乐，那么成长过程中的一切艰难都是值得为之付出的。而一个行业，如果收获了今日这样丰硕多彩的果实，那么四十年来所经历的艰辛曲折都可以化作骄傲的笑容了。

时值初春，一年最美的季节之一。花儿即将吐蕊，草儿已经披绿。走在上班的路上，心底会流出一首舒缓的歌，这是经过岁月沉淀的歌，知道路在哪里，知道前方值得期待，知道在此后的岁月里，我会伴着那一抹绿，继续我的歌。

作者单位：宁夏区金凤县支行

一张假币

鲁幸涯

我躺在床上,呆呆地看着天花板,墙角里有只蜘蛛正在织网,爬上爬下,绕来绕去,真烦人!吃好晚饭躺在床上好几个小时了,一点睡意都没有,脑子里一直在想着那张假币。唉,该死的假币!

下午快下班时,我正在轧账,数着一叠100元的钞票,忽然手指感觉一滑,啊!不好,假币!抽出仔细一看,果然是一张假币,颜色和图案是那么的逼真,连水印都非常的清晰,只是纸质稍差,摸上去有点滑。今天真是倒霉,偏偏早上点钞机坏了,临近下班,储户排起了长队,为了减少客户等候的时间,我飞快地数钱,谁知忙中出错,收进了假币!这时候,同伴催我下班,我赶紧轧平账,把钱放进库房就回家了。

该怎么处置这张假币呢?我做银行出纳十年,从没误收过假币,对此,我曾感到非常自豪,平时还常挺自负地对同伴说:"假币,哼!怎样难认的假币,都过不了我的十指关。"

现在,我也误收了假币,报告给柜组长,要求赔一张,我的那些同事不笑我才怪呢!再说,要赔一百元钱,总归有点心疼。要不,我把钱付给顾客,顾客信任银行,成刀的钱一般是不会数的,即使数了,这么逼真的假币,也很难认出来!

辗转反侧,我想起前年有个庵东的盐民,到我们银行存钱的情景。他存500元钱,其中有一张是假币,当我们告诉他这是一张假币必须没收时,他整个人都呆了!他的盐场经济效益不好,经亲戚介绍到农贸市场卖年糕,一斤年糕只能赚5分钱，数九寒天里，六十几岁的年纪，早上三四点钟就要用手拉车去卖年糕，100元是他寒风凛冽中卖2000斤年糕才赚的钱！泪水从他浑浊的眼睛里簌簌地流下来，他哽咽着，坐在地上，久久不肯离去，真是惨不忍睹！我又想起邻居家的两兄弟，弟弟向哥哥借了5000元钱，还钱后哥哥到银行存钱，被银行发现一张假币而被银行没收。哥哥要求弟弟赔偿，又怀疑弟弟是故意掺假，而弟弟不肯承认也不肯赔。哥哥借给弟弟钱没有利息反而倒赔100元钱，又懊恼又气愤，劈手就打了弟弟一耳光，兄弟俩打了起来，最后打得头破血流，从此反目成仇。我又想起农行开户的一家企业，采购员到广东买材料，材料费是202000元，采购员打了20万元的汇票。2000元钱是用现金支付的，对方认为其中一张是假币，采购员认为不可能。双方争执起来，恼怒之下，好好的一笔生意就泡汤了！等着急用的材料没买回来，还被厂长臭骂了一顿。

萦绕在我脑海里的，一会儿是那个老泪纵横的老伯，一会儿是头破血流的兄弟俩。我的整个身体在瑟瑟发抖：我怎么会有这么肮脏的念头！如果我把这张假币付给顾客，不知要酿出怎样的悲剧来！亏我还是个农行人，真是在拿自己银行的声誉开玩笑！

丢点面子，吃几句批评算什么呢？明天，我自己没收那张假币。人有时候真是奇怪，无论多么复杂的事，一旦决定，便很快平静下来。我很快安稳地入睡，并且做了一个甜甜的梦，梦见行长表彰我是个反假币的先进……

我进银行工作已经三十二年了，这是我二十二年前的一份工作手记。现在翻看，对这"一张假币"仍记忆犹新。我深感诚实守信、合纪合规的工作态度，对于一个银行员工的重要性。

作者单位：宁波市分行

入选征文

历 程

付 凡

在中国农业银行恢复设立 40 年之际,我怀着无比激动的心情,回顾我在基层行、农总行工作时所经历的奋斗路程。

1979 年,农业银行、人民银行两行分家,我被分到黑龙江省佳木斯市农业银行合江地区中心支行。当时全行总共才十几人,所以组织安排我到办公室工作,既是文书、会计又是打字员兼行政管理,负责接待上、下级行人员的食宿安排等工作。由于身兼多职,常常上班时工作忙不过来,就利用下班后加班打字,遇到开会时,经常加班到天亮,从来没有任何加班费。那时的打字机是铅字打字机,需要死记硬背倒着看文字排序,才能打字和加快速度,经常累得腰酸背疼、头晕眼花……

每当此时,我就翻看 1964 年第一代国家领导人接见全国少数民族代表的照片,以及敬爱的周恩来总理与我握手时的照片,这些照片多年来一直激励我战胜各种艰难困苦……想到为了刚恢复设立农行业务的快速发展,就觉得浑身有使不完的劲,再苦再累也高兴。所以,每天工作的心情都是愉快的。由于刻苦努力工作,年终我被评为先进工作者。

记得在佳木斯市地区中心支行工作时,接待总行各部室搞调研的同志有:王树棠、李义萍、魏和增、刘建萍等,那时行里没有任何招待费用,我把他们安排在佳木斯市唯一的宾馆,住宿费是每天 4 元钱,他们自己花钱在宾馆餐厅就餐。佳木斯市唯一的电影院也不经常有电影,偶尔有电影,我就从每月 33 元工资里拿出钱,买 5 张电影票,每张票价是 0.15 元钱,算是活跃了他们的业余生活。为了能和总行、省分行的领导合影,我找到一个食堂吃饭的熟人,用他的相机在公园、江边等地合影留念,留下了至今保存完好的黑白照片。

随着农行业务的不断发展,1985年地区中心支行搬到了新盖的办公大楼,铅字打字机换成了电脑打字机,油墨滚筒复印机也变成了电脑复印机,过去我的"一人办公室"也成了5人的办公室,环境和办公条件都发生了巨大的变化。

我是全国最少的少数民族之一赫哲族。1984年,在党的民族政策关怀下,单位推荐我到中央民族大学上学培训,学习"党政干部管理业务"。1986年大学毕业后,我有幸到农总行工业信贷部综合处工作,因为有了基层行的工作经验,又通过总行理论联系实际的锻炼使我的综合能力,总体素质得到提高。1987年评为会计师,1990年提拔为处级干部;1991年,到中央党校国家机关分校学习,获得由乔石校长签发的毕业证书;1993年评为高级经济师;1996年,评为总行机关优秀党员。

1990年左右,总行从部队大院搬到新盖的25层办公大楼。每个部室都配有一台电脑打字机。那时,我在党组纪检组工作,为了工作需要,不断要求上进的我在50岁时学习电脑微机操作,利用下班业余时间锻炼写材料,发表文章数十篇。其中,《浅议农行转轨中的党风廉政建设》,被评为优秀论文,入选《中国新世纪理论文献》一书;《浅谈管理年抓管理》入选《跨入21世纪的辉煌篇章》大型文集中;《论发挥纪检工作在反腐败斗争中的作用》,入选《中国"八五"科学技术成果选》一书,并均颁发荣誉证书。

如今,虽然我退休了,但要做到退而不休,不忘初心,思想常新。在习近平新时代中国特色社会主义思想的领航下,我国各族人民一定要紧紧团结在以习近平同志为核心的党中央周围,牢记总书记的教导,奋发图强,积极向上。我在总行老干部局的领导下,积极参加每周的唱歌、跳舞等活动。2018年,被评为优秀党员;2014年,在北京市的赫哲族组建研究会时,担任常务理事。平时把服务社会做贡献,当成自己的行为准则,积极参加社区的各项活动:2007年,响应国家号召,在"节能、减排"(节水、节电)活动中,实施了具体方法和措施……根据主要业绩,被海淀区环保局、妇联、农工委、街委等单位联合授予"绿色家庭"荣誉称号,颁发奖杯;2008年,海淀普惠寺社区评为"健康型家庭"颁发荣誉证书；2014 年，参加老干局乒乓球比赛，获第三名；2015 年，参加老干部局卡拉 OK 比赛，获得第三名。

  那时的人和事恍如昨日，历历在目……可以说，我既尝到了在基层单位奋斗时的酸甜苦辣，也体会到在上级行通过锻炼使我的综合能力、文字水平均得到提高和有了质的飞跃，也收获了满满的幸福。

作者单位：总行离退休人员管理局

温 暖

轩 趁

1968年，我被分配到中国人民银行贵州省分行荔波县支行茂兰区办事处工作。办事处并排还悬挂另一块牌子：中国农业银行贵州省分行荔波县支行茂兰区营业所。

这两块牌子悬挂年头已久，字迹斑驳、油漆脱落，显得破旧沧桑，它经历了多次历史变迁，见证了农业银行"四起三落"的全过程。我也伴随着农业银行的飞速发展，从办事处、营业所逐级走到农业银行总行。30多年的银行工作实践和阅历，有太多的往事值得回首。

打个"驴的"去报到。荔波县城距茂兰区30公里山路不通汽车，我们雇个毛驴套个拖斗就上路了。山区气候瞬息万变，一会儿太阳一会儿雨，有时还会出现东边太阳西边雨的奇妙景观。雨来了，我被淋成了落汤鸡；雨过后，我又被太阳烘烤成沙丁鱼。盘山路很难走，一边是百多米深的悬崖，一边是数百米高的峭壁，不时还会有风化石滚落下来，随时会有危险。虽有驴车却很少坐，太颠，山路坡陡，上坡要推车、下坡要拽车，只有到平缓路段才会坐一会。一路颠簸，雨水、汗水、泪水交织在一起，疲惫不堪；夜幕降临时，我们到了茂兰区。

大概是1975年，盼望已久的第一趟班车从荔波县城开到了茂兰区，给山民带来了惊喜。人们喜出望外，纷纷走出家门，奔走相告，很多人是第一次见到这个庞然大物，很是惊喜，围着班车看不够；还有从未走出过大山的老人，闻讯后也背上吃的、喝的，拄上拐杖翻山越岭赶来看热闹；小孩子更是像打了鸡血似的上蹿下跳，甚至钻到车底下看究竟。

　　班车的到来丰富了全区群众的物质文化生活，供销社的商品多了；一个月可以看上一场电影；我们外地人的家书也由原来的两周缩减为一周送达；同时可以看到3天前的《贵州日报》。

　　从县城通往茂兰区的公路是从半山腰开凿出来的盘山道，弯弯曲曲，大部分路段不是上坡就是下坡，坐上班车如履薄冰、提心吊胆，手心直冒冷汗，步行一个钟头的山路汽车也要爬行20多分钟，全程弯多坡陡，十有八九还会晕车。一人晕车全车人呕吐，去趟县城像玩命一样。我在茂兰区（含立化）营业所工作生活8年仅到过两次县城，两次都是参加县支行召开的会计出纳工作会议。

　　班车的开通，方便了群众的出行，但路途险恶，常有车祸发生。农行有一位很有发展前途的后备干部被派往外地学习，途中他乘坐的班车翻下深壑，车子先撞到一块大石头上，然后汽车弹起来，连人带车掉到了几十米的河里，几十条生命无一生还。我们曾为这位英年早逝的同事深感痛惜。

　　茂兰区靠天吃水，一条小溪从山上流下供全区居民用水，天气干旱时没有水，只好打着火把挑着水桶到二里外的山洞取水。有一次，我挑着满满一担水摇摇晃晃走在山路上，一个跟头连人带水滚下山沟，坐在地上欲哭无泪，是一位老乡把我扶到家里，还帮我挑了一担水，这件事让我没齿难忘。

　　我在立化矿区办事处工作3年，办公室和宿舍都是临时工棚，屋顶是油毛毡，墙壁是草席，排水沟在屋里穿过。青蛙、老鼠、蛇随时会光顾。蛇最多，亲眼看到一条一米多长的蛇在床底下捉耗子。有时蛇会静静地盘在床腿上或躲在鞋窝中，晚上起床或搬动东西时一定要拿个棍子敲打一番，免得被突如其来的蛇咬伤。我就是在这样的草棚里工作、生活，还生孩子、坐月子。

　　新开矿区开山放炮，随时都会有飞来石从头顶上呼啸而过。有一天我正为客户办理储蓄业务，一块脸盆大的石块从屋顶上落到离我办公桌不到一米、离孩子不到半米的地方，地下砸出一个坑，满屋都是溅起的碎石和泥土。孩子吓得哇哇大哭。我半天没缓过神来，是一位客户把孩子抱了起来，想起来就后怕。

　　在营业所工作期间我当了10多年的义务守库员。下班后，其他人都回家，只有我吃住在所里，营业所成了名副其实的家，为国家守护金库也是我义不容辞的责任。警钟长鸣，每天晚上睡觉前我都会把营业间和库房里里外外检查一遍，确保安全。在城关营业所守库时，为方便对外联络，我备了一根长竹竿，有情况我会用劲捅天花板，我爱人和孩子睡在楼上，听到声音会下楼查看。在当时，竹竿成了我的武器，还给我壮了胆。

农行营业所正常业务量并不大，但小额贷款特别繁杂，经常是一起床就能看到营业所门口排起了申请贷款的长龙。国家的民族政策很到位，农行的小额贷款是有求必应。贷款理由有：起房盖屋、添衣加被、生老病死、婚丧嫁娶等。我任出纳员，见农行传票就付款，经常会对行动不便客户送货上门。有一困难户住在树上还生了孩子，当时的国家领导人乔石专程从贵阳赶来看望。我很好奇，背上现金，跟着农金员就到了山寨。原来这户人家的房子是建在树上，先选一块适合建房的平地，把四周的树留下，多余没用的树和枝砍掉，就在树上架拱梁、铺楼板，再把预制好的屋顶和屋山吊上去用抓丁固牢，房子的模型就出来了，然后用木板把房屋四周围起来，很温馨的小木屋就建好了，楼上住人，楼下喂牲畜。

我还跟随农金员为住在山洞里的孤寡老人送去贷款。从山洞到山脚有50多米，有台阶但老人从不下山。生产队干部会经常送些米面上去，山洞很简陋，只有一口锅一张床，洞口有个泉眼，常年有水，山洞后面有块菜地，山上树林里还有很多枯枝败叶，烧火做饭、取暖已不成问题。像这样的农户主要靠政府救济，农业银行的贷款是他们的主要生活来源。

在基层任会计出纳工作期间，保持了多年的荔波县农业银行会计核算工作评比第一名。每年的12月31日是银行会计决算日，也是会计工作最忙碌的一天，全行的经营成果要体现在会计决算报表中。在编制会计报表的同时，先用电话上报"项目电报"，手摇电话先拨通区总机，由区总机要通县总机，再由县总机接通县农业银行。经常碰到占线，拨急了总机还烦，干着急没办法。这时候要是接到县支行的电话又喜忧参半，喜的是能尽快上报"项目电报"，忧的是上级行要求我们更改某一科目数字。变动一个科目数字要涉及好几张报表，报表又不能涂改，只好重新制表。基层银行的会计决算工作紧张、忙碌、有序，加班加点已成为常态。

30多年的银行工作经历，有说不完的往事，虽然吃了不少苦，受了不少累，但也收获了很多荣誉。农行的基础工作在农村、在山区，必须根据各地的不同风俗开展工作。长期艰苦的工作环境历练了我的坚强意志和克服困难的勇气，也为我的人生路积攒了丰富的精神财富。

作者单位：总行离退休人员管理局

准贷记卡发行记

徐海燕

2019年3月5日，收到一封来自农行万寿路西长安街支行的邮件，邮件是关于金穗准贷记卡到期销卡的温馨提示。至此，伴随我近十年的准贷记卡走完了它的生命历程，完成了它的使命，要退出历史舞台。

说起来，准贷记卡和我有着很深的感情。入行第一年我就被指派到个人负债项目组学习准贷记卡业务知识和开发技术。当时刚毕业懵懵懂懂的我一下子就被它吸引住了，它既不同于借记卡也不同于贷记卡，是介乎于借记卡和贷记卡之间的卡，既有借记卡存、取、转、消费等结算功能，也有贷记卡的透支功能。它给我带来了银行业务基础知识的启蒙，使我快速适应了银行工作。

2008年我参与惠农信用卡的设计、研发、测试、投产工作，经历了惠农信用卡从无到有、从设计到发行，就像看着一个孩子，从出生到青年，再到壮年，至今我仍能清晰记得小伙伴们一起讨论需求、一起加班编写代码、一起去上海数据中心投产、一起关心卡发行情况，甚至开玩笑说要去办一张惠农信用卡留作纪念，可惜不符合办卡的身份。2009年又参与了准贷记卡业务风险管理系统的研发工作，至此它又多了一层坚实的保护盾，准贷记卡就放飞了自己，快速壮大。

科技的发展日新月异，特别是最近几年，电子化技术、互联网技术飞速发展，农业银行快速抓住机遇，推出手机银行、扫码支付等新的支付方式，优惠、方便、快捷，人们好像不再需要卡支付了。各种小额贷产品层出不穷、百花齐放，人们可以很方便地贷到小额资金。准贷记卡经历过繁华，像一个孩童的玩具，被遗忘在钱包的一角。中间经历了部门职能调整的我也远离了准贷记卡业务，去做别的工作。一别匆匆忙忙很多年，转眼就到了2017年的初夏，作为测试人员的身份突然接到一个准贷记卡迁移及借贷合一项目，经过了解才知道，准贷记卡要从PDS系统迁移到V#系统，旧卡到期销卡或升级为全新的借贷合一卡。缘，有聚有散，有始有终，兜兜转转很多年，一切又重新开始，我亲眼看着它被一点一点地迁移到新的平台，以新的面孔开始新的征程。

农行2004年6月开始试点发行金穗准贷记卡，到2008年才在全行全国范围内发行金穗准贷记卡。为更好地服务"三农"，2009年又推出国内独家的惠农信用卡，专门为具有良好信用观念的县域及农村高端客户量身定做的借贷合一型特色产品，为农民解决小额融资问题。准贷记卡业务量从顶峰再到慢慢消亡，这中间的发展轨迹跟农行的成长轨迹有关，它印证了农行的应用系统从无到有、从弱小到强大、从简单到复杂的过程。消亡不是消失，是新的开始，是凤凰涅槃、破茧成蝶后以崭新的面孔、更强大的功能出现。

大行德广，伴您成长。我见证了准贷记卡一步步从出生、成长、壮大、衰弱、消亡、重生，同时它也佐证了我的成长轨迹，从最初的小白到今天能够独当一面的老手，多次的职能部门调整、多个岗位轮换、多次身份转变，从开发部门到测试部门、从功能测试到性能测试、从项目监理到项目测试经理，我一直在努力成长，每次岗位转变都会带来机遇和挑战，都要以更加完美的形象出现在新的岗位，开始新的工作。农业银行经历了专业银行、商业银行到股改上市，从乡村的"农业合作银行"走向国际的"世界500强企业"，从"一把算盘一支笔"的手工模式到现在"数据集中"的信息化、自动化模式，每次蜕变都是一次成长，现在农业银行面临着数字化转型的新局面、新挑战，我们应该保持定力，凝心聚力，砥砺前行，继往开来，再谱新章！

作者单位：总行研发中心

笔墨人生

王海林

"在生命的轮回中,每个人生命的起点和终点都是一样的,只是在我们的人生旅途中,选择的路不同,欣赏到的风景也就不同。"

我是一名来自河北廊坊分行办公室的文秘人员。1983年10月生人,党员,大学本科,主要负责材料起草、信息宣传、远程工作站、声誉风险等。2008年毕业后,我成为一名大学生村官。

2011年8月,考入农行,首先分配到永清支行,先后从事柜员、客户经理、综合文秘岗位,2013年8月至今,一直在廊坊分行办公室工作。此外,我还是一名书法爱好者,对书法情有独钟,在工作生活之余会练习书法,看看名人墨迹,感受内心深处的那份宁静与淡定,为新的工作与生活蓄积力量,现为中国大风堂艺术研究院院士、农总行书法协会会员、廊坊市书法家协会会员。

在农行工作的八年中,回想起自己走过的印记,感受最深的就是用文字和书法体现自己的价值,并与农行工作融会贯通,为自己喜欢的"农行绿"增添一抹新绿。

2015年初,北京大兴机场(以下简称新机场))横空出世,随之而成的新机场临空经济区被审批为国家战略,使当地蕴藏巨大的金融潜能。

得知这一消息后,我内心产生了想法,觉得这里有很大的文章可以写,对本单位及时抢占市场先机很有裨益,于是下定决心做好这一调研,为单位业务攻坚更好做出决策提供参考依据。当然,想法与行动有很大的距离,很多信息需要自己去收集，于是我多次到新机场核心区拆迁村，与村干部聊天，与本地的村民聊天，重点收集有关新机场的内容，包括同业存款政策、措施及本村包村干部信息。当然，交流需要一个媒介，我通过发挥艺术作品可以起到心灵沟通的作用，采取作品交流、赠送等方式，得到了支持。

其间，我还有幸与廊坊市机场办及廊坊广阳区主管领导同志等，实现了深入交流，收集的信息也更加"高大上"。此外，为了获取新机场更多方面的规划信息，我还想方设法关注新机场公众号，及时查看最新有价值的信息，以便及时充实调研材料。在组织材料的过程中，也给我带来了很多思维上的痛苦，朝思暮想，一有空闲就拿出这篇文章，不断修改。为了提高文章的质效，我还与省分行及本行业务部室积极沟通，获取更多的信息支持。

经过半年的收集、整理，功夫不负有心人，这篇《浅析廊坊分行把握北京新机场（廊坊区域）发展机遇经营对策》终于大功告成，内容包含新机场基本情况、新机场给廊坊带来的经济助推作用、新机场给廊坊分行带来的机遇与挑战、廊坊分行把握北京新机场机遇经营对策四个部分，文字达12000余字，并配有规划图、场景图片10余张，使内容更加立体，一目了然。该篇调研得到了上级行及本单位的认可，获得当年省行征文比赛三等奖、廊坊市征文比赛二等奖。

此外，我还利用书法特长服务本行工作。2016年，廊坊市在全辖积极开展全国文明城市创建工作，时间紧、指标多、内容广，我积极组织全市农行网点按照市文明委有关要求推进各项工作开展，制订本行文明城市创建工作实施方案，协助支行组织开展核心价值观、公益广告、行业规范、文明提示牌布放等规定动作落实。其间，我先后到网点调研检查20余次，并针对存在的问题制定了《文明创城自查表》，对各项规范动作提出了具体的摆放要求，并为全辖网点统一印制相关公益海报、袖标等。

工作中，我还积极与市创城办领导沟通，发挥书法交流的作用，邀请对方的专家对本单位网点现场指导，打造典型样板，再组织其他支行主管负责同志现场观摩，要求其他网点按照样板进行规范，使这项头绪复杂的工作，变得一目了然，很快全部网点顺利达标，提高了创建质量，为基层网点正常的工作赢得了更多精力。2017年5月，我行文明城市创建工作得到市银保监分局的高度认可，该局一把手亲自组织全市金融系统负责人到我行网点现场观摩学习，随后的一个月内，有30余家同业到我行网点观摩学习。

日常工作中，我还负责本单位局域网更新、信息宣传和《每周要情》的编发，为全行提供经验交流的平台，组织全辖做好媒体宣传，及时向当地政府和监管部门动态反馈，展现本行良好形象，争取获得政府、社会更多的认可与支持。

一分耕耘一分收获，自己取得的成绩也得到上级和社会的认可。几年来，我被廊坊市委、市政府评为2013年度全市"文明行业标兵"和"2016年度、2018年度全国文明城市创建工作先进个人"，被廊坊市银保监分局评为2016年度、2017年度、2018年度"廊坊市银行业信息宣传工作先进个人"称号，同时，分管工作也取得了相应的荣誉称号。

与此同时，三年的"村官"生活、八年的金融工作，也为我笔下的艺术线条，提供了生命的力量源泉，我的作品也得到了社会的认可，先后荣获廊坊市"廉政文化"书法大赛二等奖、廊坊市"中太杯"首届公务员书法大赛二等奖、廊坊市创建森林城市书法大赛二等奖、全国青少年教育成果展书法大赛（成人组）二等奖等。

未来的人生风景会更加精彩。因为无论在何时何地，我都不会孤单，有一支笔在和我一起在奋斗。同时，我会进一步发挥书法艺术的桥梁纽带作用，实现系统内外的政府资源、金融资源、艺术资源的互动与交流，把自己的人生风景与农行工作融会贯通，发挥独特价值，勾勒美丽人生。

作者单位：河北省廊坊市分行

感 恩

王英红

  1992年9月的一天，跟随着去支行接我报到的老主任，我来到了距城30里外的一家农行乡镇网点——定州市支行清风店办事处（现在已成为一家二级支行）。到达时已是中午时分。老主任的家就在单位，我一到，他赶紧让老伴儿做了一碗热汤面。初来乍到的我，人生地不熟，热乎乎的汤面，吃进嘴里，暖在心里。
  因为离家远，单位把原来一间搁杂物的屋子腾出来，变成我的一间单身宿舍。宿舍大约有10平方米，洋灰地面。我从集市上扯了几尺素雅小花的花布订在床的周围，窗台上又摆了一盆绿意盎然的文竹。于是，一桌、一椅、一张床、一盆文竹，还有随身携带的几本书，便成了我的全部家当。那一天，我在农行正式安家落户。
  第一天上班，我被安排到出纳组。那时初来的员工大部分先从出纳做起，第一步是先跟着老员工学点钞。老员工就是师傅，负责对新人传、帮、带。不像现在，初入农行的员工还能享受到半个月甚至更长时间的集中培训，培训合格后方能上岗，那会儿就是跟着身边的师傅学。有句话叫"师傅领进门，修行在个人。"师傅教了点钞的动作要领，接下来就是自己练了。大约经过一周的练习，单位领导通知我立刻上柜。想着马上要面对客户真刀真枪地实战操作，我既兴奋又紧张。
  8∶30，正式开门迎客。门一开，客户们鱼贯而入。不一会儿，出纳窗口就围了一大群人。一见那么多人，我马上心慌起来。接过客户的现金，一张一张地点，总怕出错。见我点得慢，办业务的客户有些着急，就催我快些点。心中一急，不由得手指发抖，只听"嗞"的一声，顿觉一阵火辣辣地疼，低头一看，食指被纸条拉了一道很深的口子，不断地往外流血。我当时又羞、又急、又疼，不争气的眼泪一下子涌上来。就这样，第一天上班就给了我个下马威。

老主任看出我情绪低落，鼓励我：万事开头难，要想提高点钞速度，一个字，练！于是，我向师傅要了一箱点钞纸，每天工作结束后，吃完晚饭，便一头扎进宿舍里狠命地练单指单张、多指多张，手指也不知被划破了多少回。至今，右手的食指还留有一块儿月亮牙般的疤痕。

经过一个月的勤学苦练，我的点钞速度越来越快，办公效率也越来越高。当客户和同事们纷纷惊诧于我的进步时，我在心里悄悄地说：你的任何努力都不会白费！

后来，微机逐渐取代了手工记账。第一关，便是录入汉字。虽说在学校时也考过计算机证书，可如何在微机里又快又准地录入汉字，是摆在我面前的又一个难题！咋办?！一个字：学！为了更快地入门，我和另外一个同事专程跑到距单位30里地的县城，报了一个微机录入培训班。白天上班没时间，我俩就晚上去上课。记得当时学的是五笔汉字录入。每天一下班，我们就骑车一个多小时赶往县城，听课、背字根、上机操作；返回单位时，已是繁星点点，皓月当空……

就这样，每天两个多小时的往返路程，连续半个月的时间，我的录入速度突飞猛进，达到了盲打的程度。我从来没有想过，日后有一天，我的大部分工作会与当初学的微机录入有关。我甚至想，如果当初不学会微机录入，我还能不能从事自己喜欢的文字工作？冥冥之中告诉我：你的任何努力都不会白费，总有一天会派上用场！

再后来，由于工作需要，我被调到支行办公室从事文秘工作。办公室文字材料多，除了新闻稿件、信息动态和调研报告外，其他文字材料诸如政府、银保监局、人民银行的汇报材料等，所有这些文字材料都要保质保量地按时完成。办公室事情琐碎繁杂，白天既没有时间也没有精力写东西，材料就拿到家里去写。许多夜深人静的时候，别人早已进入了梦乡，我还在电脑前敲打着键盘……

说实话，有时觉得很累。可是，当我看到凝聚着自己心血的新闻稿件变成铅字、精心编发的信息动态被市行采用、绞尽脑汁写出来的材料被领导认可的时候，又为这一切累觉得值！几年来，我先后在《中国城乡金融报》《中国新闻网》《中国经济网》《河北经济日报》《保定日报》《保定晚报》《保定广播电视报》《定州日报》、长城网等媒体发表各类稿件几百余篇，可以说硕果累累。

自1992年入职农行，携手走来，相扶相随，已近30年。我们彼此见证，共同成长，有酸有辣，有苦有咸，但更多的是甘甜。我感恩农行，是农行给了我稳定体面的生活，让我衣食无忧；我感恩农行，是农行给了我良好的平台，让我得以充分展现自我，让灵魂自由地飞翔！

"为什么我的眼里饱含泪水，因为我爱你爱得深沉！"是的，我爱你，农行！这种爱，发自心底，无以言表！40周岁，正值年富力强的美好时光，作为一名老员工，千言万语，化成一句最衷心的祝福：感恩有你，一路同行！

作者单位：河北省定州市支行

梦想的平台

吕丁丁

火红初升的太阳，满载希望；青春飞扬的我们，自带光芒。青春一个美好的字眼，充满生的力量。青，是绿色，是生命的颜色；春，是季节，是成长的季节。青春如朝日，是一个人最宝贵的年华，拥有梦想的人才能让青春绽放最灿烂的光彩。在生命中最美好的季节，是磁县农行给予了我实现梦想的广阔平台。从毕业到走进农行，已经快四个年头，这四年的时间里我与农行相伴成长，农行见证了我的点滴变化，我也目睹了农行的不断壮大。

作为新时代的青年人，理应继承"五四"的光荣传统，在工作岗位上无私奉献。爱岗敬业是对风险的最好诠释，那些成就伟业的英雄，无一不是从敬业开始的。初入银行成为一名柜员，我对自己工作充满了热情，柜台作为农行的"文明窗口"，彰显着农行的服务理念，每天我都本着态度好、速度快、差错少的理念，服务着来到农行的每一位客户。随着对工作的不断熟悉，让我认识到优质的服务，不仅仅只有这些。

还记得那是一个寒冷的冬天，客流量很大，当我按下叫号机，一位步履有点蹒跚的孕妇坐到我的窗口前，我注意到她的号码显示已经等待了半个小时，"您好，请问您办理什么业务？""把这8万块钱存到卡上。"半个小时的等待已经让这位客户心存不满，言语中透露着不快，"麻烦您出示下身份证"，我尽量言辞可亲，面带微笑，"我自己的卡存钱还要身份证？我又不是取钱，没有带。"我带着歉意说，"不好意思，没有身份证没法办理，5万元及以上需要身份证核查，要不您可以到ATM上存或者……"

没等我解释完，客户的愤怒已经彻底被激起，"你这是什么态度，我等了这么长时间，你一句话不能办就没事了，拿出你们的文件规定……"我又耐心解释，显然客户已经听不进去，依旧大声吵闹，直到大堂经理再三相劝才肯离去，但终究是带着不满。

这件事让我深刻认识到，只有微笑与好态度并不能称得上是好的服务，高峰时段业务办理得再快客户也不会感到舒心，减少客户等待时间不如不浪费客户的时间。这次事件后，我在想是否可以在大厅显著位置贴上温馨提示，告知一些常见业务的办理规定，以减少客户无谓的等待与误解。也因为这次事件，让我更多地去思考什么才是好的客户服务。要想提供让客户满意的服务，我们就应该将整个服务过程细化，充分了解到一项业务在办理前、办理中、办理后可能遇到的各种问题，从而提出相应的解决方法。将"未雨绸缪"的工作做到充分，才能将服务做到润物细无声的境界。

其实，只要我们用心，换位思考，服务总能绽放光彩。还记得一天中午，当我结完账准备下班的时候，有个对公客户想要办理企业网银证书业务。当听他们说来一趟不容易，赶了近两个小时的路才过来，这里办完还要去办其他手续。我就想办理企业网银证书并不需要很长时间，延长下班时间也在可控范围之内。于是，我加班给客户办理了业务，客户很是感谢，还购买了两套贵金属，满意地走出农行的大门。这样的服务可以达到双赢，所以只要我们换位思考，让客户满意的服务就不难做到。有一次办完业务的大姐笑眯眯地对我说："能点赞么，我想给你点个赞"；有解决了疑难问题的老大爷一脸严肃地说："你这个小同志服务态度真不错"。这些朴实的言语，发自内心的感谢，不仅是对我个人工作的肯定，更是对农行的肯定。

青春的底色永远都是奋斗，这不能仅仅停留在口头上，更要付出行动。作为窗口服务人员，我们当努力钻研业务知识，提高业务素养，不断学习新知识，更好地服务客户。四年的工作中，我经历了"春天行动""激情仲夏"等活动，这些活动让我看到老同志坚守岗位、迎难而上的昂扬斗志；让我看到中年员工厅堂市场，外拓下乡、从不退让的满满激情。他们都是我们年轻人学习的榜样。工作中，领导们的无私奉献、正确指导，同事们的勇往直前、互相帮助，不禁让我感叹有这样的良师益友真好。

青春因梦想而激昂，心中有阳光，脚下就有力量。银行这三尺柜台，虽然没有 T 形台上的霓裳倩影，但我们乐在其中。因为我们明白在岁月的风华里，心不能是招摇的枝丫，而应是静默的根系，深埋于地下，不为浮躁利益所动，只求自身的简单和丰盈。

作者单位：河北省磁县支行

那段股改日子

孟向阳

13年前,农行股改上市前期的一项重大任务——"法律尽职调查"工作全面铺开,作为基层行普普通通一名经办人和亲历者,回首那段时光,我倍感荣幸。

2007年4月28日,支行召开行务会,行长就"法律尽职调查"专项工作做了紧急部署,要求在5月10日前必须保质保量完成任务。尽职调查工作由我们办公室牵头组织和审核汇总,各职能部门协调配合。由于此项工作涉及面广,查阅、复印资料多,时间紧、任务重,所以必须充分利用"五一"长假进行"大决战",以保证工作进度。

"五一"当天,小组成员开了个碰头会,其实也是学习交流讨论会。会上,培训过的同志对法律尽职调查中的重点、难点做了解释。随后,大家把尽职调查培训的资料的内容进行了认真的学习和讨论。尤其是对问卷清单中的一些专业术语及模棱两可的问题,及时向上级行和得恒律师事务所的专业人士进行请教,统一了口径,达成了共识,为顺利开展这项工作奠定了基础。

尽职调查中最头疼的就是查找档案和提供相关资料。由于我们支行成立时间早,查找范围广,涵盖面大,内容较多,必须到档案室或外单位逐项查找。一般情况下,档案查阅方式是以"按图索骥"的方式来查。如查阅支行成立批复的文件,只要找出当年的收文登记簿按时间顺序进行查找就可查出。我们开始以人民银行来文进行查阅,可是查了半天,就是查不到人民银行当年的批复文件。我们只好打电话询问已退休的老同志。由于时间长,老同志已记不清了。

本想把几位老同志接到行里帮助查阅,但考虑到老同志身体状况欠佳,有的还要照看孙子孙女,就没有打扰他们。为了赶时间,我们开始进行"地毯式"查阅。结果费了九牛二虎之力,才从当年市农行来文的批复文件中找出了"关于市农行营业部更名为城区支行"的批复文件。拿着找来的文件,我们欢呼雀跃。于是,轻轻地将这份"批复"文件复印了四份,然后小心翼翼地放进专职文件柜,以便随后装订。

到外单位查阅资料也是件不容易的事。因考虑到"五一"长假不好找人,我们早做准备,提前行动,在"五一"前就到有关部门进行查找。如查阅营业执照的登记吊销及土地出让、划拨等档案资料,必须到工商、国土等有关部门进行查阅。到这些单位查阅档案,首先要履行相关手续,还得找到负责人和经办人。行政执法单位外出执法检查的频率较高,在短时间内找到负责人和具体经办人并不容易。为提高办事效率,我们做到了"三提前",即提前进行联系、提前到达对方单位、提前准备好相关手续。由于准备工作做得充分,我们很快查到了要找的资料。

为了赶进度,中午不回家、晚上加班至深夜已是习以为常的事。加班的那些日子,我有一个明显的感觉就是时间过得快。工作起来,有时连上厕所的时间都挤不出来,等到急着上厕所,可能已到饭点了。加班期间,我有两种担心,一是担心电脑出现故障,二是担心病倒。可往往越担心的事越要发生。加班的那几天,微机、复印机运转倒还正常,但由于昼夜温差大,一不小心我被"感冒炮弹"击中,流鼻涕、打喷嚏、流眼泪,难受坏了。于是,赶紧到医院打了一针,又开了些药;当天晚上,感冒症状有所缓解。第二天,重新投入到工作中去。

5月4日,尽职调查进入关键环节。这时,爱人打来电话说要出差,照看小孩便成了问题。我们这些做儿女的是典型的上班族,没时间照看孩子,就只好拜托父母照看了。其实,父母照看这些顽皮的孩子更不容易,刚赶上放假,孩子们除了做作业,就是到外面贪玩,父母还得看紧点,生怕发生什么意外,一天下来,老人累得身心疲惫。

从查阅档案、收集资料、回答问卷清单、填写表格到资料整理和装订上报,前前后后忙了近一个月。其间,我们共查阅资料(包括自支行成立二十年来的各类档案、各部室的相关文件及涉及工商、税务、国土、银监局、人行等部门的文件或有关资料）达 400 多卷（册），资料复印件 800 余张。看到"战果"被市分行作为样板带到省分行进行展评时，大家多少天来辛苦都化为一丝丝欣慰。

是啊，农行成功上市，离不开全员的不懈努力和辛勤劳作，也离不开家属的默默支持。自农行股改上市以来，农行的发展成就举世瞩目，2017 年，在《财富》发布最新的世界 500 强中，农行排名第 38 位。

2018 年，在英国《银行家》发布的全球 1000 家大银行榜中，农行排名前四名。试看未来之农行，必定傲视群雄！

作者单位：山西省晋城市分行

老马·小马·小小马

马 鸣

　　1986年的一天,在晋西北一国家级贫困县的农行家属院内,那是一个寒冷萧瑟的冬月中午,寒酸的平房内不断传出暖意洋洋的欢笑声,夹杂着几声婴儿的啼哭,这天一个叫小小马的普通的"农二代"出生了……

　　从小小马有记忆起,那个麦穗标识的圆形图标就时时出现在他视野范围内,从家里用的工具尺、手提袋,到父亲工作服胸前的徽标,象征希望的绿色成了他最早识别的颜色!点钞券、捆钞带是他儿时最常见的玩具,农业、农行、下乡就成了他牙牙学语的第一组高频词汇!

　　转瞬间小小马快小学毕业了,农发行成了那段时间家里大人们聊天的主题词,父亲因为工作需要去了新组建的农发行,常年驻村下乡,难得一见!好不容易等到爸爸回家了,村里的二舅爷也拎着一袋鸡蛋登门了,大人们没谈多久,小小马就透过台灯看到了二舅爷离去时佝偻的身影,手里依旧拿着那袋鸡蛋,只是背上多了一袋米。母亲埋怨着:"我娘家就这么一个二舅了,扶贫贷款给谁放也是个放,你较啥真了!"父亲从浓浓的烟雾里抬头看了看母亲:"不行,违反原则的事情我不能做!扶贫贷款是贷款不是救济款!家里的米都给了二舅,够他吃一阵了,你们娘俩要吃,我再出去买!"门帘晃动间身影闪了出去……小小马第一次知道了"原则"这个词等于母亲的埋怨。

　　1997年,满大街都在哼唱着《东方之珠》,所有的学校都在准备着迎接香港回归的庆祝活动。小小马已经是初中生了,父亲再次因为工作需要从农发行回到了农行,这次他从父母的聊天中,又知道了一个新词汇"商业银行"。尽管他不知道这个词语的含义,但随着家里要找父亲贷款而越来越多的访客,小小马依稀感受到了银行和父亲手里那只笔的分量!直到有一天最亲他的小姨登门了,带来了他最爱的西游记连环画。午饭很快做好了,奇怪的是新婚的小姨和小姨夫并没有吃饭,而母亲则从卧室拿出了一个红本子,说:这是我和你姐夫这几年积攒的1万块钱,按理你俩要创业应该支持,可是你姐夫放款也得按照制度来,制度面前亲戚也不能例外!这个钱就当我们借你们了,啥时候有了啥时候再还……送走小姨夫妇,耿直的父亲咧嘴笑了:还是老婆懂事,没给我找麻烦,钱没了咱再挣,制度的底线不能碰!小小马开始知道原来遵守"制度"的成本这么高……

2004年,小小马已经成长为大学生小马同学了,父亲突然一夜之间老了许多,本来就烟瘾很大的他开始整夜的抽烟。他从母亲的唉声叹气中得到了只言片语的讯息,他们这批1979年10月入行的元老可能要提前退休回家了……从来没有和父亲有过长谈的小马同学,从父亲嘴里知道了农行机构最多、员工最多的骄傲,知道了世界500强意味着什么,翻看着父亲的工作笔记,看着一页页翔实的数据对比、工作安排,想起父亲这些年因为坚持制度原则而得罪的亲戚朋友,看着他一遍遍摩挲着自己的行服,他终于理解了老人对于奉献了大半生青春的农行,有着多么深沉而热烈的爱……

2006年,小马迈入绿色麦穗的大门,正式成了农行的一员,胸前的行徽成了父辈的期许,更成了对制度敬畏、合规信仰的传承。在柜员岗位上从每日点库、碰库开始,从每笔新学的业务开始,从离柜锁箱锁屏开始,日常工作的点点滴滴都培养了他严谨的习惯。一年后,小马同事变成了小马同志!行徽上面多了一枚鲜红的党徽,父亲对他说:"入党是荣誉,但更多的是责任!爸爸在你这个年纪时,那些老师傅经常教育我们……"

小马同志意识到原来刚强了一辈子的老父亲并不是惜字如金、少言寡语,谈到农行,谈到那些过往的青春岁月,老父亲也会变得絮絮叨叨、念念不忘,他明白现在的自己让父亲看到了那段与农行共成长的时光……几年后,业精于勤的小马成为营业网点风险把控的看门人——运营主管,当了半辈子会计部门负责人的母亲拿出了自己当年演算的会计账簿让他练习,当了半辈子网点负责人的父亲则扬扬得意地拿出了当年会计大比武、大演练的试题让他做答!小马委屈地嘟囔:"现在都是科技时代了,进步了多少!你们还让我用小米加步枪的原始工具作战!"老父亲语重心长地说道:"不管科技如何进步发达,会计核算的核心规则原理不会变,流程再怎么优化,运营主管风险把控的总体思想原则不会变,只会加强,练好了基本功,将来你会理解为父的用心!"

"一入银行深似海",小马从此在基层一扎根就是12年……从ABIS系统到Boeing系统,从读卡授权到指纹授权再到集中授权,小马很庆幸经历了农行在夯实案防根基、扎紧制度牢笼所做的种种努力和喜人变化:

2013年1月"三大中心"组建;2013年8月运营档案管理"双集中";2016年1月创新临柜业务交易电子化;2016年5月超级柜台优势凸显;2017年7月临柜业务印章套上"紧箍咒";2018年1月"三线一网格"管理模式全面施行。从此"不想违"的思想防线、"不能违"的制度防线、"不敢违"的震慑防线在网点铺设开来,构筑起固若金汤的网格状案防长城!小马在运营主管岗位上也经历了从专业胜任到管理胜任的变革。

2017年,小马卸任运营主管,走上了二级支行副行长的新岗位,已经内退11年的老父亲拿出了自己珍藏着工作笔记,教他工作思路、相处之道,不断地叮嘱小马,要配合好正职,要揽事不揽权,要勇于担责,要让功于人……

2019年,农行40岁啦!正是一个人风华正茂、大干事业的年龄!和农行同步成长的老马同志也正式办理了退休,每天的任务也成了送孙子上学放学,回家后教孙子点钞、打算盘,小孙子每次上学路过银行,看到绿色麦穗标识,都会骄傲地说:"那是我爷爷和爸爸的单位!"这一切被已经成长为二级支行行长的小马看在眼里、暖在心头,农行的企业文化已经融入家庭文化的一部分,他知道父子两代人与农行的约会远没有结束,播种希望的麦穗情结或许还会延续到第三代人……

四十载沐风栉雨,四十载华章谱就,一代一代农行人用自己的青春与汗水书写了今天的成就!在老马和小马之后,或许还会有许许多多的"农三代、农四代",纵使时光会变,唯一不变的将是农行人那颗永远"面向'三农'、服务城乡"的初心使命,和"诚信立业、稳健行远"的家风传承!

作者单位:山西省分行

"农二代"的心声

王晓辉

清晨，明媚的阳光透过窗，洒在妈妈养的花上，映得叶子格外青翠，父亲边开窗边说："今天是个好日子，天儿也这么好，我得给你弟弟转点儿钱，就当发个大红包"。我才想起，今天是弟弟新房交房的日子。父亲坐下来，戴上眼镜，拿起手机，点开掌银，熟练地进行转账；母亲走过来，将一杯沏好的茶递给父亲。暖暖的阳光、专注的神情、温暖的氛围，定格成一帧幸福的画面。回想成长的30年，那些被我采下的"当时"，已沉淀为最珍贵的时光。

1989年的冬天，我在奶奶的老土屋里出生，在父母的呵护下成长。父亲是村里唯一一个在乡里"农村信用合作社"工作的职工，家里除了有生产队里挣工分的微薄收入外，还有父亲每月30元的工资。深谙"知识改变命运"之道的父亲，每月都会挤出几角钱给我买《看图说话》和连环画，虽然处在偏远山村，因为有书的陪伴，我的童年依然多姿多彩。

记得小时候，每到傍晚，我都会准时守在门口，等着父亲下班。父亲工作单位离家有十五公里，不是很远，但有半程山路，路上隔着一条河，所以每次父亲都要走近两个小时。后来，家里省吃俭用给父亲攒下钱，买了一辆价值138元的"海燕"牌自行车，父亲的行程变得轻松很多。母亲总是早早做好饭等着父亲下班，围坐在饭桌旁，听父亲讲一天的新鲜事，是我最期待的时刻。我总会问："爸，你怎么知道得这么多？"父亲会自豪地说："爸单位有报纸、有收音机。"我就想这些东西可真厉害啊，什么都知道！

七岁的时候，父母又一次用省吃俭用攒下来的钱，置办了一个"大物件"——"熊猫"牌14英寸黑白电视机，也是村子里的第一台。白天村里人在自家承包的土地里忙农活，每到傍晚，左邻右舍都会准时来到我家，挤在一起看电视，从《新闻联播》开始，到电视剧结束，满屋子的观众才会意犹未尽地离开，村里人一起观看过经典剧《西游记》、台剧《星星知我心》、日剧《阿信》、墨西哥剧《卞卡》等，父母特别好客，总是会告诉大家明天再来。有一次村主任在广播里，特意表扬了我家，说父亲母亲乐于助人，给村里人打开了一扇了解外面世界的窗户。父亲不好意思地说："大家一起看看电视，热闹！"

　　1991年，弟弟出生了，小家伙的降临，为我的家里带来了无尽的欢乐。这一年，父亲工作有了调整，从家乡洪相营业所调到了20公里外的下关营业所担任负责人；也是在这一年，经过多次向乡政府申请，我家在交通相对便利的镇上盖了三间新房，从山里搬了出来。

　　20世纪80年代的农村，虽然物资相对匮乏，生活相对清苦，但每到春节那股浓浓的年味儿总是让人怀念。"小孩小孩你别哭，过了腊八就杀猪，小孩小孩你别馋，过了小年就大年。"一首童谣，充分道出了孩子们期盼过年的心情。总觉得母亲是"十八般武艺样样精通"的，进了腊月，母亲会早早地到集市上买布料，给每人添置一套新衣服，奶奶喜欢穿母亲做的棉袄棉裤，所以母亲会额外给奶奶多做一套新棉衣，衣服做好了，母亲开始准备年货：蒸豆包、做年糕、炸丸子、磨豆腐……印象中，父亲每年除夕都会在单位守库值班，母亲会早早地将饺子包好，一家人提前一天吃年夜饭，母亲从来不会抱怨父亲，并告诉我们：提前吃年夜饭是抢福呢！父亲的爱岗敬业、忠于职守，母亲的勤俭持家、贤惠孝顺，潜移默化中影响着我和弟弟，让我们养成了正直善良的品格。

　　1998年，我离开家在外地上学，弟弟也上了小学。记得是五月的一个周末，父亲像往常一样给我打电话，但是内容却有了变化：我们村被批准成立乡镇级经济开发区；妈妈决定在家里门房开一个小卖店。末了父亲不忘嘱咐，在邮局给我寄了生活费，别忘了去取。

　　经过一番奔波，母亲的小卖店开张了，由于秉承"物美价廉""薄利多销"的原则，小卖店生意一直很红火。为了多增一项收入，母亲在店里安装了一部公用电话，而大多时候，母亲是为外出打工的村里人充当免费的信息联络员，负责将他们的电话内容记录下来转告家人，母亲对这份"差事"总是乐此不疲。

2018年，是我进入农行工作的第三个年头。回想当初选择就业时，父亲没有长篇大论地跟我讲道理，只是认真地跟我说：这么多年，咱们家的生活之所以在村里还说得过去，就是因为有农行的这份工作。后来我如愿进入到农行，工作的第一天，父亲语重心长地告诉我："踏踏实实工作，本本分分做人。"父亲像许许多多的老一辈农行人一样，没有华丽的语言，总是用实际行动诠释着"爱我农行"。

弟弟上大学以后，父亲依然是早早将每月的生活费寄给他，不过汇款方式变成了网上银行，对这个改变，父亲也是颇为自豪的。他说：十多年以前，我要取出来现金到邮局去给女儿汇款，现在通过农行网银汇款，真方便啊，又快又安全。

如今，赋闲在家的父亲，依然爱看新闻，依然关注他钟爱的农行，有了新业务他要了解，有了新产品他要学习，掌上银行就是父亲退休以后学会的。他说必须要多学习啊，否则跟不上发展的步伐。

时光如白驹过隙，转眼已是30年。仔细回想，改革开放的每一天都发生在我的身边，只是小时候我沉浸其中而不自知。"苟利于民，不必法古；苟周于事，不必循俗。"发展从来不是一个单独片面、一朝一夕的事情，而是靠各行各业、坚持不懈的努力，农行作为国家改革发展的一分子，同样经历了恢复设立、职能转变等发展历程，如果说父亲经历了农行的沧桑巨变，那么我经历的便是农行的快速发展。庆幸自己生在这个时代，庆幸所处的时代正在经历一场前所未有的变革，"盛世如歌喜气扬，青山绿水润心房。国强民富乾坤变，圆梦腾飞谱乐章。"

凡是过往，皆为序章。

世界上没有坐享其成的好事，幸福是靠奋斗出来的，必须不驰于空想、不骛于虚声，一步一个脚印踏踏实实干好工作，新时代属于每一个人，属于每一个为了幸福努力奋斗的人。

作者单位：山西省孝义市支行

我的农行故事

"三农"往事

乔宗峰

我在农村出生，在农村长大，从家乡镇上的高中顺利毕业以后，我就进入了中国农业银行，参加了工作。从1982年参加工作到2001年这20年的时间里，我一直在基层的营业所度过，听老一辈讲了很多关于农业银行的历史，身处基层，自己也亲身经历了在改革开放浪潮下农业银行基层一线的工作和生活翻天覆地的变化。

刚参加工作时，一孔窑洞既是办公室又是卧室，靠门口放着一张两面开抽屉的大桌子，由出纳和会计共用，这就算是营业室了。我曾在这孔窑洞里生活、工作了八年。听老一辈讲，老百姓一直用"银行的"来称呼我们，特别是逢集过会的时候，老百姓从窑洞门口一直排到院子里，那时候我们的主要业务是给农民兑换金银器具，一块银圆刚开始可以兑换1.5元人民币，后来涨至2.5元，等涨到5元的时候，已经没有人兑换了。

当时假银圆很少，工作人员（内勤、出纳或会计）几乎是用手感和称重量来甄别其真假的，对于不太肯定的银圆工作人员会共同讨论，以决定是否给予兑换，在保险柜的上面放着称银器的等则（以钱为单位的称），用来称银手镯、银铃等饰品。那时候兑换的银圆、银器一直存放在现金库中，除了有铁制的保险柜外，还有彩木特制的木箱来代替保险柜，木箱的结构是六片整体木板特制，厚10厘米，上锁的铁环方便结实。兑换达到一定数量的时候工作人员会将银圆和银器放入医院放过药品的小木箱里，每次装两箱，然后拿铁钉钉死，用板车拉至班车停靠点，派两个人乘坐班车缴送县支行。那时候的业务虽然单一，但实实在在地解决了农民的实际生活问题。

农业银行的机构遍布每个乡镇，业务发展到农村的每个角落。我们县的机构设置清晰，无论乡镇大小都有农业银行营业所，较大的乡镇会设置中心营业所，配有独立的机构和人员，而比较小的乡镇其业务则由当地农村信用合作社来代理，这就是一套人马、两套机构、两套账务、一个现金库。而在改革开放初期的20世纪80年代，农村还是以生产大队为组织，生产大队下面设有生产小队，以自给自足自然经济为主，农行营业所和当地农村有着千丝万缕的关系，当地老百姓将我们营业所当作他们的一分子，分几亩土地给营业所，春天老百姓负责耕种，主要种植土豆和黄豆，夏天我们所里的人除草、施肥，秋天收回的土豆用于所里工作人员一个冬天的菜补，而黄豆则拿出去用于兑换豆腐，作为伙食补贴。

当时每个员工每月的伙食补助是1.5元，无法满足全所人员油盐的花销。翻开月计表即资产负债表上记载的集体农业贷款、社队企业贷款、委托投资贷款等，对照借据资料，借款日期在五六十年代，最小贷款金额0.5元，虽然金额不大，几个乡镇合在一起也不到几万元，但笔数不少，涉及了每一个村社，从过去到如今一直没有和农村老百姓脱离。

家庭联产承包责任制落实以后，农民分到了大量的土地，每到春耕生产的季节，需要大量的化肥、种子和农药，那时候只有县生产资料公司、乡镇供销合作社经营化肥、种子、农药等农需产品。而农业银行营业所作为主要贷款经营单位，积极响应当地政府号召，支持农业生产，投放大量资金，用于购买化肥等农需产品来供应农民春耕生产。而另一方面，随着商业市场的扩大化，有部分农民一边种地一边经商，为了支持这部分农民，农业银行紧跟改革开放的步伐，扩充信贷规模，大量发放个体工商户贷款、农产品收购贷款、粮站粮食调拨贷款，实实在在地解决了农民切实根本的需求。

那时候收购农副产品的现金非常紧张，总是供不应求，银行还没有发行50元和100元票面的时候，最大的面额只有10元，取现用的工具是麻袋，县支行唯一的一辆嘎斯汽车接送全县十几个营业单位的现金根本无法周转。为了及时供应现金，工作人员会使用班车运送。前一天派两名工作人员去支行，在支行住一晚，晚上将现金准备好，第二天一早两人抬着麻袋去赶班车。到腊月的时候，会有大量的现金收回，各单位用同样的方式把现金送回县支行。

大量外调内销改进支付结算方式,由县辖联行扩展到省辖联行、全国联行,再后来到跨银行联行往来,形成了在全国范围内"自成联行体系,跨行直接通汇"的支付结算方式,同时还有托收承付、限额结算支票等。这些政策大大方便了农民、个体工商、供销社、粮站等的粮食、农产品和其他商品物资的销售和购进。

随着经济的不断发展和商业结构的逐步完善,等到20世纪90年代初期的时候,现有的机构机制和工作人员已经不能适应当时的业务需要,于是扩展机构设置、扩充工作人员、进一步改进支付结算方式,将信用社代理的业务统一收回自助经营,形成了一支服务农村、支持农民致富的庞大队伍。

后来,随着储蓄存款的与日俱增,农行的"一元起存、多存不限"的广告词传遍了千家万户。在支持农民致富、服务农业生产的同时,农业银行也打造出一支吃苦耐劳、甘于奉献的农行人。冬季收贷的时候,一件棉大衣、一个黑挂包、一双脚、一村又一村、一户又一户。吃农民的派饭,住农村的土炕,任劳任怨,解决农民实际需求的同时,贴近农民,了解农民,有道是走遍千家万户,踏遍千山万水,说尽千言万语,受尽千辛万苦。中国农业银行吕梁分行专门印制了营业所所务会议记录本,封皮上印着营业所的管理目标"优质服务的窗口,安全防卫的前哨,基础管理的样板,增收创利的基地。"这时候的农业银行营业所是集存款、贷款、结算为一体的,为农民、农村、农业贴心服务的机构。

过去了20年,又过去了20年,农业银行始终不忘初心,全心全意服务"三农"和实体经济;始终坚持改革创新,突出三大定位、实现六大转型、构建四大支持;始终紧跟时代步伐,在转型中谋发展。今年以来,农业银行以"县域+涉农"确定事业部职能边界,以"部门+中心"搭建事业部组织架构,以"双委员会制+双线报告考核制"建立事业部治理机制,以"六单管理"强化事业部运行机制,"三农"金融事业部日趋成熟,实现中央赋予的面向"三农"总体定位在全行得以落地生根。

作者单位:山西省吕梁市分行

扶贫路上

张文艺

2015年8月,农行阳泉市分行党委委派我到平定岔口乡主铺庄担任第一书记,到现在已经三年半了。三年多来,我与村干部、老百姓同吃同住,主铺庄村的村容村貌和贫困户收入有了明显改善,2017年底全村44户78人全部脱贫。

改革开放四十年来,特别是这三年多来的扶贫,给主铺庄带来了翻天覆地的变化,我怀着一颗不忘初心的理想来到这里,参与并见证了农行人在扶贫路上留下的永恒记忆。

我所在的主铺庄,位于平定县岔口乡北部,离岔口乡20余公里,离平定县城70余公里,离阳泉市60余公里。村里没有通公共汽车,我每次下乡需要开车往返130余公里,过路费20元。为了省钱,平时走低速,大车特别多,危险时时刻刻会发生。

2016年,按照我调查的情况和行领导的安排,因地制宜,发动老百姓发展养殖和种植业。根据全村报回的名单,对七户愿意养鸡的贫困户给予了支持,我们把这称为:投下"种子金",孵出"致富蛋"。市农行给这些养殖户每户600元的购鸡款,每户50只鸡。我和村干部联系了河北卖鸡的养殖户,那几天,我还在市医院住院,在接到订好鸡苗的电话后,我不听医生的劝阻,和村书记、司机,驱车往返300多公里拉回来鸡苗。按照市行领导当日安排,在村里为村民们举行了送鸡到户仪式。

2016年7月19日,一场百年不遇的暴雨将主铺庄村陷入了灾难之中,道路冲毁,贫困户拉锁的鸡全部被冲走,房屋倒塌。另两个贫困户养的鸡由于养殖经验不足,产蛋量明显不如别人。其他三家情况不错,但是面对一筐筐白花花的鸡蛋犯了愁。眼看老百姓的希望、我的辛苦就要付诸东流,我便开始了帮助贫困户卖鸡蛋的帮扶之路。

一是走出去,同超市对接。我和村干部去平定联系了以前支持过的平定一位企业家,他非常支持,并出了许多点子,鉴于我们的养鸡规模不大、产量不高、来回运输成本高、不划算,所以约定待条件成熟再合作帮助。二是我依托单位食堂,让员工选购。三是利用朋友圈这个平台,起到了明显的效果。四是由于我所在的村是玉皇洞景区的必经之路,我自己设计给每户养殖户做了不同画面的喷绘广告,上面印刷有联系电话等宣传内容。

村里的鸡蛋销售有了着落。也给自己带来了好多辛苦。有些经历笑后都是泪,我也用诗记录了自己的喜怒哀乐,留下了许多难忘的故事。

有一次,我给一个朋友捎了10斤鸡蛋,每个塑料袋5斤,当我给他从车上递手上时,其中一袋由于两个人边说边递,一不留神,只听得"啪"的一声,5斤鸡蛋顿时粉身碎骨,两个人哈哈大笑,我忙赔不是,他笑着说:没关系,都碎在袋里了,回去慢慢收拾吧。结果害得他好几天都吃鸡蛋了。

另一回晚上七点多,天色已晚,我把捎的鸡蛋都放在车后座位上,在回市里的路上碰见一个熟人乘车。他一上车,我听见"咯吱"一声,心想坏了,那鸡蛋袋子是黑色的,急忙一看坐碎10个。我到单位找了秤重新称好,给买的人按实际斤秤收了钱,其余的损失自己补赔。

还有一次,车上拉的20多斤鸡蛋,由于没有扎好口,在路上行驶过程中,路过一个坑凹处突然急刹车,哧的一下子,打了9个鸡蛋,车座下黄的白的好不闹心。我回到家,老婆知道后说:每天贴上车、贴上钱,瞎忙了。我总是笑笑说:那你说咋哇。还是义无反顾地继续为村里做这些小事。我想,好不容易贫困户有这项养殖业,不能半途而废。有个叫王玉存的养殖户,由于做了心脏病搭桥手术,重活不能干,养了200只左右的鸡一年收入1万元左右,几乎都是我销售了。另外带动了一户非贫困户养殖也收入了七八千元。养鸡户有了经验,感觉养鸡收入有保障,积极性提高了。

这两年多来,我开着自己那近十年的捷达车,为村民风里来雨里去,披星戴月销售这些鸡蛋和其他农产品,数不清有多少回了。爱人和我一生气就夸她买的车为我扶贫全部贡献了。有一次，我拉的100斤鸡蛋给9个人分别送到家，从矿上到开发区、市区，来来回回几十里，打电话、找地方，其间的辛苦和麻烦说不完，遇上高峰堵车，晚上十一点才能回家。虽然卖鸡蛋千辛万苦，但是老百姓对我啧啧称赞，这只是扶贫工作中的一点小事。

　　人生就是需要点亮一束火炬，照亮自己奋斗的方向。多年来，我在扶贫的同时，坚持写作，坚持宣传，坚持在工作中汲取文学源泉，让我的理想化作现实，将生活过成诗。多年来，创作诗词1000余首，出版《鹤仙草诗词》两部，这是我扶贫最大的收获。这些年为主铺庄村的发展也尽了自己的绵薄力量，修田间路，修蓄水池。种植业、养殖业、多业并举，战洪灾、入户慰问，这些历程通过诗词留下了自己难忘的历程。近期，主铺庄村也同主铺掌合并为一个村叫红岩岭村，成为依靠旅游为主体产业带动下的乡村。同时依靠原有的盆栽苹果、枸杞种植等产业，全村踏上了致富大路。2017年，我被市政府评为脱贫攻坚先进个人。这一切记录了我一位普普通通的农行人在脱贫攻坚战役中的点点滴滴。

作者单位：山西省阳泉市分行

红木算盘

蔡永庆

十多年前,我因为工作调动从山西阳泉分行到山西省分行驻晋中阳泉审计办工作。好友在帮忙整理我的东西时,翻出一把红木算盘,好友说:"把它扔了吧,省得占地方。"我说:"还是带上吧,它很精致。"

于是,这把红木算盘跟随我辗转一百多里,从一个城市来到另一个城市。上班后,我将它擦拭一新,它就像一位醒来的"睡美人",很漂亮,并摆放在我新办公桌上醒目的位置。

我的这把红木算盘,是长方形枣红色,四周是用海南木料为框,海南木料花纹细腻,色泽柔和,也有一定的香味。内有17位算盘珠子轴心,中间上端有道横梁,横梁上面轴心有两个珠子,每个珠子当五,下面有五个珠子,每珠当一。珠子是大理石材质的。框架四角是用铜皮包装,中间的两个轴心,也是用坚硬的铜棒做成,牢固耐用,美观大方。算盘估计有上百年的历史,但没有一点变形变质。

1992年大学毕业分配到中国农业银行平定支行工作,营业所是我成为光荣农行人的起点,最初在条件最艰苦、人员最少、最基层的营业所从事储蓄工作。上班的第一天,老主任就表情凝重地把那把红木算盘交给我,语重心长地说:"小蔡,这算盘是所里的一位老会计传下来的,他参加工作前是一个大户人家的账房先生,希望你用这把算盘精打细算,练就一手'铁算盘',并算好自己的人生账,当好农行人。"

我双手庄重地捧着红木算盘,如同捧着一个未知的"世界"。

当初,我握着老主任交给我的精巧算盘时,爱不释手。那是我所见过的最好的算盘,并时刻不忘老主任的叮咛,每天认真地与存单、现金、数字打交道,在忙碌中送走了无数的枯燥和琐碎,很快我完成了莘莘学子向农行一线员工角色的转换。从此,我和这把红木算盘结下了不解之缘。

我从事储蓄、会计、统计的十年间,这把算盘一直陪伴着我,不曾离开我左右,与我一起默默地坚守着对农行事业的忠诚与热爱。从农行的原始凭证,到会计账簿,再到会计报表;重要空白凭证的领、用、存、销……它静静地守住公正无私。那些看似枯燥无味的阿拉伯数字,在珠算的世界里演绎着如同行行起起伏伏跳跃的音符,伴奏出一曲曲动听的乐章,书写着我平凡而又不平淡的农行会计人生。在核算繁忙的时候,它和我一起不知送走了多少黄昏与深夜。农行业务的珠算,承载了我的光荣与梦想;珠算的人生,凝聚了我的激情与汗水,伴随我度过人生最美好的时光。算盘蕴含着那个时代特殊的银行韵味,犹如诗的意境、时代的演绎,它与农行业务犹如灯笼里的那一点火,因为有了珠算,农行业务才生动起来。

新的工作岗位,我更多的是从事着检查审计工作,几乎用不上算盘。闲暇时也练练算盘,怕丢了珠算技能。"啪啪"的清脆声,如同一首动听的歌谣。2008年5月,单位组织了全市珠算比赛,在考场上,我打的算盘如行云流水般,巧指如弹,挥洒自如,最终摘取了比赛第一名。

作者珍藏的红木算盘

随着信息化的高速发展,计算器的普遍使用,继而计算机的广泛应用,农行会计的核算驶入了信息高速公路,农行的各项业务已实现无纸化办公,算盘演算的功能已被简便快捷的计算机所替代,珠算已成为历史。这把算盘早已完成了它的使命,悄然地"光荣退休"了。抚着手中的算盘,又看看桌上的电脑，不由让我心潮起伏，浮想联翩，无奈地把它锁进了橱柜的一角，让它安享清闲。

从算盘的默然"退让"，到计算机的闪亮登场，不仅体现了收入核算方式的变迁，更折射出人类智慧的闪烁光芒。

面对突飞猛进的高科技，这把红木算盘静静地躺在属于它的一个角落，但它不仅坦荡，而且淡然。我不时地唤醒睡梦中的红木算盘，不经意地拨弄着，但更多的时候是在爱抚中追寻从前珍珠般撒落的人生足迹……

作者单位：山西省阳泉市分行

扶贫纪事

张 浩

"消除贫困、改善民生、实现共同富裕，是社会主义的本质要求。"建平县是省级贫困县，为确保2020年实现全县彻底脱贫，中国农业银行建平县支行积极对接地方党政的扶贫攻坚战略部署，发挥农行在金融扶贫工作中的主力军作用，强化责任担当，用心用情扶贫助困。

为更好激发全体员工扶贫助困的热情，2017年7月，中国农业银行建平县支行成立了朝阳金融机构唯一的郭明义朝阳扶贫爱心团队，扶贫爱心团队由支行班子成员、业务骨干、青年员工等人组成。作为青年员工，我有幸成为其中一员，见证建平农行在精准帮扶过程中的无私付出。2019年，扶贫爱心团队被农行辽宁省分行评选为优秀青年志愿组织。

杨树岭乡套卜河洛村是建平农行对口帮扶的贫困村，为了能真正帮助贫困户解决困难，扶贫爱心团队用了一个多月时间将全村贫困户摸底走访一遍，最终确定一户最困难的家庭作为重点帮扶对象。

高龄老人杨成和的老伴、儿媳均丧失劳动能力，孙子孙女还在上学，一家6口的生活全靠杨成和种植几亩旱田和儿子打零工的收入维持，日子很艰辛。通过走访调查，扶贫爱心团队成员了解到杨成和家有养驴的经验，对其提出养驴脱贫的方案：农行通过政府增信扶贫贷款提供资金，购买母驴、繁育肉驴，预计年收入可达2万元。但是杨成和因资金问题犹豫不决。针对问题，扶贫爱心团队多次上门走访，协商脱贫方案、讲解党的惠民政策。承诺2万元的贷款利息如财政不能贴息由团队成员个人承担，如果出现不可预见风险，贷款到期后由团队帮助协调续借，持续帮扶。顾虑打消了，杨成和表示："感谢党、感谢政府、感谢农行，我一定不辜负你们的帮助，尽快脱贫致富。"目前毛驴已到了繁殖阶段，帮助杨成和脱贫致富的目标预计很快就会实现。

针对杨成和老伴骨股头坏死需要做手术情况，扶贫爱心团队对其讲解了国家的惠民政策：建档立卡户住院手术、医药费全免。扶贫爱心团队还当即决定：杨成和老伴手术事宜由该团队帮助其联系，到城里医院住院由爱心团队负责接送。

在帮扶的过程中，扶贫爱心团队了解到杨树岭乡九年一贯制学校还有少数学生存在家庭生活困难的现状，为使孩子们安心上学，扶贫爱心团队决定把资助困难学生列为爱心扶助的一项重要内容，大家认为帮扶困难学生不是一时之事，而是一件应该长期坚持的事，于是成立专门用于帮扶困难学生的"爱心助学基金"。团队向全行干部员工发出倡议书，号召大家奉献爱心，短短一周时间，便收到全体党员干部捐款上千元。通过实际调查，并结合学校意见，扶贫爱心团队最终选取5名品学兼优、家庭困难的学生作为帮扶对象，每人每年1200元。

2019年5月31日，在六一儿童节来临之际，扶贫爱心团队带着助学金和学习用品再次来到杨树岭乡九年一贯制学校，我亲手将助学金和学习用品交到5名孩子手中，为孩子们送来节日的温暖。在与贫困学生及家长座谈过程中，扶贫爱心团队成员与孩子和家长亲切交谈，询问了孩子的学习情况和生活状况，鼓励孩子通过学习改变人生，长大以后回报社会。扶贫爱心团队强调，孩子家庭如果在生活中遇到了什么困难，一定要及时通过学校或村委会和农行联系，农行一定会尽量帮助解决。

扶贫爱心团队成立两年以来，积极投身精准扶贫、捐资助学、改善民生各类活动。为帮助贫困村改善办公条件，拓宽村民获取致富信息渠道，募集资金2万元帮助套卜河洛村购买了办公电脑、打印机、复印机等设备；去年夏天得知套卜河洛村防洪堤坝洪水被冲毁的消息后，扶贫爱心团队立即派人实地调查，了解实际情况。

了解到其修复堤坝存在资金困难的情况后，主动筹集资金1000万元帮助其修复堤坝；为改善村民业余生活，扶贫爱心团队筹资2万元帮助杨树林乡修建文化广场，为村民休闲娱乐提供了极大的方便。截至目前，扶贫爱心团队已累计提供各类帮扶资金 10 万余元。在今后的工作中，我们将积极响应国家号召，继续通过开展各类帮扶活动，助力地方政府早日实现脱贫攻坚目标。

作者单位：辽宁省建平县支行

幸福的雪花

邹舒承

三年前的一个冬天。漫天雪花飘洒,苍茫一片。火车的站台上,两个身影难舍难离。

这个年轻的男人就要远赴他乡就职了。可他却是那么的不舍。他多希望时间可以在与爱人相拥的瞬间凝结成冰,但火车汽笛声却不合时宜地将这片刻的温存打得粉碎。

爱怜地擦拭着她脸颊的泪痕,泪水晕湿了他厚重的外套,他感到心如刀割。

"你别走。"她的声音颤抖着。他的嘴张了张,想话别,可那简单的词汇噎在喉咙里却无论如何也讲不出。直到这一刻,他才领会到"执手相看泪眼,竟无语凝噎"的深刻。

在列车员的催促下匆匆上了车。他不敢回头,也不敢停下脚步。任由漫天的银白在他的眼前瞬逝而过,落在石阶。

直到上了车坐在窗边,冰冷的手揩去玻璃上的雾,才看见她还蹲在车边,哭得撕心裂肺。

用力地敲着车窗,顾不上车里人的侧目。

"等我回来!"他一遍又一遍地喊着,那声音声嘶力竭,令人肝肠寸断。

转眼已是三年,依旧是漫天飘雪。站在中国农业银行营业大厅里,他穿着笔挺的行服,典雅而从容。他熟练地迎接每一位客户。

"您好,请问您想办理什么业务?""这位先生,有什么需要帮忙吗?"

"这位女士,请注意保管自己的物品。"他的笑容如清泉一样甜美。

又是一片雪花飘落,划过了他的双眸,落在了鼻尖上,引来一阵冰凉。直到那个熟悉的身影又出现在了街角,他高兴地迎了上去。她也是农业银行的员工,只是两个人的单位在两地,相距数百公里。

他笑自己,明明讨厌这严寒,却偏偏爱上了雪天。

这是我的故事,也是千万奋斗在一线员工的故事。

加入中国农业银行抚顺市行营业部已经三年了。在这里有着太多感人的人与感人的事。当下正值新时代网点转型时期,我们营业部为了认真落实总省市行的新时代网点转型战略思想,有效推进新时代网点转型工作,不断提升网点综合服务能力和价值创造力,全行上下全力以赴,众志成城,以保证此次转型工作顺利落地实施。

我们单位客户经理李云峰,已经是一名即将退休的老同志了,但在我们的眼中,他更是一名优秀的老党员、老大哥。我们也都亲切地叫他"老李"。据我所知,老李已有八年以上的痛风史了,每次犯起病来更是被折磨得夜不能寐、苦不堪言。我们最习以为常的就是每天拄着下巴看老李上下楼时的模样。他不用旁人搀扶,只是自顾自地一只手扶着栏杆,另一只手抻着腿,小心翼翼地迈着步子。有时一个不小心没掌握好力度,眉头就会拧成一个疙瘩,额头上也会渗出一层细密的汗珠。

严重时他会拄着拐杖来单位上班。每当这时我们又会改叫他为"铁拐李"。可是即使这样,老李也从来没有向病魔屈服过,更是一心扑到一线的工作中去。在这次的转型中,老李更是瘸着腿,面带微笑地站到了大堂里维持秩序,跟客户们悉心地讲解着转型所带来的种种便捷。他的语言令人如沐春风,举止中也散发着一种豁达与洒脱。甚至在某一个时刻,我们会怀疑,老李的病已经完全康复了。直到他回到屋子里,脱下西服外套,看到那早已被汗水浸透的衬衫时,我们都沉默了。每当这时,他又会笑说:"人还没死就该继续奋斗,这点小病算个啥?"山僧不解数甲子,一叶落知天下秋。老李的精神如同一粒火种,燃起了我们每个人心中的火,为我们的路照亮了前行的方向。

说到这,也不得不说一下我的师傅冯雨雷。她比我早入行两年,年纪还不到三十。单听名字就有着一种雷厉风行的飒爽,而事实上也确实如此。她虽然是个女生，却全然没有女生的娇柔。工作起来毫不拖沓，比起我们这些小伙子甚至有过之而无不及。听其他的同事说，在我没入行以前，都是把她当作小伙子使的，上到文件赶稿，下到擦地换水全都是她一人搞定。即使是我入行以后，她在工作上也没有丝毫懈怠过。每天夜里总能看到她加班熬夜的身影，白天也经常忙里忙外，却好像不知疲倦。她喜欢篮球和乒乓球，但甚少见她玩耍。她不是个工作狂，但却没日没夜的工作。我们不知道她是否会觉得疲倦，只是看她的身形变得日渐消瘦。她不喜欢说话，只喜欢默默地做着干不完的工作。即使生了病也从来不说，都是挺一挺就过去了。记得年初的时候她发高烧，烧出了肺炎，却也是过了双休日就带着厚重的口罩回来上班了。其间一直是白天上班，晚上打吊瓶。我们劝她回去多歇歇，她却打趣道："你们是怕我传染你们吧。"

　　这就是我的师父冯雨雷。她面对困难总是一笑而过。可也正是因为这样，在今年的年初时，她却查出了自身免疫性疾病。这种病在她这个年纪，其实是很罕见的。医生劝她休息，甚至开了病假条给她。可她却说："我手里还有几项工作没做完，等忙完了一块再休吧。"而这一忙，就忙到了现在。而她也完全不像得了病的样子，每天依旧神采奕奕。如果不是有人看到她在更衣室里大把的吞咽着治疗的药物，我们一度觉得是医生诊断的结果出了错。

　　老李或是我的师傅，他们都只是我们营业部的一个缩影，还有像怀孕还坚持高强度工作的主管刘欣，刚生完孩子就急于奔赴一线工作的主管苑雪莹，身患腰脱的李英和刘诗语……这些人也都是我们的榜样，他们的坚持和付出像是一剂又一剂的强心针，激励着我们勇往直前。

作者单位：辽宁省分行

于字里行间讲好新时代故事

康瑞玲

晓来南风叩早，浅草嫩起，忽然春色了。记得初来农行时恰是这个时节。那些美丽的日子，可以感觉到它从身边潺潺地流过，弹指之间，去岁年末与今日相隔已是万重山，而逝去的那些日子其实就在昨天。

也许是身在锦州分行办公室宣传战线的缘故，我对"农行的故事"更有发言权。因为，平日里看到最多的是平凡的人，听到最多的是平凡的话，做得最多是平凡的事，许许多多在平凡岗位上奉献着的农行人给了我最真实的感动。我也正是带着这种对农行的深厚感情，去寻找创作素材和方向，诉说农行故事，传递世间美好。

回望来时路，心愿得偿带来的未必是满分的欢喜。就像我清楚地记得初来乍到办公室时，想象着将整日和自己喜欢的文章做伴是怎样欢喜，而最初写稿子时却会陷入"茫然无知"的焦躁痛苦。正如村上春树在他的第一本小说里写的那样，"每当提起笔写东西时，经常陷入绝望的情绪——或许能就大象本身写一点什么，但对象的驯化却不知从何写起。"然而，这种苦闷在我一次又一次深入基层过程中逐渐淡化。因为，基层群众一个又一个朴实故事，促使我不停地记录和思考。

采写《服务点生意火》时正值酷暑，本就有些中暑倾向的我，又在农村颠簸的土路上，绕了好几个来回，已然颠得"七荤八素"，40分钟的路程，在我看来仿佛走了一个世纪。这就更让我深切体会到农民们对"足不出村"金融服务的期盼。走进"惠农通"服务点更是被老乡的热情感染，他们迫不及待地为我们演示"转账电话"操作流程,兴致勃勃地将新备置的"扩音器"拿出来,让我们听他亲口录制的宣传刷卡购物的录音。乡亲们来服务点买东西刷卡时,更是一丝不苟地登记、打回单,签名……厚厚一本《惠农通登记簿》贴满了回单联。

一整天的奔波炎热,我顾不上休息,就开始动笔写稿,晚上初稿完成,可领导觉得还有提升空间:要体现农民"足不出村"就能享受金融服务,更要体现农行正在逐步改变农民消费习惯的努力。第二天中午,又开始动笔改稿,于是闭上眼睛,把昨天的经历像"过电影"似的回想一番。一想到农民利用农行"惠农通"免去奔波劳顿之苦时,我所有的焦躁都化作浑身激情,奔涌笔端,"一气呵成"写下我在锦州石山镇新甸子村村西头小卖部的所见所闻。

稿件很快在《中国城乡金融报》头版"走基层"栏目刊登。顺利过关带来的喜悦之余,使我不断思考这次采写经历。以前,我总觉得作为一名二级分行的通信员,无非是写写工作动态、经营业绩之类,但当我真的走进基层时,才发现其实许多事关农行方针政策的出台,恰恰是源于地方的实践。就从"惠农通"工程推广这个角度看,无论是市分行领导还是县域支行客户经理,他们绝非只是在农村"小卖部"装上台"转账电话"这么简单,他们都在用非常"接地气"的智慧,告诉习惯了用现金消费的农民,现代金融机具将带来的好处,并训练他们掌握运用的技能。

于是几经调研,成文《助农取款重在改变农民消费习惯》,也被报社采纳。这更坚定了我走基层、调研的信心,因为在我看来,身为一名基层行通信员,正是需要我们一方面准确、清晰地把握党的路线方针政策,另一方面准确、清晰地了解群众诉求心声,通过深入思考,在这两个坐标上寻找契合的交叉点,最终把思考的增长和思想的增强,深深扎根于广大基层一线的创造性实践中。

"夫风生于地,起于青萍之末。"不知道自己是不是一个很好的记录者和诉说者,但我希望做一个能见微知著、月晕知风的时代见证者和发现者,感谢那些平凡却不普通的农行人,正是他们勇敢的探索,才催化了我明天的奋进,感谢《中国城乡金融报》这个舞台,正是你们的包容,才成就了新时代的农行故事。

"铁肩担道义,妙手著文章"。我期望能够在这个轨道上一直写下去,留下一点经得起时间校验的文字,用精品奉献农行,用明德引领风尚,记录大美时代,讴歌浩荡梦想,讲好农行故事。

作者单位:辽宁省锦州市分行

我的农行故事

我的技术简史

丁文河

在农行工作20多年,头发已经斑白。我把自己的青春和热血奉献给了农行。想当年有多少科技人员为了高薪跳槽到了私人企业,但那时我就立志扎根农行。这些年农业银行给了我学习的平台和施展的空间,让我对农行的未来有着更多的憧憬。

回想多年来全行各个系统上线和升级,我作为技术中坚,多少个日夜奋战在第一线上,不辞辛苦,无私奉献。从手工账务到单机业务;从单机单工到双机双工;从 ABIS 到 ACBS;从省域集中到全国集中;从 ACBS 到波音 1~4 期上线。农行电子化发展历程就是我成长的历程。

20世纪90年代按照总省行"微机开路,应用先行"的建设模式,在营业网点推广使用微机,把网点上的储蓄、对公等基本银行业务转变为计算机业务。一个网点5台机器(按储蓄科目)同时工作,需要1~2天才能把手工数据录入到计算机中,一旦出错得一笔一笔查找。

有一次因计算机系统原因,导致储蓄程序启动故障。网点主任给我打电话,要求我"立即"来维修。主任把顾客的情绪发泄到了我身上,对新系统上线的不满,对安装新机器的不满等,他说如果是人工记账就不会出现这个事情。我耐心听着主任倾诉,心里特别无奈。最后我对他们说:给大家添麻烦了,请不要怀疑我的技术能力,要不恢复手工账吧,说完我就要把计算机搬走。这时网点主任也"急"了,堵在门口,后背靠着门框,脚踩在门沿上,不让我把计算机搬走。说这设备年末结账好使,我们手工账得好几个人工作一宿，计算机一会就结完账了。后来我把计算机维修好，主任也对我表示了歉意，我也希望基层行能理解科技工作的辛苦。

1998年，地级市使用一台更高级的计算机来集中处理整个地区的业务，实现了地级城市的"通存通兑"，体现了农行业务的强大能力。我和科员一个网点一个网点数据移植，每移植一个网点数据就需要营业机构人员测试网络连通性、业务连续性等。每次移植成功都是半夜11点多。有一次移植数据出错，找不到错误原因，最后只能进行业务恢复停止移植，网点人员大半夜的都在陪同我们，当时心里很自责。从此我们技术人员苦练基本功，在工作时间外多测试、多演练，尽量一次迁移成功。剩余网点的移植再也没有出现过差错。

2002年完成了到省行数据的集中。省内所有网点集中联网，对公、储蓄、银行卡、国际业务全部入网运行。由于系统架构的更改，每一个网点需要安装一台计算机，我和同事两天两夜没有合眼，一个网点一个网点的安装机器、配置参数。连续熬夜导致脸发黄，记得当时机关的人员看到我们都叫我们"小黄人"。2004年我被市行聘任为中级工程师，2005年我通过自学考取了计算机水平考试"网络工程师"，工作之余我喜欢钻研网络、软件开发、多媒体制作等，补充自己各方面的计算机能力。

2006年11月，农业银行完成了全国数据集中，是国内第一家实现"一个系统，一个中心"的大型商业银行。二级分行放置三台服务器承接网点的前置业务。

记得有一次一个柜员打电话说主机不开机，我这边告诉他排查电源故障。他就确定是终端硬件故障。星期六我打车到单位取终端，再打车到现场，经过排查是电源头松动导致的终端无电。仅仅是一个电源头松动，就耽误了网点营业，这让我萌生了一个想法——做课件给运营主管培训，让现场管理人员配合科技完成简单的工作，也能够提高我行的运维效率。后来通过现场培训，取得良好效果。

BoEing建设历时6年，于2015年10月完成了全面收官，实现了"以客户为中心、快速产品创新、全面提升管理能力"的三大目标，全面提升了我行创新能力，为我行产品创新、服务创新和管理创新提供了更加强大的科技动力。2012年，我通过竞聘当选为信息管理部副经理主持信息科技全面工作，六年多几乎年年省行科技专业条线排名前三名。2014 年，我被市行聘任为"高级工程师"。2017 年，我当选为信息管理部经理。

这么多年一路走来，真的感谢家人的理解和支持，让我毫无后顾之忧，一直的学习、进步，使我成了单位技术能手。工作中我也总结出：与其抱怨，不如积极乐观地去面对，如果你在工作中能够找到快乐，你就是最幸福的人。

2019 年伴随着新时代"推进数字化转型再造一个农业银行"战略思路，科技人员迎来了更大的挑战，如何适应新技术，推广新产品是摆在科技人面前最大的主题。我将以实际行动坚决贯彻落实总行各项决定，努力为农行发展作出新的更大贡献。风雨会使我们变得强壮，挫折会使我们变得坚韧。无论前方的道路多么坎坷，全行信息人会在农行党委的领导下"风雨同舟，一路前行"。

作者单位：吉林省辽源市分行

服务无小事

朱琼雯

入行以来,我一直在我行的一线战斗堡垒也就是基层网点工作,先后做过高柜、理财低柜、客户经理、网点副经理,我从一个银行小白成长为了一个青年干部。无论在哪个岗位上的农行员工,贴心服务已经成为我行的文化,无微不至、未雨绸缪,时刻准备应对各种特殊情况,资金安全严守规章制度,服务可以随机应变,从客户的角度出发解决实际困难。每一件服务的小事都是在镌刻"打造人民满意银行"的金字招牌。

服务无小事。随着骗子手段的层出不穷,还有各种财富公司纷纷冒出,相信大家身在银行常常有许许多多有关防范诈骗的案例吧?在这里我有一个亲身经历想和大家分享下。66岁的沈阿婆在一天中午来到我行,想要赎回在我行购买的产品,转走资金用于其他投资。我那时正在大堂服务,经了解阿婆的邻居介绍她投资一个叫作富瑞达的平台。

经过详细地问询,沈阿姨说出了实情:她的这个邻居经常上门游说,号称自己已经从富瑞达平台中获得巨额回报,让沈阿婆抓紧时间投资。之前沈阿姨听从她的建议,从光大银行转账20余万元到一个号称是上海总代理人的个人银行卡账户名下,然后由这个邻居替沈阿婆在平台上操作买入电子货币,邻居昨天给沈阿婆看截图,号称一个月已经帮她赚了6万元,但要一年后才能取出来,让沈阿婆去其他银行转账再多投一些,就能够赚得更多,并说如果沈阿婆介绍别的人来投资每介绍一个能拿到5000元分红。于是,平时连微信也不会用的沈阿婆,今天急忙赶来农行要把资金转给这个代理人。

沈阿婆是我的老客户，老伴去世后，与儿子儿媳分开住，平时较缺乏关心，我立即判断沈阿婆已经被卷入了电子货币传销骗局，急忙向网点经理汇报了这个情况，我们放弃午休时间花了一个多小时，轮番给沈阿婆做思想工作，暂时稳住了老人的情绪，老人同意不转账，但老人从言语中还是流露出对这个经常来看望她、帮她做做家务的邻居的信任，以及对承诺的高收益的向往。老人在其他银行也有资金，我担心老人会转头去其他银行转账。从老人的述说中，我了解到该邻居已经介绍了他们小区多位老人入局，于是联系了片区民警。民警一方面对沈阿姨进一步劝说，另一方面联系到了老人的儿子儿媳，让她的亲人来一起劝老人不要盲从偏听。

通过大家齐心协力的劝说下，老人打消了追加投资的念头。我行当机立断，识破电子货币传销骗局，通过银警合作帮助受害老人缩小了损失。老人的家人也对网点对老人的关心，以及尽职尽责的工作态度，表达了由衷的感谢，表示自己以后也会多关心老人，不让不怀好意的人乘虚而入。

想客户之所想，急客户之所急，我们不仅在日常工作上做到服务标准化、服务贴心化，更是在客户出现问题时给予其帮助，提供更人性化的服务。在平时业务中，有一部分客户为年事已高行动不便的老人，甚至患病卧病在床的病人等，他们由于身体原因无法亲自来银行办理业务，于是我们网点为这类客户提供上门服务。

在一次办理存单激活业务时，柜员发现来办理业务的是客户的子女，了解情况得知客户年龄较大，且身患疾病瘫痪在床、行动不便，本人无法到银行办理业务，而且这位客户家住青浦，距离较远交通不便。了解到这一情况后，网点决定特事特办，安排人员到青浦的老人家里办理上门服务，由客户给家人授权，最终顺利办理了存单激活及销户，取出了现金。看到工作人员不辞辛劳地赶到青浦，服务到家，老人十分感动。虽然卧病在床，但他紧握着工作人员的手，连声道谢说"真是太感谢你们了，为了我的这点事让你们跑了这么远，忙了一天。谢谢，谢谢！"在为这场面动容之余，我也在思考，很多时候就是这样，也许我们在工作上多做一份努力，就会收获客户的十分感动。

作者单位：上海市闸北沪太支行

紧急挂失

王士杰

已经工作六年有余的我，依稀记得我初入中国农业银行淮安市分行的第一年。我被分配到素有"甲鱼美食名天下"的淮安市，当时我们朱桥分理处一共有三个柜员，老范是我们三人当中年龄最大的一个，已经54周岁，老范本名范寿凯，是我在工作上的师父。因为老范早年在部队锻炼过一段时间，所以一开始和他相处的时候，他严肃、不苟言笑的表情以及身上散发出的军人气势，让我很是敬畏。我一直担心工作上的疏忽大意会被他训斥，所以平时只管埋头工作，和老范交谈的很少。直到一件事情的发生，打开了我的心门，让我和老范成了无所不谈的朋友。

那天是我和老范当班，客户很多，我们俩从早忙到晚。因为刚入职时间不长，忙碌的工作让我头昏眼花，很是急躁，好不容易到了下班时间，我们先后盘完账，正准备离开办公场所，就听见营业间外面玻璃门被"咚咚，咚咚……"急促地敲打，那时已经到了下班时间，营业厅的大门已经关闭了。我不耐烦地朝外面大喊："我们下班了啊，你看看外面张贴的时间表，有什么事情明天再来吧！"老范头朝大门看了一眼，见一位年过半旬的老奶奶，一副六神无主的样子，一边敲门，一边气喘吁吁做着请求的手势说："领导，求求你们开开门，我……我的钱包被偷了，孙女……治病……治病的钱。"我朝老范看了一眼，只见老范神经一绷，对我说："快开门！"我急忙找到遥控钥匙，把大门打开，老奶奶一下子跑到了窗口，双腿都快瘫下来了，嘴里还不停地重复着刚刚说过的话，老范对老奶奶说："老太太，您别急，慢慢说，把事情讲清楚，我们好帮你解决。"我急忙给老奶奶端了一杯水，老奶奶喝了口水，顿了顿，把发生的事情经过告诉了我们。原来，她的钱包在路上被偷了，里面有一张农行卡和身份证，农行卡里有1万多块钱，那是她孙女治病的钱。她的孙女现在在重症病房急需用钱。谈到这钱要为孙女治病，老奶奶眼泪流了下来，嘴里不停地说："领导，求求你们，救救我的孙女……要是这钱被小偷盗走了，我的孙女可怎么办啊！我的孙女要是活不成了，我也就不活了。"老范轻声地安抚老奶奶说："先别急，您既然已经到农行了，肯定有解决办法的，您还记得您的农行卡号或者身份证号码吗？您记得办过几张农行卡？回忆回忆告诉我一下。"老奶奶想了想说："一张卡，身份证号码记不得了，不过我前几天在这里存过钱，有存根。"老范赶忙说："您把存根给我看一下。"老奶奶急急忙忙从口袋里掏出存根交给了老范。我在一旁也劝慰着："老奶奶，您别急，有存根就好办了，存根上有您的农行卡号，我一会儿帮您拨打95599挂失。"这时老范已经在旁边忙活起来，一边开电脑一边对我说："老太太现在肯定很着急，拨打了95599电话她很有可能说不清楚，耽误了时间，我现在在柜面直接帮她把这张卡做书面挂失。"老范眼疾手快，很快帮助老奶奶把卡挂失了，然后安慰老奶奶："老太太，银行卡已经处于挂失止付状态，别人不可能取走您卡上的钱，您放心吧，您记得明天一早到派出所办个临时身份证，到我们这边办理挂失补卡，钱就可以取了。天色不早了，快回去吧，以后要注意了，随身物品要保管好啊！"老奶奶感激不尽，不停地对我们说："谢谢你们，谢谢你们！"

事后老范问了我一个问题："小王，你知道一个人最大的资产是什么？"我不假思索地说："知识，财富？"老范笑了："都不对，一个人最大的资产是希望，我们作为一名农行员工，要给客户解决问题并带来创造最大利益的希望，这样才能够成为出色的农行人！我平时对你严格，就是希望你能够成为出色的农行人，在未来的路上可以走得更远。"

从那件事以后，我不像以前那样害怕他了，我们经常一起交谈，谈工作、谈学习、谈生活。作为我的师父，他为我授业解惑；作为我的同事，他给我关心帮助。我很庆幸在我的农行道路上能遇到老范这样的师父。现在老范已经退休了,我每每想到当年和老范工作的场景,老范的谆谆教诲和工作态度,仍然激励着我不断前行,服务客户始终如一。

作者单位:江苏省淮安市楚州支行

一位老行长的嘱托

庞 琪

前几天下午,父亲同事约我们去爬云龙山,正好休息,我也便跟着去了。山上空气新鲜,游人不多,爬了一小会,身上出汗了很舒服。父亲和同事在山顶上谈人生,话理想,忆往昔,好不畅快。我听到叔叔无意间谈到,市农行原行长周克勤,晚年因患糖尿病,一米八几的大个子,因病腿没有劲,几个人搀扶才能站起来,多年前去世了。父亲听后非常难过,我非常好奇地看着父亲,不停地追问,父亲长叹了一口气,这才缓缓道来……父亲想起了32年前,和他交往的一件难忘的往事。

以下文字来自父亲的回忆。

1987年,当时我24岁,入行六年,我想趁年轻,在工作上做出点成就来。当时西区有个网点刚开业,我们投入了极大的热情,打扫卫生,搞好柜台宣传服务,利用业余时间走街串户宣传银行的业务,让每一位走进银行的客人感到舒心贴心,力求做到"三声":来有迎声,问有答声,走有送声。经过我们的努力,业务渐渐地多了起来,影响力扩大了,在附近的工矿企业中有了不错的口碑。这件事不知道怎么传到了对门厂长的耳朵里。这是一家大型国有企业,有一次厂长出国考察正巧与周行长同行,厂长就对周行长讲:"我们厂对门农行有位小伙子,工作干得不错哩,你有空去看看。"

周行长是一位三八式的老干部,干工作认真负责,做事情讲原则,雷厉风行,对员工关心备至,对身边的亲人严格要求,不徇私情。我在《徐州日报》上读过一篇文章,是记者采写的,讲述周行长生活中的几件小事。

一次周行长的儿媳妇王素侠,参加了系统内组织的集体转全民干部考试,考试成绩离分数线就差一分。分管考试的负责人私下商量说："周行长工作这么忙，我们把这件事给办了吧，别让他老人家操心了。"周行长听说这事后，坚决不同意，他斩钉截铁地说："这事绝对不行，我是一行之长，要起模范带头作用，不能因为是我的家人就徇私情，开这个先河。"工作人员听到后，只好放弃这种想法。

周行长每次下基层调研检查工作，从不接受宴请，不收礼物，不搞形式主义，还常常微服私访。周行长来农行之前，担任徐州市丰县县委书记。四月份的一天上午，周行长独自一人走进我们银行，他细心地询问我工作、生活和学习情况，高兴地勉励我要好好工作，努力学习，积极向上，做一名对社会有用的人。临走时，他让我把工作经验、体会写下来交给他。在银行工作二十几年里，我时刻牢记周行长的嘱托，严格要求自己，干好本职工作，走好人生的每一步……

听完这个故事，我长吁了一口气，不禁对这个素未谋面的老行长充满了敬意，也对父亲这一辈徐州市农行成立以来第一批新学员满怀景仰，他们都是在工作上不断鞭策我前进的领路人。几十年过去了，父亲一直牢记老行长的嘱托，对待工作兢兢业业，他也时常教诲我要努力工作。我将牢记父亲对我的嘱托，不负青春，踏梦前行。

我们青年一代要勇于担负起历史和时代赋予的重任，时刻把握平衡心态，面对功名利禄心不动，不义之财手不伸，留得清气满乾坤！

作者单位：江苏省徐州市云龙支行

我的农行故事

王者的回报

徐霖婧

"为什么是农行?"几乎每次同学聚会,都要向小伙伴们解释放弃其他几家单位而选择农行的缘由。然而,他们有所不知的是,与农行的不解之缘,到了我这儿,已经是第三代了……

2001年国庆期间,还是三年级小学生的我,跟着妈妈去滨海看爸爸,正赶上爸爸和支行同事在县城中心广场宣传金穗卡,我好奇地加入了发放宣传单的行列,小小的身影跑前忙后,吸引了不少市民的驻足,一张披挂农行绶带、在遮阳伞下发放传单的照片,还被滨海支行收入了行史纪念册。有位听过这个故事的同学调侃说:"你的行龄应从2001年起算"。

其实,我与农行的情缘可以追溯到更早,出生在农行世家的我,是听着农行的故事长大的。每次回老家,爷爷都要讲他在农行工作的一幕幕往事:20世纪50年代初,爷爷被分配到中国农业合作银行(农行的前身)江苏省射阳县支行,以后随着机构和行政区划的多次调整,工作几经变动。1979年农行复设时,"人随业务走",爷爷从人行调到了农行大丰县支行,再后来,"一分一脱"、股改上市……农行的重大变革,爷爷都亲身经历和参与了。老人的回忆和唠叨,在我的心中不断勾勒出农行发展壮大的历史轮廓。更让爷爷津津乐道的是他的"三零"纪录:干出纳,保持了常年零差错;做会计股长,创造了全行零事故;当行长,实现了贷款零不良。

爸爸是农行复设第二年招干入行的,在近40年的职业生涯中,从营业所到二级分行,从出纳员到信贷员,从普通职员到资深专员,从支行先进工作者到总行劳动模范……那时我就成了爸爸的"粉丝"。

2009年3月，爸爸调任盐城中汇支行行长，与同事们一起描绘了"全市农行的支柱行、市区同业的标杆行、客户首选的品牌行、员工成长的幸福行"的愿景。爸爸任满调离时，中汇支行交上一份"四行"目标基本实现、连年被省分行表彰为创利先进支行、员工人均工资翻一番的"成绩单"。这期间，我们家的话题从来就没有离开过"农行"二字，我耳熟能详的不仅是"大行德广、伴您成长"，还有"开门红""双过半"，当然更多的是"创百佳"。从2010年开始，爸爸率领他的团队，相继成功创建了全国银行业文明规范服务千佳、百佳示范单位，"三化四兼创建法"在全市金融系统推广，中汇支行营业部成为迄今为止苏北地区银行业唯一的"百佳"单位。

2014年7月，我通过校园招聘被苏州分行录取，实现了从农行员工子女到农行员工的"华丽转身"。从入行的那天起，我就给自己定了个小目标：像爷爷爸爸那样出彩。然而，理想很丰满，现实很骨感，兴奋、激情很快被彷徨、困惑所替代，在发生了一笔业务差错后，我一度产生了"选择农行是否正确"的迷茫。那是2015年春节前的一天，吴江分行营业厅客流量骤增，客户多得来不及叫号，看到窗口前排起的长龙，我开始心烦气躁，办理业务时也顾不得什么服务礼仪、操作规范，只图一个"快"字，结果忙中出错，营业终了轧账，发现短款4500元。虽然在主管的帮助下，很快找出了差错，追回了错款，但那段时间我的心情糟透了。爸爸赶来苏州，既没有一声责备，也没有一句安慰，只是分享了他入行之初的心路历程和从失败中奋起的成长故事，原来在每个光鲜的背后，都有不为人知的艰辛和曲折。

我终于明白了，银行许多工作是简单甚至枯燥的，但把简单的事做好就是不简单，把平凡的人做好就是不平凡，奋斗既少不了"诗与远方"的憧憬，更离不开"做好每件小事"的坚守。这些曾经被我嗤之以鼻的"心灵鸡汤"，此刻却感觉到是那么的美味无比。

2015年11月的一天，下午4点多钟，我在自助区巡查，发现一位40多岁的女客户正在ATM前边打电话边操作，立刻想到了大堂经理"三问两看一核对"的工作规程，便主动走上前去询问她在办理什么业务，她说是"教育局的人"打电话，称有一笔义务教育费要返还给学生家长，让她到银行自助设备上按照对方提示操作，马上就可以收到3000多元的返还款。我断定她是遇到电信诈骗了，劝她立即停止操作，开始她非常不屑，坚持不退卡，我耐心地将最近发生的几个案例讲给她听，还出示了客户的感谢留言，她才如梦初醒，连声致谢。几天后，当地电视台报道了我行成功堵截多起电信诈骗，使客户免遭损失的新闻，我一不小心成了"电视明星"，获得客户、同事们的纷纷点赞，我深深地感受到作为一名农行员工，是如此的光荣和自豪。

　　两年前，家乡盐城市的银行业协会组织"金融好家庭"评选演讲大赛，24位来自全市银行业的代表参加决赛，逐一登台讲述各自的家风故事，大家没有惊天动地的伟业，却能在平凡岗位上追求卓越；没有可歌可泣的壮举，却能在默默奉献中勤勉尽职。我们家作为其中的一分子，代代相传的"敬业精业、积善扬善"家风感动了在场的每一个人。经过激烈的两轮PK，我们家庭荣获第一名，并当选江苏省"金融好家庭"，当和爷爷、爸爸一起手捧奖牌时，我禁不住热泪盈眶，想起作家梁衡的一句话："每个人只要努力，都能得到一种王者的回报"。

作者全家人在获得盐城市"金融好家庭"第一名时的合影

作者单位：江苏省苏州市工业园区支行

入选征文

银行大楼

李丽丽

　　人的一生，事过境迁，很多人和很多事会随着时间星移斗转，淡忘模糊，而有些会深深地镌刻在脑海里，永生难忘。

　　对我来说，不管处于哪个时代，不管到了哪个国家和城市，只要看到BANK，记忆的闸门便会时时开启，想抹也抹不去，比如那栋已消失在杭州市城际线的，标志着浙江农行恢复启程的银行大楼。

　　这座大楼气势宏伟，地处当时杭州市最繁华的解放路官巷口，是一座1935年建造的老楼，由德国人设计，带有明显的西方现代主义金融建筑风格，地上建筑总面积2000多平方米，时称浙江建业银行。

　　大楼占地600多平方米，地上三层，地下一层，进口钢骨水泥，大楼立面的下方为高达2米的亚光花岗岩，每块约60厘米宽90厘米长，浮凸而线条流畅。正立面北门是四大开间通体立地大玻璃木框门，镶嵌精致，北门永远关着，西门进出。外立面门楣上方横嵌亮闪闪的黄金装饰条。门外是宽宽的石头台阶，两边是一对高大的石狮子，一公一母，活灵活现。

　　大楼内每层铜饰大窗，进口拼花玻璃，一楼大厅地面是进口拼花地砖，楼梯设计别致，铜质扶手弧度流畅华美，卫生间和厅房有暖气片。据说蒋介石夫人宋美龄曾在三楼西面的房间住过，远眺可以隐约看见美丽的西湖。

　　大楼四周空旷，有矮墙和铁栅栏与人行道隔离，鹤立鸡群，气质突兀，是20世纪70年代末杭州市一座地标性建筑。大楼后面还有很多洋房、灯光球场、大会堂及葡萄园，这是省财政厅和省人民银行交错办公的大院。省人民银行在大楼里，信贷处、储蓄处、印刷品间等在后面的洋房里与省财政厅各处室交错办公，同一个西北大门进出。马路对面巷子里有省人民银行的工具厂、人保、食堂等。

"文革"时，省人民银行和省财政厅在这院里合署办公，挂牌浙江省财政金融局。由于全省的银行国库在大楼的地下层，所以当时解放军杭州警备区的一个班驻扎在院里看守，全省各地的银行头寸由军车军人押运，大门口有军人站岗。

"文革"时期，没有其他商业银行，只有人民银行。那时，是大财政小银行，基本上属于财政指哪儿银行贷哪儿，银行像个出纳，免息低息贷款很多。计划经济时代，首选的是社会效益。

"文革"结束后到了1979年，省人民银行、省财政厅分别挂牌各司其职，省农行恢复，省中行、省人保开始分设，省建行还只是省财政厅的拨款处，记得有个小房间设了柜台，两个女同志在办公，时不时递给人支票。工行还没完全分设，像是一个业务和人员分了，混合办公"逐鹿中原"的状况。

1979年的秋天，杭州市政府开始统一招工考试，这是"文革"后首次大批录用年轻人，用于恢复经济建设。经过考试和政审，统一由省人民银行出面发录用通知，集中培训后，再分配到具体哪个银行。工作一段时间，有干部指标下来，转为干部身份。

那时我20岁出头，经过考试和政审被录用了，省人民银行看在我农村当过中学语文老师、学过绘画、练过书法、招工考试成绩不错的情况，把我暂时安排在省人民银行人事处搞宣传。当时我既高兴又认真，根据要求，把宣传板放在乒乓球台上又画又写，然后挂到大楼边围墙上的宣传橱窗里。他们对我的工作很满意，人事处全处开会学习都把我叫上，有时还讨论机构设置和干部安排事情。当时省分行都没设科，也没独立的处长办公室，大家都在同一个房间办公，很是亲切。

民国时期进银行，需要有人举荐担保。新中国成立后，省人民银行职员主要来源于旧社会银行留用人员、大学毕业生和转业军人，身份是国家干部。为了检验这次社会录用人员的综合素质，业务培训结束后，组织大家在大楼一楼省人民银行出纳处点钞。

我没参加业务培训,但还是参加了两个月的国库点钞。这项工作通常是省人民银行出纳处的日常工作,业务忙不过来时,周末晚上会让全行干部一起加班,将国库里全省收来的破币和旧币,百长一刀清点后,再用专门的纸条封捆好,敲上各自的图章,机具打孔,装入麻袋扎好,确定时间,由军人押送去造纸厂粉碎打浆。

那时最大的面值是十元钞。为防清点时有人作弊,会临时抽查。出纳处在大楼一楼东部,隔着走廊对面有库房电梯直通地下金库,电梯另一头有个门,对接军车驳钱用。进出库时,荷枪实弹的军人会站在边上。

两个月后,有两个人未被最终录取。原来他们自作聪明,点钞作弊,一个将钱藏在桌子缝隙里,下班没人后去拿。另一个直接将钱放入衣袋。虽然那时没有电子监控,但出纳处的干部火眼金睛,检查手段还是很有效的。

银行大楼的一层约600平方米,东西向走廊,北边是通透的办公大厅,有省中行、省人民银行会计处、出纳处等一起办公,很是热闹。在阳光明媚的早晨,一缕缕光线透过大楼东窗的玻璃斜照在大厅里,勾勒出人和物的轮廓美极了,有一种生气勃勃的景象。走廊南边是几个行长的办公室,时任省人民银行行长陈国强、省农行行长秦尧及后来的省工行行长陈颖光,还有省中行行长等都在那里办公。大楼二楼是省人民银行机要秘书室、金融研究室、档案室等。三楼一圈从东南到西北,是人行人事处、农行人事处、农行农金处、省人民银行计划处,中间本来是个很大的露台,这里曾每周放电视,据说是杭州城里省级机关少有的几台大彩电之一。

后来这露台与大楼齐平搭上临时顶棚,分割成几个房间,省农行计划处、企业信贷处、信用合作处等都在这里办公,与大楼一楼不同的是层高不够,夏天没有一楼凉快,因为上面是通的,隔音效果差,有时像个市场,那时还没有空调,夏天很热。三楼还有图书室和乒乓桌。

点钞结束后,我被分在省农行人事处。那时看财务数据,全省农行所有者权益只有6亿元人民币,省农行机关不到100人。除了管理庞大的农行省、市、县、区等机构外,还要分管全省大约3000个农村信用社。

那时银行之间分分设设,但工会活动、业务技术比武、美工培训、书法比赛,还有乒乓球、羽毛球、篮球比赛等都在一起搞的,有时省财政厅的同志也会参加,还统一组队参加省级机关的各种赛事。赛况和成绩会在大楼边围墙上的宣传橱窗里展示出来，氛围融洽。

随着我国经济金融的发展，省财政厅、省工行、省中行、省人保、省农行信合处等都相继分设出去办公后，上面有人做了决定，拆掉这座银行大楼和后面的一切建筑，新起一座更大更高的楼，造好后中间隔开，一半给省人民银行，另一半给省农行办公。

看着新大楼的设计图纸，我一点儿都高兴不起来，除了面积和电梯，这新楼怎能和老大楼相比呢？建筑是凝固的音乐，综合了很多元素和律动美学。

"阳春布德泽，万物生光辉。"这座大楼消失了，它存在世上大约只有五十年，由于坚固，被一群农村来的汉子一锤一锤，拆得很久很久，七零八落的，最后被推平了，但它那恢宏优雅的形象却在我脑际明亮地伫立着，常常挥之不去。

业务发展，楼宇变迁。如今浙江农行，业务经营名列前茅，在钱江新城那高耸入云崭新的办公楼里，有多少年轻的面孔。然而有多少人知道，官巷口那座消失的大楼，是农行浙江分行恢复发展的起点呢。

城市有城市的气质，大楼有大楼的风格。那座消失的大楼曾是我农行梦开始的地方，是我永恒的记忆。

作者单位：浙江省分行

岁月不老

陈志明

1939年我出生在青田县腊口镇大坑下寮村的一个穷山沟里。

儿时生活在山区艰苦的环境中，从小热爱劳动、热爱学习、不怕困难。靠着父亲砍柴、母亲打草鞋卖钱供我上学读书，1954年在坑口小学毕业考入青田中学，1957年初中毕业以优良成绩考入丽水中学，1960年高中毕业后以优良成绩考入杭州大学（现浙江大学）政治系学习。1963年7月大学毕业，组织安排我到省财贸干校接受了四个月的经济专业知识培训后，正逢全国开展社会主义教育运动，我被派到萧山县农村搞社会主义教育活动，在基层接受贫下中农再教育，和农民同吃、同住、同劳动，参加生产队"四清"，开展社会主义教育运动。一年的基层锻炼，生活虽然很艰苦，但山沟沟出来的穷孩子有着吃苦耐劳、顽强拼搏的意志，我顺利地经受住考验，完成了上级布置的各项任务，社教工作结束时被工作队评为"五好队员"。难忘的实践为自己踏上人生新的征途积累了宝贵的精神财富。

1964年9月，我被分配到人民银行青田县支行工作。1964年至1979年十几年的时间里，我先后做过出纳、会计、农金员等基层一线工作，熟练掌握银行的基本业务。由于工作认真负责，1977年被县委提拔为农金股副股长，1979年为农金股股长。同年中国农业银行恢复设立，我调到青田县农行任农金股长，从此开始了长达二十多年的农行工作历程。

农行工作坚持"农"字当头，面向农业、农村、农民。为了帮助农民脱贫致富，改变农村落后面貌，身为农金股长，我经常下乡调查研究，与农民一起探索农村发展新途径。我认为，单一的传统种田农业无法致富，农村必须在党的十一届三中全会路线指引下，改革开放，走农工商相结合的路子，大力发展多种经营，才能搞活经济。1980年上半年我到城镇九队蹲点，以信贷支持等多种形式，帮助九队在溪滩种植蚕桑94亩、山地种植柑橘15亩，鼓励农户养长毛兔、开发池塘养鱼、办起消防带厂等多种产业。三年里该队从人均年产值33元提升到5000元，农民生活得到较大改善。1981年我被省分行任命为农行青田县支行副行长。1982年又到船寮黄言大队蹲点，经过半年时间的努力，帮助这个大队种植桑叶3000亩，发展养蚕生产，短短的两年时间，该队年人均产值从3000元快速增长到10000元。青田县支行的帮扶工作得到丽水地委的通报表扬，地委组织九个县的分管农业领导前来参观取经。1983年3月，我被评为全国农金系统首批经济师，受组织培养赴省农行挂职锻炼和选送进人民银行总行干校培训，培训结业考试门门功课优秀。1984年2月，我被省分行任命为农行青田县支行行长。不久，我行被省分行确定为清收和落实旧欠贷款试点行。

我亲自带工作队到舒桥乡信用社蹲点调查、总结经验，指导全县7个营业所、55个信用社挨家逐户处理分田、分地、分山后的前期贷款偿还问题。那一年我在农村待了299天，通过对生产队和农户深入细致的工作，全县90%以上的旧农贷得到清收和落实，取得了较好的效果，成为全省农行试点先进单位。我在全省行长会议上做了发言，把经验推广到全省。

1985年8月，我被提拔为农行丽水地区中心支行党组书记、行长，这是组织对自己的信任，新的担子责任更加重大，任务更加艰巨。多年来，我尽职尽力带领地区农行领导班子认真贯彻执行党的各项方针政策，遵循市场经济发展规律和要求，积极开拓各项业务，不断改善服务，加强内部管理，取得了良好的经营效益。1986年根据丽水地委积极支持发展农村经济的要求，我带领信贷、信用合作等部门负责人去庆元县荷地山区调查研究，看到当地农户有种植香菇的经验，高山的香菇质量好、品味好，可以大力推广发展，就制定了办法，对有技术、有劳力、有一定自有资金、有自有基地、能参加保险的农户发放香菇贷款，贷款比例可达自有资金的三分之二。

办法一公布，当地农户纷纷响应，积极性很高。农行营业所、信用社当年向当地农户发放贷款399万元，第二年发展香菇生产在全县铺开，累计发放贷款 9000 多万元，农行还专项贷款 200 万元支持庆元县香菇市场建设。之后香菇贷款不断递增，产量连续翻番，庆元成为全国闻名的香菇大县。1985 年 12 月，时任宁波市农行行长蒋志华同志跟随宁波市政府代表团到丽水考察。我们相互约定，开展地区间横向经济联合。1986 年，我主动带领九个县支行行长和信贷部门负责人去宁波地区考察，帮助企业成功引进 16 个项目，受到当地政府的表彰。我行还根据丽水山区实际，积极支持小水电建设和发展乡镇工业，促进我区小水电建设一直走在全省前列，为缓和电力供应紧张，支持工农业生产作出了积极贡献。

1993 年我区农金系统出了一个英雄人物。这年 12 月 22 日，云和县局村信用社发生一起歹徒夜间入室抢劫金库案件，值班会计刘玲英同志为保护国家财产，奋不顾身与歹徒英勇搏斗，誓不交出金库钥匙，被歹徒连戳 31 刀身负重伤，右眼失明。事发后，我连夜赶往医院看望正在抢救的刘玲英同志，同时布置人员做好医院和信用社的保卫工作，防止再次被袭，歹徒抓获后很快被依法处决。刘玲英事件第二天，地区农行党组研究决定，给刘玲英同志晋升 3 级工资，全区农行开展向刘玲英同志学习活动。

同时立即向地委和省分行主要领导汇报刘玲英的英雄事迹，得到了地委和省分行的高度重视，丽水地委、行署很快向全市发出向刘玲英同志学习的通知，省分行、农总行也向全省、全国农金系统发出了向刘玲英同志学习的通知，省委宣传部参与编辑画刊"刘玲英"，省委书记李泽民同志代表省委给刘玲英同志颁发了"敬业奉献、无私无畏"的匾额，刘玲英被农总行授予全国农村金融卫士称号、被全国妇联授予全国三八红旗手、被全总授予全国优秀女职工称号、颁发五一劳动勋章、被团中央授予全国优秀青年称号。她的英雄事迹还被省话剧团编成话剧，在全省各地演出。在上级行和各级党委关怀下，刘玲英同志加入了中国共产党，被破格调入市农行工会工作，1997 年还光荣地被选为党的十五大代表。长期以来，我行坚持思想政治工作领先，坚持"两手抓、两手都要硬"，为能培养出这样一位女英雄而感到自豪。

为了不断开拓农行和信用社业务，我经常对这两块业务经营情况进行分析思考，利用休息时间写了许多探讨文章，其中《贫困地区农村信用社亏损原因与扭亏对策的研究》《谈谈农业银行企业化》《维护乡镇企业贷款安全性的设想》《为企业横向联合牵线搭桥、促进山区经济振兴》等论文发表在

《丽水社科联学报》《丽水日报》《浙江农村金融研究》《宁波日报》《浙江日报》和《中国金融文库》《中国特色社会主义金融文库》等报纸杂志上。文章发表后引起总行领导的重视。1986年5月，韩雷行长带领总行有关部门负责同志到丽水调研发达与欠发达地区横向经济联合课题，赞扬农行有超前意识，工作做得不错。1987年7月，马永伟行长又亲自带领总行工作组来丽水调研信用社扭亏增盈情况，现场听取我的汇报后，立即给出政策，帮助农村信用社解决了招工等有关难题。长期以来在领导岗位上，我牢记党的教导，严守党的纪律，无论在人事安排、项目审批上，还是在农行大楼基建工程中、在内部分房上，我都能正确对待、一心为公、不谋私利、先人后己，做到两袖清风、廉洁奉公。由于工作努力、业绩突出，1987年我被评为农行第一批高级经济师。1995年6月30日又被农总行聘任为中国农业银行经济师系列高级专业技术职务评审委员会委员。这是我一生最高的成就和荣誉。

2000年3月，我退休回到家乡青田县腊口镇大坑下寮村，发现老家依然十分贫困、路不通、电不通、没电话、没电视、未接自来水，就主动到腊口镇政府反映问题，了解存在的困难，镇长请我带个头搞家乡建设。我欣然接受委托，开始四处奔波，集资20万元，担任起筑路队长，发动全村农户在短短的8个月内修建了一条8华里的简易公路和5座小桥梁。2005年我又联系有关部门，争取到大坑行政村为青田县康庄工程试点村，到位资金97万元，让村里都铺上了水泥路，实现了邓小平同志所说"要致富先通路"的愿望。交通条件改善了，资源一流通，老百姓的生活就好起来了。如今村里通了电，安装了有线电视和自来水。村里的百姓为了表彰我的热心工作，在村口"致富桥"上特意为我立了一块功德碑。为村里的乡亲们办事，我心里感到无比快乐。

2000年12月，我被市人行、银监局聘请担任市银行业协会秘书长，我义不容辞接受了这个任务，愿意为金融业发挥自己的余热。任职期间不怕苦和累，长年奔波在各家银行网点调查研究、收集资料、反馈信息，主持制定了协会章程和各项规章制度，组织开展优良服务评比活动。2008年我负责整理了银行业先进人物的优秀事迹，组织演讲团赴九县（市）向广大银行员工巡回演讲，促进银行业树立良好的信誉，提供更好的服务，推动丽水经济发展。身为银行人，我有一颗强烈的事业心和责任感，在银行业协会工作11

年，我的目标就是一定要把金融行业工作做得更好。2006年市银行业协会被评为"丽水市先进民间组织"，2010年又荣获丽水市民政局最高荣誉——5A级协会。

2000年3月退休时，我被推选为市金融系统老年体育协会副主席，2002年农行单独成立协会至今，我连续四届被选为市分行老年体育协会主席（2010年前是兼任）。身为农行退休干部，我乐意为大家服务。我的新目标就是要办好老年体协，丰富我行离退休干部生活，增进老同志身体健康。18年来，在市分行历届党委、行长的重视和关心下，在人事、办公室、工会、财务等有关部门大力支持下，我带领体协班子成员勤恳做事，无私奉献，积极做好老干部工作。根据大家的爱好，制定了深受老同志欢迎的五项活动制度。每月初逢星期三组织政治学习和健康知识讲座；每月20日开展座谈交流和文体活动；每年组织一次去下属县（市）营业机构参观考察；每年重阳节请行领导和大家共庆节日；每年秋季举办一次趣味运动会；每年12月下旬（新年前夕）举行一次老干部及家属共同参加的座谈会，行领导和有关部门负责同志来看望大家，向老同志们通报全行业务经营情况和有关工作，听取大家对老干部工作的意见和建议。离退休干部队伍逐年扩大，至今已达120人。大家的年龄层次不同，要做到人人满意确实不容易，但五项活动制度都紧紧系住了大家的心弦，把大家团结在一块。2018年8月在行领导的关心和人事等有关部门支持下，市分行专门为我们建立了"离退休干部活动中心"，中心设有电脑学习室、乒乓球厅、棋类活动室、阅览室、党员活动室，每周定时开放，供老同志学习和参加文体活动。

2018年9月根据行老年体协的建议，市分行在全市农行范围内开展离退休干部摄影、书法、征文活动，老同志们都积极响应和参加。我们一心一意做好老干部的服务工作，赢得了大家的一致好评和上级的赞誉。2010年我被市老年体协评为"先进工作开拓者"，荣获"开拓者"奖杯。2006年、2015年、2016年在市老年体协仅开展的三次先进集体评比中，我行老年体协都被评为先进单位，其中2016年对41个直属单位老年体协考核，我行老年体协获总分第一名。继2016年11月我们组织的"佳木斯健身操"代表队获全市展示表演优秀组织奖，2017年10月我行老年体协代表队舞蹈"我和我的祖国"又获全市体育特色项目表演优胜奖。2017年12月我组织离退休党员干部参加中央国家机关工委等四部门组织的党的十九大精神知识竞赛活动中荣获优秀组织奖,其中雷献玉同志获优秀个人奖,为农行争得了荣誉。老年体协工作的成绩,鼓舞了我们每一位老同志更加热爱党、热爱农行。

2008年8月,浙江大学校友总会丽水"绿谷寻脉"小分队来丽水地区采访了5位校友,我是其中之一。40多年来,母校还记得我们这批老校友,心里感到十分激动。采访结束时,小分队以"责任心与事业心是成就一切的根本"为题,为我写了专题报道,刊登在浙大校友资料汇编里。报道介绍了我的生平、银行工作经历,赞扬我有责任心和事业心,工作兢兢业业,永争先进,退休后仍不服老,继续活跃在金融界,为社会、为人民作出自己的贡献。感谢浙江大学给我的荣誉和鼓励。我感到自己所做的一切都是应该的,都是为人民服务,是一个共产党员和老干部应有的担当。现在我已是一个78岁的老人,最近几年还因病多次住院做手术。2014年小肠气手术,2015年心脏搭桥放入支架,2016年又患肺磷癌施行部分切除。但是我对人生始终持积极向上的乐观态度,手术后坚持锻炼不放松,经常打太极拳、打乒乓球、爬山、走路、种花、种菜,身体恢复较快,战胜了一个又一个病魔。

岁月不老。我觉得自己还年轻,在党的十九大精神指引下,我要活到老、学到老、做到老,继续为党和人民的事业,做好自己力所能及的工作,继续为我行老同志做好服务工作,生命不息,奋斗不止。

特写此文,回顾自己的人生经历,与老同志们共勉。

作者单位:浙江省丽水市分行

一个美丽的故事

孙成聚

20世纪80年代初,我带着梦想从城市来到农业银行基层单位——潘集营业所工作。

当年我来到这里工作的情景是:办公地方是一大间40平方米、内阁三小间、一半砖墙一半土坯墙、上面是一半青瓦一半茅草的房子,就是这间房子里还设有金库,里面有两个保险柜。现在看起来很简陋,那个时候可以讲方圆几十里难找,老百姓一看就知道不是政府就是"好单位"盖的。

幸正标是营业所主任,文化程度不高,但平易近人,关爱员工,正直厚道。他脸庞胡须较多,那时四十多岁的他,看上去有六十岁。他经常告诉我们,要努力工作、安心工作、团结同志,与农民兄弟搞好关系。幸主任憨厚的脸,给我留下美好记忆。

我到营业所工作的第一个冬天突然降温,没带棉衣棉鞋,冻得我浑身上下"拔凉拔凉的",幸主任告诉我:"寒气从底下来,到集上买一双'麻窝子'鞋穿上就不冷了"。中午,我和同事到集上看到各种不同样式的"麻窝子",有稻草编织的,有麻皮编织的,有高帮子的,有低帮子的,我当时花贰元钱买了一双相对"高档"的麻皮编织的麻窝子鞋,里面塞了一些棉絮,穿上后感到很是新鲜、时尚,还真的不冻脚,浑身不冷了。

平日里,幸主任有空闲时间就教我们记账、点钞等简单的业务知识,早上上班他第一个来到营业所打扫卫生,晚上就睡在库房。那个时候,农行是蛮吃香的、挺"牛"的,公社干部、村干部经常找幸主任贷款,每一笔贷款他都认真调查，写出可行性报告；对待农户贷款，他都跑到农户家搞调查，从不搞关系贷、人情贷，不谋私利。有时候客户拿到贷款后，朴实憨厚的农户感到过意不去似的，死活要在集上请客吃饭，遇到这样的事，幸主任总是婉言谢绝。我清楚地记得一次春节前，公社会计员给我们营业所的5位人员各送一把长把黑布伞，说是为他们服务一年了，表示感谢和慰问。幸主任坚决不收，叫我们送回去，他们又送过来，折腾几个来回，最后还是拒收了。

过了一段时间，我写了一篇800字的小通信《风清气正　人生坐标——记市农行潘集营业所主任幸正标同志清正廉洁二三事》的稿件，贴上4分钱的邮票寄到《淮南报》（《淮南日报》前身）报社编辑部，不知是通讯的标题好，还是文章的立意高，很快就发表出来了，还加有《按语》。

稿件发表后，引起很大反响。市农行的领导看到了报纸找到我，看望了幸正标主任，并给予高度评价和鼓励，要求对幸正标主任的先进事迹再采访、挖掘、拔高。随后我又认真了解、观察、发现、充实，市农行监察室又将稿件投到淮南市纪委的刊物《淮南纪检监察》上，淮南市纪委当年又编辑了《清正廉洁的好干部》一书，该书收集了30位全市各行各业为政清廉、为民服务的好干部，其中就有淮南市农业银行潘集营业所主任幸正标同志。

三十多年过去了，老主任幸正标也已70多岁。他的为人正直、傲然风气，一直为我们所敬仰，铭记在心。老主任的事，我们常挂在嘴边，讲给青年人听，我这样做也是一种传承农行精神吧！

在一个春风送暖的日子，我回到了久别已久的营业所，见到了我的老领导——幸主任，而那间老房子依然还在。我心潮澎湃，睁大双眼，觉得眼前一片模糊，一股温暖的泪水涌出了眼窝。"农行支持'三农'，服务'三农'是对的。"没想到幸主任第一句话是这样说的。多么淳朴、多么美丽的希望，将激励着我们踏实干好农行的事业，去做一个真正的农行人。

作者与幸正标主任的合影

作者单位：安徽省淮南市分行

客户的笑容

余 涛

　　小时候总是渴望长大，希望独立，向往自由，总想着时间过快点、再快点，现实也丝毫没有辜负我，一路快马加鞭地把我推向了工作岗位。没有一点防备，就这样我过上了期待已久的独立、自由的生活。然而，生活并没有想象的那么容易，职场也远不像课本传递给我们知识那样直来直去。于是，我慢慢学会了在生活中踽踽独行，在职场中摸爬滚打。

　　作为奋斗在一线的网点员工，每天面对的是形形色色的客户以及各种各样的业务。因此，基层网点是员工成长最快的地方，也正是在这里，我感受到了自己一点一滴的成长。其中有这样一件事，让我记忆犹新。

　　一位客户拿着存折来取钱，可是存折是他父亲的，且支控方式为本人凭证件支取。于是我就跟客户解释说，由于存折上写了要本人凭证件支取，所以必须由客户本人亲自支取，不能代理。客户有些急了，便说存折是他爸的，身份证、户口簿都带来了，怎么不能取，现在他爸正在住院，急需这笔钱做手术。

　　看到客户语气中充斥着不满，态度强硬，我就把他带到贵宾室，给他倒上一杯热水，安抚他的情绪，了解到客户本人病重且无清醒的意识，上门也无法办理。便向他解释，这是我们银行的规定，客户当初存这笔钱选择这样的支控方式，就是希望这笔钱不被他人取走，我们银行有责任和义务替客户保护好资产。客户继续说："你们银行是想吞了这笔钱吧，我爸存的钱我都不能取？那如果我爸死了，这个钱就送给你们银行了？"

　　听到这里我其实也有些生气了，但在极力控制住自己的情绪后，我将我行的规章制度中关于支取方式的说明打印出来拿给客户看,由于他要支取的金额也才1万多元,于是我建议他先到其他地方挪用一下,等他父亲手术结束、病好了,再来取这笔钱;并解释"万一令尊不幸去世了,您可以到公证处公证,由继承人共同支取这笔钱,我们银行绝不会觊觎客户的任何一笔私人财产。"客户听完还是很不满意,愤然离去。第二天,又有一名客户过来,这次是他的弟弟。这位客户的语气和态度倒是平和了很多,还主动为他哥哥之前的行为向我们道歉,并一再询问有没有什么办法通融一下,父亲正等着这个钱救命,并说父亲是个乡下人,当时存钱的时候肯定也是怕存折掉了被别人取走钱,才选这样的支控方式的。看他眼里泛着泪花,我心生怜悯,可奈何规定如此,我也无能为力。在那一刻,我甚至感觉有的规定似乎有点过于刚性、无法变通,太不近人情了。

看到客户离去时失落的背影,我陷入了沉思。

倘若真的是因为这笔钱,让客户没有渡过难关,那岂非应了古人的那句"我虽未杀伯仁,伯仁却因我而死"?身边的同事看出了我的心事,提醒道"我们农行的每一项规章制度,都是由血的教训演变而来的,在工作中我们不可以轻易地感情用事,否则是要吃大亏的。就现在而言,1万多元好像也不是很大的一笔钱,两个儿子正值盛年,不可能一点积蓄也没有吧,我不怀疑他们取这笔钱的用途,只是应该不至于因为这笔钱而绝望的地步。"事情就这样告一段落。几天后,那个弟弟又来银行,这次是办自己的业务,心情似乎也好了许多。交谈中得知他父亲还借了点钱给别人,他们将钱要了回来支付了手术费,父亲的病情也有所好转了。

这件事看似微不足道,却让我学到了不少东西。合规经营在任何时候都要摆在第一位。在平时的工作和生活中,能扰乱我们情绪的常常都是那些不经意的小细节,我们自己要先学会掌控自己的感情,才能免受外界干扰,而影响自己的判断。

基层的工作虽然很苦,但是苦中有乐、苦中有甜。看到客户办理完业务满意的笑容,就是我们工作中的乐;客户对我们工作的认可,微微地点头,就是我们工作中的甜。我会用最饱满的热情拥抱每一天的工作,让青春绽放,让梦想飞扬。

作者单位:江西省宜春市袁州支行

每个画面都楚楚动人

汪 扬

参加工作至今近 30 年,我一直坚守在农行的基层网点,日复一日,年复一年。我每天都要接触各行各业大大小小的老板,每天都要面对来自各方形形色色的百姓,每天都要宣讲国家的政策,推介农行的产品,攻坚克难,完成各项任务。

农行是企业,没有行政资源,指挥不了客户;农行不像其他的小型银行,没有那么多的营销礼品去招揽客户。身为农行人,我们只能用真诚去换取客户的真心,只能用服务去满足客户的需求。我们入乡随俗,用当地方言与他们聊天,融入生活地引导他们用好我行的产品,与农行同呼吸共受益。

俗话说:"十年的媳妇熬成婆,百年的狐狸变成精。"经过多年的历练,我拥有了一双火眼金睛。只要客户进门,让我扫上一眼,就可以判定客户属于哪种类型,适合我行的哪款产品。有了初步的判断,接下来,我就会有针对性地逢人便说三分话,快速与之融洽。这样就不显尴尬,在推介产品时便会顺畅,自然水到渠成。

记得有一次,有一位五十多岁的客户,来到我的柜台,要办理跨行转账汇款业务。我凭经验,判断他是个做生意的,于是问他"是做什么生意的?生意还好吧?"之类的话。他耐心解释说是做农药种子生意的,农忙时节的生意特别好,经常要给供货方转账汇款。我悉心倾听完他的陈述,趁机向他推荐了我行的手机银行。他以"年纪大了学不会,担心手机银行不安全"为由委婉推辞。这时,我微笑着跟他说:"根据联合国最新的标准,你还属于青年人，正是做生意赚大钱的黄金年龄，我行手机银行绝对安全，有双重密码，有24小时不间断客服，操作简便，并不难学，而且包教包会，学会了以后，随时转账，随时查询，无须求人，无须排队，更不需要任何的费用。无论在哪里，只要手机在，银行也就在，相当于把银行带在自己的身上，自己当行长，自己掌控资金的来龙去脉，这就是科技改变生活，造福我们每一个人……"

在通俗的言语之中，在真诚的服务之间，客户如沐春风，欣然地接受了我的建议。

半年之后，在一次散步途中，我们不期而遇。他不停地夸赞我们的手机银行如何如何好，并且在分别的时候嘱咐我，以后农行有什么好的产品，别忘了告诉他。

听到他的回馈和夸赞，我的内心很是自豪，自豪农行的产品得到了客户的认可，自豪我们的服务取得了客户的信任，乐得我禁不住唱起了《茉莉花》。

"好一朵美丽的茉莉花，芬芳四溢满枝丫，又香又甜人人夸……"

陶醉在自己的歌声中，尽情地享受着工作带给我的快乐。快乐之余，我又想起了一个更加幸福快乐的故事。

那是2013年，我行的磁条卡完成了历史使命将要退市，上级行要求我们只能发行IC智能芯片卡，而且要大力发行。

当时，我们这里有一个大型的陶瓷企业叫瑞源陶瓷，这个企业不仅规模大，而且效益好，是各家银行争抢的热门对象。该企业新增了一条生产线，新招收了几百名工人，正要为这些工人开卡发工资。

这笔"生意"很荣幸地被我们的毛行长抢到了，可是由于推行的太急，芯片开卡的模板还没来得及下发。他们的财务人员得知这一情况后，推辞说要去信用社开卡，下次再到我们这儿来。

在一线工作的同志都知道，下次的意思就是委婉地推辞。因为他们一旦去信用社开卡发工资，就会形成用卡习惯。再说，企业的财务人员也不会愿意这个银行发一点、那个银行发一点，这会增加他们的工作量，也不便于他们对账。所以，下次基本上就是没有下次，过了这个村就没有那个店。怎么办？世上无难事，就怕有心人。我们的批量开卡模板虽然没有来得及下发，但我们有一支特别能战斗、特别能吃苦、特别肯钻研的队伍。于是,我和同事开始了对批量开卡模板的深入钻研。经过反复地研究和讨论,我们发现:批量开卡的模板,并不像想象中的那么高深、那么复杂,无非就是一堆代码,每个代码对应着一些卡的种类、卡的功能、卡的地区分配和使用的范围等,只要把这些代码所对应的信息全部搞懂了,一切就会迎刃而解。经过反复修正与尝试,皇天不负有心人,我们成功地提前完成了发卡计划,通过举一反三,我们打通了批量开卡模板的"任督二脉",且无论何种卡种都能运用自如。

每次回味这段经历时,我的心底就会涌出一股甘泉,脑中浮现出一个个工作的场景,一幅幅奋斗的画面,每个场景都历历在目,每个画面都楚楚动人,那种幸福的滋味真是无以言表。

作者单位:江西省高安市支行

"知青点"培训记

赵立森

　　1980年3月的一天,我按下那台正在飞转的车床开关,告别了那家社办农修厂,穿一双山里人常穿的那种钉了后掌的旧胶鞋,踏着父亲的足迹,迈进了刚刚恢复设立几个月的中国农业银行诸城县支行的大门,成了该支行一名新的青年职工。其实,这个大门我并不陌生,小的时候跟父亲来过几次,那时是中国人民银行诸城县支行。

　　大门口坐南朝北,在一个不大的院落里面,有一栋县城里罕见的二层小楼,几排平房。报到之后才知道,就在这个小小的院子里,拥挤着中国人民银行诸城县支行、刚刚恢复设立的中国农业银行诸城县支行和中国人民保险公司诸城县支公司三个单位,食堂三家共用。

　　须臾,我们一群新报到的青年男女,被支行仅有的一辆130轻卡拉到了吕标公社邱家七吉村———个灶台尚有余热的,另一群青年男女刚刚回城后所留下的"知青点"。这时,我们国家刚刚开始进行改革开放,一切成效尚在孕育之中,生产资料还不充足。我们行长在现有条件上积极想办法。他拎一块木牌牌挂在"知青点"的大门口,没动一砖一瓦,这儿就成了支行的新干部培训学校。

　　这是个约有六七亩地的方形院落,四周圈了两米多高的围墙,南面正中是大门口,装有铁栅栏门。冲着门口进去,中间是南北通道,两侧各有三排平房,前面右侧一排,是校长和教师办公室兼宿舍,左侧一排一半是教室,另一半是食堂。这教室,无论怎样讲也不能算作教室,它就是三间空房子,没有课桌、没有凳子，不知道是谁找块木板拿墨汁染黑了，挂在墙上算是黑板。

那么，在这样一个教室里怎样上课呢？正所谓天无绝人之路，这或许也是行长的智慧：上课前，我们每人领到一个马扎子，大家按照身高编排就座，前矮后高，整整齐齐坐好了，双腿并拢，笔记本放在腿上，用自己的膝盖当课桌。哎！真是一个绝妙的金点子。

时值清明刚过，乍暖还寒。偶遇风和日丽时，我们也将课堂移到室外，马扎子支在略带绿意的草地上，享受大气中荡漾着万物逢春、新生命喷薄欲吐的醉人的芬芳。举目远眺，隐约可见庙山南屏；侧耳西听，仿佛能闻到涓河中叮咚叮咚的流水声。在蒙蒙春意的烘焙中，教与学的心灵彩波仿佛更能够融会贯通，学问伴着鸟语，被微风轻轻吹拂着，犹如涓涓细流滋润心田，竟然别有韵味。学校的课程表大约每月一次编排，内容大致有政治经济学、银行的性质、银行业务、货币信用之类。

对于我们来说，这些课程都是全新的，所以学起来如饥似渴。我父亲是新中国成立前参加工作的"老银行"，因家庭的熏陶，耳濡目染，我对银行的了解自然就多一些，学习成绩也比较好。学校每个星期安排两三节娱乐课，学校里啥也没有，怎样上？无非学员们轮流唱歌、讲故事、逗乐子，活跃一下气氛罢了。

有一次，大家嚷嚷让我唱一个。我心想，咱正有一支拿手的歌等着呢，这可是我在公社歌咏比赛中获了奖的。一首《乌苏里船歌》唱完后，大家齐声喝彩，胶州籍的小张说，小赵入错门了，应该去剧团里唱戏呀，我便怡然自得起来。

校长和常驻的两名老师除了教授自己的课程之外，主要是负责学校的日常管理工作，其余多数课程是由支行行长、副行长及各股股长轮流授课。

光阴荏苒，三个月的培训转眼结束。结业典礼之后，随即进行工作分配，我、小王、小李，算是其中的佼佼者，被分配在县支行，其余全部分到了各乡镇营业所，我被分到支行农金股。大家相互道别后，各奔自己的工作岗位，马扎子交回学校，留给下一期学员。

在岗三十多年中，我参加的省行、市分行、支行举办的各类业务培训班共五次，唯有这次是那么刻骨铭心。这并不是因为新入行看哪儿都是耳目一新，见到世面了；不是因为老师教学水平非常高，学到太多知识了；也不是因为领导体贴入微，关怀备至，使我感到温暖如家的缘故。只是当时学校的教学条件实在不堪回首，现在回忆起来还是那么心酸，只想落泪。然而，条件差并没有妨碍我们学习，大家照样以优异的成绩向支行交了合格的答卷，几年以后，很多学员都成了支行的栋梁。

1987年，诸城撤县建市；20世纪90年代初进行商业化改革；到四十年后的今天，中国农业银行诸城市支行已是沧桑巨变，赖以发展的内外部环境发生了质的变化。但我还想，前后如果能有两张照片放在一起，我们这些亲历的农行人看后会有何感想？让我说就一句话，是非成败，一切都不需要理由，"信念"二字就是一切的理由。

作者单位：山东省诸城市支行

撮合叔嫂成婚记

杨志山

农业银行恢复设立40年来,在党和国家的大力扶持下,在改革开放大潮的推动下,在农行人栉风沐雨、积极耕耘下,发展速度很快,成绩喜人。我作为一名农行基层的退休人员,感到骄傲和自豪。

农行刚恢复设立时,办公条件很差,设备简陋、技术落后、手工点钞、手工记账、手写存单、用算盘计息算账、农贷员背包下乡,这些依然历历在目。那时虽很艰苦,但职工们从不计较个人得失,工作认真负责,热心为群众服务,得到了社会的承认和好评。

回首自己在农行工作的日子,令人难以忘怀。岁月不饶人,伴随着年龄的增长,许多事情已不够清晰,但亲手办理的几件事情仍记忆犹新。今天我给大家讲一个真实故事。

说的是陈庄镇前郭村有个养殖大户叫黄桂春,因扩大生产规模,我先后为他贷款8500元,解决了他的燃眉之急。

天有不测风云,人有旦夕祸福。1988年5月的一天,他去外地购买鱼苗,途中发生车祸不幸身亡,撇下了妻子和未满10岁的儿子。塌天大祸的降临,失去亲人的痛苦,贷款的沉重包袱,为原本幸福的家庭,从此蒙上阴影、失去了欢乐。

得知这个消息后,我主动去看望安慰,鼓励黄桂春的妻子,为了年幼的孩子要坚强地生活下去。

同时,眼看自己亲手发放的贷款要形成风险,我心里非常着急。因在那个艰苦的年代里,近万元的贷款,对一个普通的农村家庭来讲是一个天大的数字,这笔贷款究竟怎么收?这件事,折磨得我吃不下、睡不着。

有一天,我到了前郭村,偶然遇到了黄桂春的弟弟黄桂秋。在交谈中说到他哥哥的遭遇,也谈到了他的家庭情况。其实,他的日子也不好过,妻子在1986年因故服毒而亡,撇下了不满三个月的孩子,因家庭生活困难,只好寄托姐姐带养。他面带愁容,辛酸和愧疚挂在他沧桑的脸上,使人感到可怜和同情。说者无心,听者有意。在回家的路上,我联想起他嫂子的处境,便产生了让他们"两家合为一家"的想法。

我想,这个事情要办成难度很大,需要一个好心人相助。我想起同住一村的黄桂春的姐姐黄桂英是个热心人,她对娘家的事也非常关心,平常和她的两个弟弟的关系也很好。想到这些,我先把我的想法告诉了黄桂英,她面对娘家两个弟弟的实际情况,很同意我的想法,并表示积极做好需要做的事,并提出把他俩叫到我这里,做做思想工作。说干就干,宜速不宜迟,我们把他俩叫到一块后,我便很自信地谈了我的想法,结果遭到了他俩的拒绝:"嫂子小叔结婚不让人家笑话吗?⋯⋯"

看来,他们受陈旧的传统观念影响很深,要想解决思想认识问题,需要做很多的思想工作。当这个消息传开以后,风言风语,说啥的都有,有的老朋友劝我"甭管这些闲事,免得管闲事、落闲非",也有老同志对我讲"《论语》说'君子成人之美',我看能办,尽量帮助办成。"

面对复杂的问题,我自己也曾有过思想斗争,但我没有退缩。我利用业余时间,先做当事人的工作,登门做有关亲属的思想工作,大讲旧思想观念的害处和两家合一家的好处。经过艰苦细致的思想工作,他俩的思想有了新的转变;亲友们也认为,根据两个家庭的实际问题,两家合一家是最好的选择。

亲友们表示,为了帮孩子们摆脱世俗的压力,过上平平安安的日子,同意这桩婚事。在亲友们的见证下,两人成为合法的夫妻,从此两个不幸的家庭走在了一起,成了一个完整的家庭,开始了新的生活。

事后,黄桂英准备了一桌饭,来庆祝新家庭的组合,感谢有关人员的帮助和支持,把我当成重点邀请对象,新组合的小两口见我的到来非常激动:"我们能走到今天,多亏杨主任跑前跑后地做工作,才使两个破碎的家庭有了新的希望，我们以前的不足之处，特别是那些过激的话，请您多加原谅。我俩商量好了，原来欠下的贷款我们还了。"

"你们俩顶着社会的压力走在一起，使老人孩子都能照顾。关于还贷款的事，我为你们讲诚信而高兴，我代表农行的全体同志表示感谢，以后生产生活有资金困难，我们会尽量帮助。"

"杨主任，虽然孩子他爸走了，但我们忘不了银行多年来对我们的支持，才有了前几年红红火火的好日子，我们绝不忘农行的恩情。"

嫂子小叔结婚这件事，当时在村里传为佳话。"杨主任不简单，不怕麻烦牵红线，当红娘配姻缘，叔嫂结合人人赞，老人有人养，孩子有人管，债务得落实，贷款无风险"。

我个人的体会是：跑直了腿、磨破了嘴、多费脑子、多受了累，撮合叔嫂成婚配，农行贷款巧收回。

事情已经过去30多年了，但一代代农行人在抓好经营管理的同时，服务客户、服务社会的担当永不停步，在"立四气，争第一"农行精神的激励下，处处展示大行担当的风采。今年恰逢农业银行恢复成立40周年，40年的风雨历程，曲折艰辛，见证了农行快速发展的征程与变化。

作者单位：山东省利津县支行

对过儿

金 穗

时光如梭，往事如烟。

与我家隔街而立的那栋 11 层银色农行大楼依然巍峨挺拔，工作日营业楼前依然车水马龙，昔日曾并肩奋斗的同事们依然忙如蜂飞蚁走，而自己已转身路人，仿佛那段曾与农行荣辱与共三十六载的历史并没有发生过什么，又仿佛自己依然置身农行温暖的怀抱，未曾与之须臾分离。

从家到单位，一段路不过百米，走完它，我却耗尽了整整一个青春的长度。

三十六个春夏秋冬，三十六番寒来暑往，便是自己此生农行职业生涯的全部。其间，自己看到在党的领导下，中国经济社会发生的巨大变化，更亲身感受到了农行在一次次改革蜕变中，化蛹成蝶，日益壮大。

三十六年心路历程，三十六载花开花落，一路走来，有党徽的照耀，有农行的关爱，有拼搏的汗水。其间，在农行"大家"的庇荫下，我的"小家"也活色生香，有滋有味。

我的家是一个三代同堂的"党员之家"。父母妻子包括我自己都是光荣的中共党员。

我 1983 年自银行学校毕业到一个僻远的农行乡镇办事处干出纳员，当时母亲在农村务农，父亲担任一个县直企业的党委书记，每月一次的探亲，听到最多的话题是父亲的党课和母亲的廉洁教育。在父母的感召下，我 1990 年入党，每次回家，都有开了一次党支部组织生活会的感觉。潜移默化中，我对党的感情日渐深厚，每逢有人诋毁共产党，我总会站出来竭力为党正名，用铁的事实维护党的形象。

我的家是一个爱意融融的温馨港湾。在我的家里，最小和最大的家庭成员，年龄相差55岁，性格、文化和志趣各异，但却能和谐相处。每个家庭成员都尊老爱幼，相互体谅与尊重。

人言婆媳自古是冤家。在我的家里，母亲和妻子情如母女，她们总是不遗余力地支持我的工作。妻子作为一个拥有近400名孩子的大型幼儿园园长，工作千头万绪，工作日难以顾家，母亲总是拖着病痛的腰腿和妻子抢着做饭，变着花样为年轻人改善生活。妻子经常晚上做家务到深夜，周末挤出时间陪两位老人散步，并经常送给父母一点儿惊喜。妻子的多数单位同事和母亲的许多老姊妹都成了我的忠诚客户。

在农行工作三十多年，我先后担任会计员、客户经理、营业所主任。在我工作的每一个时期，我总是竭诚尽力去做。

1996年，我奉命去一个偏远的乡镇担任营业所主任。那是一个全县出了名的穷地方，地处盐碱涝洼，几年时间营业所存款余额在200万元左右"逛游"。我到任后，每天骑着自己那辆长春铃木摩托车，奔波于全乡36个村庄，穿梭于村内的土街陋巷。短短半年时间，我与本乡近百个种养殖专业户成了可以交心的朋友。当年年末，各项存款余额达到了600多万元，当年被县行授予先进个人，我负责的营业部被评为先进集体。

2004年，我调整到县行个人业务部担任客户经理。那年上级行号召发展汽车消费贷款。而本县没有汽车经销商，只有经济实力较弱的代理商，农行只能先放款、后提车。而在挂牌之前，保险中的盗抢险是不生效的，为防止发生贷款风险，我只有与客户一块携款提车，于是有了许多出差的机会。我负责的业务多为重型货车，当时我国重型货车产地主要在济南、青岛、西安等城市，经常需要出差。这些贷款客户80%以上为农民，长期的长途跑车生活，练就了他们超常的对于困乏和饥饿的忍受能力。他们有时为了赶时间，常常日夜兼程，披星戴月，连续开车十几个小时不吃不喝，因此，他们给自己起了个外号，叫作"车鬼子"，虽有些自嘲的味道儿，却也十分贴切、形象。过惯了规律生活的我，刚开始实在是有些吃不消，过了很长一段时间才逐渐适应。

最难熬的是晚上坐车赶路，白天好一点儿，可以看看书，或者眺望一下窗外的异地风物，到了凌晨1点以后，困得要命，却难以入睡，真是分分秒秒，时光难挨。记得一次去青岛出差，当时正值旅游旺季，晚上10点多钟，从平原上火车后，在车上密集的人群中和污浊的空气里一直站到淄博，当时真是又累又困，累得两腿酸痛，困得眼皮打架。于是，我干脆在车厢的走道上，铺了半张报纸睡了两个多小时，一觉醒来，那感觉真是好极了。虽然自己吃了些苦头，但看到客户因为农行的支持走上致富路，心里觉得踏实了许多。

我累计调查发放的3000多万元汽车消费贷款，没有一笔形成不良，受到了领导和同事们的称赞。

36年对一个人具有怎样的意义，人生能有几个36年。我在自己人生最美好的年华里遇见了农行，我诚感三生有幸。

正像我在一首诗中写的：水给了鱼儿生命，鱼最终还给了水；春风给了小草一生荣华，小草借秋风的手，给了寒冬。在到龄退休一周年之际，我想说，党和农行给了我优裕的生活和充实的精神世界，我把自己滚烫的青春奉献给她，这是我的使命，更是我的荣耀。

作者单位：山东省平原县支行

扶贫记

宋丽霞

柳树乡小学是我行与县希望工程办公室接口一对一帮扶的希望小学。当我们拉着一车的学习用具驶入学校操场时,一排旧房子出现在大家前面,一面国旗在山风里飘展着,旧房子里传出一阵读书声,外面的黑板报上写着一行大字:为实现柳树乡高考零的突破打下坚实基础!大家看着标语,心里怪怪的。

柳树乡小学坐落在半山腰上,进出交通都非常困难,学校有53名学生,其中有十几个学生,夜晚也不能回家,全都寄宿在杨校长家。家长隔三岔五来一趟,送些鲜菜、咸菜来;有种了油菜的,每年五六月份,用空酒瓶装一瓶菜油送来。再就是柴和米,这是每个学生都少不了要带来的。

山上和山下走读的孩子每天上学都要走上2小时左右,才能来到这里上学。学生的学习生活条件十分艰苦,每天学生和老师只吃两顿饭,学校伙房里放着一只白色塑料桶,桶里有五六斤猪油,这是全校师生改善生活的美食,做饭时切一小块,在锅里擦一擦,就算是有油了。因为今天来的客人比较多,怕大家不习惯,学校特意安排了午饭,学生们蹲在操场上兴奋地享受着这难得的午餐。杨校长知道我们要来,特意在做洋芋汤泡饭的时候多放了些大肥肉,平日里城市孩子碰都不碰的大肥肉,在这里可是难得的美食。受土地贫瘠、交通不便的影响,学生们每日两餐的主食只有洋芋,一天就吃这么两顿洋芋,饿了也只能忍着。

当晚,我们就借宿在学校里。夜深了,住校的孩子们渐渐从操场散去。

我在教室门槛上坐下来。当夜的风很大，也很纯，风中裹着一丝丝衰草的气息，这是山里面才能分辨出来的气息。没有月亮，稀疏的星星散落在天幕上，衬出远山朦胧的轮廓。山这么沉默着，已经有无数世纪，这是山外人很难想象的。我在风中听到了一种声音，像是召唤，又像是诉说着求知的渴望。

2016年前后，受姜家坳村委的邀请，我再次来到了这个曾经印象深刻的小山村，驱车出城，往南不到四十分钟，就是姜家坳了，这条新修的公路纵贯整个县城西部，沿途不像东边那样满是庄稼，却是一望无际的经济林。很少见有农民在田里劳作。果子沉甸甸挂在树上，没多少农事。看样子又是一个丰年。沿路见很多老人在家门口闲坐或玩牌，很是悠闲。看他们那怡然自乐的样子，我多少有些神往，什么时间能这么清闲。忽见前面一栋精致的农舍前坐着两位老人，在打瞌睡，他们脚边蹲着一个小孩，其乐融融的样子。等我们车停下来，村主任老侯一眼认出了我们。山里人显老，但60多岁的老侯精神头十足，拉着我们的手，急不可耐地述说起这20多年的变化。

扶贫必先通路，县领导依托我们农行人的捐款，先建一条通往外界的山区公路。扶贫还必须立业，没有产业一切都无从谈起。姜家坳虽然地处偏远，但土质好，适合栽果树。没过几年，家家户户都栽上了果树。望着沉甸甸的果实，没兴奋几天，难题又来了，销路太成问题了。在农行的帮助下，加大对定点帮扶地区的帮扶资金投入的同时，积极开展消费扶贫，购买姜家坳农产品，帮助销售姜家坳农产品；向姜家坳引进扶贫企业，培育新型品种，创办了蜜饯加工厂，不但吸引村里人就业增收，还拓宽了销路。"这所姜家坳电商销售点就是农行的这几位同志帮着成立的。"老侯指着几位一起来的同志说。就是农行的这几位同志当初通过梳理农户资源信息和外界需求信息，依托"互联网+"建立了相应的数据库，最大限度实现资源与市场的对接。"现在我们真正富起来了！"餐桌上，老侯举着酒杯兴奋地说。夜已很深了，蛙唱虫鸣，不绝于耳。这样的乡村夏夜，我醉了。

"再穷也不能穷教育"早已经成为人人皆知的教育口号。作为国有控股大型商业银行的排头兵，绝不会让它只是停留在口号的层面上。扶贫必先治愚，教育扶贫优先，早已成为全体农行的共识，各级农行机构积极行动，扎实推进定点教育扶贫工作。

前段时间，我再次给柳树乡的孩子们带来了学习用品，"我们也能坐在宽敞明亮的教室里学习了,感谢农行的捐助,感谢大家的努力!"杨校长带着孩子们在新教学楼前合影时幸福地笑了。

　　远远看去,柳树乡小学焕然一新的校舍让人眼前一亮,整个乡最漂亮的房子就是学校了。一栋教学楼和一栋宿舍楼在群山环抱中拔地而起,嫩黄的色调在青山的衬托下,向路人昭示着勃勃的生机和巨大的活力。我们赶到学校时,正是午餐时间,教学楼前的小花园里,孩子们津津有味地分享着午餐。这天有两个菜:一个西红柿炖牛肉、一个西兰花。杨校长说:"现在国家的补助加上外界的捐助,学生每个星期在学校的伙食费全解决了,每天的正餐都可以吃到肉呢!"

　　坐在学校操场的边沿,极目远眺,这里的风景极美。山下升起了云雾,顺着一道道峡谷,冉冉地舒卷成一个个云团,背阳的山坡上铺满阴森的绿,早熟的麦田透着一层浅黄,一群黑山羊在云团中出没。太阳正在无可奈何地下落,黄昏的第一阵山风就掩盖了它的光泽,变得如同一只被玩得有些旧的绣球。远远的大山就像一只狮子,横着看又像一条龙的模样。有一群红色的书包跳跃其中,极似潇潇春雨中的灿烂桃花,走近了,背包上那几个鲜红的大字——"大行德广,伴您成长"格外显眼!

作者单位:山东省烟台市分行

卡 壳

辛希孟

那年,支行组织庆祝"七一"文艺演出活动,我所在的办事处领到任务后,时间已所剩无几,临阵磨枪,主任选了比较简单的大合唱《同一首歌》。

由于工作繁忙,我们不能像有些机关单位那样在上班的时间排练,只能在傍晚下班后,匆匆地吃几个包子,而后熬夜排练。

排练时,主任安排我担任合唱中的领诵者。一共有四句词儿——鲜花曾告诉我,你怎样走过;大地知道你心中的每一个角落;甜蜜的梦啊,谁都不会忘记;终于迎来这欢聚时刻——这些词儿,不太难记,我犹豫了一下,就答应了。

在排练中,同事们纠正了我几个普通话发音错误的字眼,最后彩排的结果,大家都还满意。

因为有过去的几次教训,我担心演出时紧张忘词,就一刻不停地在心里默读这四句领诵词,并且,还制作了一个抄写词儿的硬卡片。可即便这样,6月30日晚上的演出,我还是卡了壳——刚刚喊出"鲜花"两字,我就忘了下面的词儿。匆匆瞧一眼拿在手中的卡片,想继续背,可眼前漆黑、脑子里一片空白。慌乱中,也不知道是怎样结束演出的,只知道,我又因为台词卡壳而演砸了。

在几十年的人生中,我曾有过多次类似的失败。

最早的演出卡壳,可追溯到没参加银行工作之前。1974年夏天,我高中毕业,努力了几个月,成了回乡接受贫下中农再教育的典范,担任了大队团支部书记。临近春节，团支部组织演出队，排练节目，选中的节目有话剧《雷锋的童年》，导演安排我担当其中的"地下党大叔"一角。自己胆怯，曾想推辞，可是，想到身为团支部书记，总要起一个带头作用，便硬着头皮答应了。排练的时候，我很用功，把不多几个场面的台词背得很熟。忘了是正月初几的晚上了，我年轻的脸被化妆师用黑墨水画上了连腮胡子，身上套了一件向对门三爷爷借来的黑大褂，腰间束了一条牛皮带，腰带上插了一把用木头刻出来的匣子枪。轮到我登台了，汽灯呲呲响，台下黑压压一片人，我的心咚咚乱跳。

话剧的最后一场戏是斗争地主，主角是一个哑巴女佣。这女佣在侍候地主婆子抽大烟时，被地主婆子用烟扦子扎成了哑巴。女佣用手比画着对地主一家作血泪控诉，台上台下的口号声响彻云霄。斗争会快要结束的时候，需要扮演地下党大叔的我演讲一番旧社会的可恨和共产党的伟大。我拔出了腰间的匣子枪，随手一挥，大声喊：乡亲们——我——我卡壳了，台词被我忘了个一干二净。扮演女佣的外姓三姑趴在一个妇人的怀里，小声给我提词。我在三姑一句一句的提示下，结结巴巴地演完了那场戏。

后来的一次卡壳，是在1984年，我与农行三十多位同事一起参加了支行组织的高中补课班学习。那时候，歌颂改革开放、教育青年自学成才的演讲活动流行全国，老师需要在班里挑选出四个人参加演讲活动的选拔赛，我因为演讲稿写得不错，被老师选中。课间和晚上，我躲在无人处，将那演讲稿背得滚瓜烂熟。可是，选拔赛那天，我上了台，刚背了两句就忘了下面的词儿。没办法，我只好照着演讲稿读。就那样，我用满头的大汗，换来了一片同情声和惋惜声。下了台，负责组织演讲活动的支行工会主席拍着我的肩膀说，别灰心丧气，多参加几次这类活动就好了。在现场观摩演讲活动的支行行长也笑着鼓励我说，演讲词写得不错嘛，下功夫背过了就更好了。

……

6月30日那天晚上，我回到了家，一进卧室，正在看电视连续剧的妻子就问我，是不是演砸了？

我的脸一阵子发烧，说："你怎么知道的？"

妻子说："我看你回家的时候念念有词，就知道你肯定要卡壳。"

我有些恼了，恨恨地对妻子说：我就不信了，我这辈子老是上台就卡壳！

从那以后，我赌上了一口气，不但积极参加农行系统和社会上的一些文艺娱乐活动，还不时地趁着参加婚礼等机会，跑到台上与主持人或者演员们一起唱歌跳舞。

渐渐地，我怯场卡壳的时候越来越少了。这些年来，我多次给在我们支行开户的上市公司讲企业文化课，代表作家协会给学生和家长讲文学创作课，不看讲稿，也从没再卡壳。

作者单位：山东省莱阳市支行

客户的称赞

徐庆国

退休前,我一直在高唐县支行工作,做过会计、信贷员、柜员、客户经理等,也做过内勤主任、网点负责人。不管从事什么岗位,我都勤恳工作,认真负责,尽心尽力,多次荣获上级行的表彰。退休后,我摆正心态,乐观面对生活,积极参与社会活动。茶前饭后,与亲朋谈论最多的是我的工作经历,特别是与客户打交道的往事,最让我难以忘怀。

作为从手工业务过来的一名员工,记得开始当柜员时很不适应,电脑成了自己干工作的拦路虎。但是凭着自己对工作的热爱,我一点一点摸索,一点一点学习,笨鸟先飞,勤于苦练,向年轻人学习。功夫不负有心人,让大家没想到的是,半年后我已经得心应手,能够熟练操作系统,同事们对我大加称赞,我自己也是信心大增,感到十分高兴。在自己50多岁的时候,竟然也能与电脑结缘,并且在柜员岗位上一干就是多年。

怎样服务好客户,推动业务发展是我们经常思考的问题。有时候觉得会很难,其实不然,客户是有感情的,我们投之以桃,客户就会报之以李。在日常工作中,我们要细心观察,吸取经验,强化素质,提高技能。我们要用诚心换真心,用服务换回报,当你走进客户心里时,客户就会来到你身边。

记得刚做柜员的一个下午,一位客户携带大量零币办理存款业务,我认真清点完毕,并与客户核对数额后存入其卡中。可是,客户不久返回,一口咬定我少存了500元钱,态度非常恶劣,甚至威胁我。我从事农行工作多年,党培养了我洁身自好、诚信待人的思想，从没有做过有损客户的事情，面对客户的责难，我感到特别委屈，心里莫名的悲凉。但是，当我强压怒火，想起"客户就是上帝"的教诲，我的心情平复下来，慢慢向客户解释：自己的操作一直在监控范围内，可以查看监控。同时让他想想是否在哪里出现纰漏，自己弄错了。客户听到我的耐心解释，没有了开始的冲动，仔细想了想，好像想起了什么，说：我刚才有点失控，别介意啊，我回去找找吧。不久，客户打来电话，钱找到了！电话中他不断责备自己，深表歉意，我表示理解并欢迎他再来办理业务，他欣然答应。后来该客户又来办理业务，我为他提供了优质服务，并向他提供理财、基金等业务介绍，很快拉近了距离，成了挺好的朋友，他的业务也全部到我这里办理，并介绍他的朋友来做业务，推动了网点的业务发展。

作为服务行业，客户就是上帝。我自始至终"想客户之所想，急客户之所急"，时时处处为客户排忧解难，维护客户的利益。很多客户成为我的回头客，我的营销业绩在网点名列前茅。

我在做大堂经理时，有一王姓客户由于年龄较大，从不用网银、手机银行等，因此虽然我对她推荐过，但她一直没有来开通。一天，她匆匆来到我们网点，并催促我开通网银要转账。这引起了我的警觉，平时她都是在柜台汇款，怎么突然要开通网银呢？经过耐心询问，原来，她的女儿在加拿大，最近几天联系不上，一个自称女儿同学的人，让王阿姨赶快给他的账户转账，说她女儿出了事急用。

我立即明白，她是遇到了电信诈骗。我急忙向她解释电信诈骗的手段和危害。她有些着急，说不是你摊上的事儿，你是站着说话不腰疼啊。我看不能劝导，立即找来网点负责人，一边安抚客户的情绪，一边在网上搜寻案例，让客户看、劝导她，这是当前电信诈骗惯用伎俩。客户感到了事情蹊跷，对骗子的电话产生了怀疑。看到客户不再急于开户，我按照客户留的骗子电话打过去，询问对方信息以及客户女儿信息，很快骗子就答非所问，匆忙挂断电话，再打过去没有人接听。客户恍然大悟，在大家的努力下，一场经济悲剧得以化解。她深有感触地说："要不是你们，我这么多年辛苦攒下的钱就全被骗走啦。"

现在，我已经退休在家，每每想起工作时的点滴，心里总是感慨万千。

虽然我一生平平淡淡、日复一日的重复工作,没有做出什么丰功伟绩,但是做的都是方便群众、有意义的事。通过自己的真诚换来了客户的信任,换来了他们由衷的称赞。

作者单位:山东省高唐县支行

留住的记忆

卜繁家

我是1965年参军,1981年11月转业到东平农行工作,2006年退休。虽然离开农行岗位多年,但在25年的农村金融工作中,我印象最深的莫过于转业到农行后起初二三年内所做的那些工作,现在想起来仍历历在目,记忆犹新。

刚转业的那年,我认为部队和金融就是两回事,我这握钢枪的双手却单指练起了木算盘,很不适应,一天到晚不知道劲往哪里用。更何况农业银行刚恢复不久,一切都在起步中,我也迷迷糊糊地度过了一年多。

1983年农村土地承包责任制后,随着集体土地被私人承包,原村集体的债务也要分配到户。根据形势的需要,县行抽调骨干人员,成立了三个集体债务维权领导小组,我们三人为第一小组,我为组长,成员有农业信贷股的办事员张继华同志、黄花园银行办事处的企业信贷员周庆明同志,1983年底我们按照方案要求,在黄花园办事处、信用社开展债务分配工作。

黄花园办事处、信用社的村集体贷款是全县最多的一个公社,这些集体贷款很大一部分都是正常贷款。但是,把这些数额巨大的村集体贷款分配到农户中去,却是一件非常艰苦的事情。

虽然对村集体和农户贷款进行一次全面的外核,摸清底数,便于开展工作,但是,这项工作极为耗时费力,那些形形色色的借据,足足有四五麻袋,要进行一门一户地外核,没有一种忍劲是难以完成这项工作的。

对照方案要求,我们与所、社领导一起想路子、拿办法,经过几次大会、小会，在分析研究的基础上，决定打一场攻坚战。

配合所社人员又划分3个小组，我们的人员任组长，各负责两个业务片的贷款外核工作。于是，我们各自带着铺盖骑自行车进驻了业务片。每个星期的星期天晚上，回到办事处汇报工作开展情况，遇到了什么问题，对难点疑点怎样解决，下一步主攻的方向是什么，会上逐一认真地进行分析，然后带着这些问题做大量艰苦细致的工作。

黄花园公社地处东平湖畔，村民基本上是以捕鱼为业，当地称为"游民"，要想找到这些人是一件非常麻烦的事情。因为他们的主人长期生活在船上，家中只剩下妇女、老人和孩子，偶尔上岸回家一次，也不容易碰上，只能不间断地上门到户地找人。有时一户人家往往要去四五次。

为了早日完成外核任务，我们又召集能写会算、责任心较强的信用员加入了外核的行列，在保证质量的情况下，尽量加快速度。于是我们又以两人一组分3组进入到各个村子里，晚上10点钟回来碰碰头。

由于在农村没有通上照明电，我们举着手电筒在信用员的带领下，按照借据上的借款人姓名，逐户进行外核。大多数贷户看到我们没黑没白的工作，很是感动，主动给我们倒水沏茶，说一些感激的话语，虽然工作苦点累点但心里仍宽宽的。

长期以来，由于吃饭没规律、喝水跟不上、肠胃不消化，平时又爱吸烟，每天夜里我的胃就隐隐作痛，起初没放在心上，但时间一长，却痛起来没完没了，厉害的时候在床上打滚，头上冒虚汗，三个多月没回家了，老伴见了后，说我的脸又黄又瘦，十分难看，不像一个转业军人的样子。

后期到医院检查，我得了慢性胃炎。领导多次劝我，想把我替回去。我想，这要在部队还算个事呀，也与工作不得法有关。

我除了干好分内的事外，过上几天骑着自行车跑另外两个小组，相互之间交流成果，鼓鼓干劲，总结一套好的办法，为工作在全县全面铺开积累一些经验。

看到年轻人没黑没白地干着，我作为一名老同志必须做表率，带头干上去。从那时起，我又投入了分配集体债务的艰苦工作中去。

随着集体财产的逐渐灭失，村集体的贷款表面上看虽然还没到期，但已没有任何偿还能力，尽快分配到户、临时"转危为安"是当时的明智选择。

在茶棚业务片，我带着两个业务员，首先搞起了试点。这个试点也是全县农行分配集体债务的一个试点，整个操作过程十分复杂，把利息算出来后，本息合计，按照当时的利率倒求贷出日，然后再按人头分到户，写出借据，这样集体债务除无行为能力人外，全部分到每个村民的身上。

这项工作比外核贷款还要难上加难，这期间生活艰苦不说，辱骂声不时入耳，从争议、争吵到瞪眼、拍桌子的事不断发生。这些村民一夜之间背上了债务，的确不能理解，打架、生气的事情多数发生在村委和生产队长身上，有时发泄在我们身上。我唯一的办法，就是拿上级的政策来劝说一些群众，缓和村集体和村民的紧张关系。

就这样，我们在劳累、受气、挨骂中度过了四个多月，基本上顺利地完成领导交办的任务。

这些事虽然已经过去多年，也不值得一谈，但那些老"镜头"、老故事，现在想起来却很有趣。现在我的孩子大都在银行里工作，我常给他们讲，现在条件好了，要珍惜工作岗位，努力工作，勤奋工作，不违初心，不要贪图享乐，更不要违规违纪，时刻牢记习近平总书记的教导：幸福都是奋斗出来的！

作者单位：山东省东平县支行

那些依法收贷的日子

单立文

人常说：生活就像一面镜子，你对它笑，它就对你笑；你朝它哭，它也朝你哭。最难忘那些下村清收陈贷的日子。

那是 1988 年冬，我大学毕业参加农行工作一年，转正后担任农行高密县支行柏城办事处、信用社的信贷员。县支行经过调查摸底，发现全县农村小额陈贷多、余额大，决定依法清收，盘活小额农贷。县支行成立了领导小组，负责面上协调，各乡镇办事处自行抽调人员，统一进村清收。

从事过基层工作的人都知道，清收农贷不仅费时、费力、费工，而且往往事倍功半。为了打好这一仗，所里取得了镇党委的支持，派出司法员、公安员各一名，协助银行农贷清收。所里抽调我具体负责由所主任领导、分片长参加的清收小组。

那时依法收贷还是新生事物，没有前车之鉴，需要摸着石头过河。我首先选择了陈贷较少、经济条件较好的田家庄进行试验，作为突破口。下村前，我搞了个初步计划：第一天答问，第二天走访，第三天清收，第四天扫尾。然后粗略总结一下经验，再进驻下一个村。

村里听说来了银行收贷款的，户主们纷纷找借口外出，村大喇叭一通吆喝，只喊来了一些家庭妇女，这是户主们的障眼法。我想，第一印象很重要，打响第一炮至关重要。因此，第一天"答问"我格外细心、耐心，不仅念文件，更注重入乡随俗，旁征博引，兼顾政法和乡情，被村民誉为答"记者问"。

我发现，很多村民不是不认账、不还贷，只是感到归还原村委分配债务转成的贷款有委屈。我统一答复说：当初分集体财产时家家都有份，还都想多分点，现在还债务了就感到委屈，不想还了，这理讲得偏啊！也有村民看到利息快赶上本金，惊呼"孩子快大起娘了"，我就趁机帮着算账，讲早还就是少还的道理。

通过个别走访，我发现，有一个县农机局干部家属也有沉淀农贷，村民都看她的动向，就告诉了司法、公安的同志，晚上个别做农机局干部的工作，并同意从当月的工资里归还贷款。路障搬走了，清理贷款比想象得更顺利。

第二天，我与分片长骑车下村清收约定归还的小额农贷，等五户收齐已经快黑天了，分片长跟我商议，"将在外，君命有所不受"，是不是先垫垫肚子再回所交款？我看看天，坚定地说，当天的账当天结，先回去向会计报上账，再去伙房找点吃的。尽管我们集中几天清收起早摸黑、口干舌燥、筋疲力尽，但第一个堡垒终于攻下来了。有了经验和战绩，为在全镇铺开农贷清收打下了坚实的基础。

下村收贷，无形中在村民营造了一个诚信的氛围，那就是：贷款有借有还，人活债不烂，贷款好还就好借。诗经有云："高山仰止，景行行止。"银行换位思考、将心比心，村民见微知著、睹始知终。

依法收贷一个月，虽然人累得脱了形，但清收成果颇丰，觉得很有成就感和自豪感。我利用晚上值班守库的时间，将具体做法整理成了文字，其被县支行转发，成为指导全县开展依法收贷的学习参照典范。

作者单位：山东省高密市支行

我爱我家

苑希宗

在中国人民解放军100万大裁军的集结号声中，我结束了18年的军旅生涯，告别了亲爱的战友，转业来到了中国农业银行潍坊市潍城区支行杏埠营业所，成了农金战线的一名新兵，开始学做信贷业务。

因为当时农行领导管理农村信用社，基层都是行社合署办公，所以我们家就安在了潘里分社旁边的一间仓库里，我爱人被安排在这个分社上班，10岁的儿子去了当地的小学继续读书。安家那天，所社的领导和同事们帮我们清理杂物、摆放家具、支炉取暖、挑水劈柴、生火做饭……

正式上班后，领导专门安排了业务骨干为我讲解银行业务知识、传授打算盘的技巧和办理业务的流程；老信贷员带我走村串户进企业，熟悉当地的风土民情、经济状况和贷户的经营情况；临近春节，所领导又专门派车把我们送回老家过年。来年春天，我被调往区行保卫科工作并举家迁往潍坊市区。搬家那天，还是所社的同事们帮我打理，整整忙活了一整天。短短时间，就让我深深地爱上了农行这个温暖的大家庭。从那个时候起，我就暗暗勉励自己：发扬部队的光荣传统，像一线的老农金人那样，爱岗敬业，乐于奉献，为我们农行的发展壮大贡献自己的力量。

时光荏苒，日月如梭。在接下来的日子里，我先后搬了5次家，调动了10次工作。当过押运员、信贷员和工会干事，任过办事处副主任、主任、信贷科长等职，1994年进了支行领导班子，在副行长和行长的职位上干了将近7年。不论我走到哪里，也不管做什么事情、当多大的领导，我都时刻牢记农行是我家,我是农行人,事事处处维护家的尊严,为家增光添彩。

我在西郊办事处任副主任和主任期间,坚持用雷锋精神统领服务,积极开展"弘扬雷锋精神,创建文明窗口"活动,在营业网点张贴雷锋画像和"营业十不准""接待八法"等文明规范,公开接受公众监督。成立了老年筹资队,组建了文艺宣传队、老年迪斯科队和青年健美操队,组织开展技术练兵和业务比赛,为怀孕的女职工设立了休息室。既丰富了员工的业余生活,又调动了大家的工作积极性,促进了各项业务的发展。办事处被支行评为先进单位,工会被省分行工会评为先进单位,党支部被街办党委评为优秀党支部,"营业十不准""接待八法"等文明规范被潍坊市人民银行在全市金融系统推广,我自己也被省金融工会评为工会积极分子。

信用社与农行脱钩那年,我刚到任支行副行长不久,支行班子让我分管协调行社之间的关系。那个时候的农行基层营业网点一无所有。行社分家后,从营业柜台到办公楼层再到电子设备,全都是从信用社租赁的。原来的营业室一分为二,大一点的归信用社,小一点的租给了农行。水、电、暖、金库的控制权全部由信用社主任掌管。由于历史的原因和现实业务竞争的缘故,两家人难免会发生矛盾和摩擦,个别信用社主任还会做一些诸如停水、断电、堵门、锁金库的过激事情。

1995年夏天,远郊一个信用社的主任不知何故把我们营业室的空调断了电。当时正值三伏天,我们的员工在里面办理业务热得汗流浃背,闷得透不过气来。得知这一情况后,我和有关科室的同志立即赶往区联社进行协调未果,便又急匆匆赶到这个信用社找主任,结果人家躲着不见。我们就在那里等他,一直等到了晚上,趁他回家吃饭的时候,我们带着礼品在他家中造访了他。

通过我们苦口婆心地劝导,又或许是我们的真情打动了他,当晚他就合上了电闸。在那个非常时期,我们一线的员工们忍辱负重、团结协作、刚毅坚守、文明服务,确保了农行经营的顺利运作和各项业务指标的完成。有的员工为了应对突发事件,几天几夜不回家,吃住在营业室,看家护财、处理业务、维护秩序;被人指责不动怒,受了委屈不落泪。用我们农行人的沉稳、大度和智慧,化干戈为玉帛,消积怨筑和谐,维护着农行这个大家庭的尊严与荣耀,并且边经营边建设,采取租、购、建的措施,仅用了两年多的时间,基层营业网点就都有了自己的办公楼房,并以崭新的行徽和标识向社会展示了国有商业银行崭新的风貌。

2011年正式退休后,又年年享受着国家上调养老金的福利红包,现在每月的养老金已近8000元。在这期间,不仅还清了10年的房贷,还购买了轿车,更换和增添了家中的大宗电器。闲暇里,开着爱车,带上老伴和孙子,到青山绿林,去大海湖泊,赏景垂钓,摄影唱歌,尽享天伦之乐。

作者单位:山东省潍坊市潍城支行

珠声悠扬

田茂国

  风雨人生路，农行伴您行。蓦然回首，与农行相伴已走过三十余个春秋。风风雨雨三十余年，收获的是美好的生活，回味的是甘与苦的交织。回想起来，给我留下印象最深刻的当属那"噼噼啪啪"的算珠声。

  追忆往昔，艰苦的日子才是人生的一大财富，才能深深感受到当前的幸福与快乐。我刚参加工作时被分配到一个偏远的、条件十分艰苦的山区分社。上班第一天，营业所主任给了我一把算盘、一本百张传票。就是这两样物件，陪伴我度过了一段美好的青春年华。

  20世纪80年代初期，这里还没有电，每人配了一盏煤油灯。夜晚来临，我们三个驻点的年轻人每人一张桌、一盏灯、一个算盘、一本传票，没有娱乐活动，闲了就"噼噼啪啪"练算盘，笨重的木质算盘声音格外响亮。幽静的山谷里小村早早地就进入梦乡，分社坐落在小村外，昏黄的灯光透过窗户在山坡上忽明忽暗，清脆的算珠声在寂静的夜空中轻轻回荡。

  艰苦的日子不仅磨炼着我的意志，更给我创造了锻炼基本功的机会。练算盘成了最美的娱乐，白天、工作闲暇时，练；晚上，没有娱乐活动，练。那时候，除了上班，练功就是生活的全部，年长同事的激励与唠叨如同大山厚重而朴实。

  冬日的大山里气温格外低，破旧的石头房孤零零的，门窗透风撒气，北风吹来寒气从缝隙里挤进来，把小铁炉仅有的一丝温暖驱赶得荡然无存。我虽然在农村长大，但家乡的条件比这里要好得多。即使如此，我也没有放弃练算盘,就在这段时日,我打算盘的功夫日渐长进。两年以后,我参加了支行举办的珠算技术能手考核,状态极好,一举拿下了三级能手证书,并且得到了最有价值的奖品:一把漂亮的小算盘。

这把算盘制作很精美,算盘框架比原来的老式算盘小很多,算珠上一下四,间距小,能有效地提高速度;算珠是牛角做的,还带有清盘器。不仅如此,领导还把我调到了条件稍好、有电的营业所,这大大激发了我练习珠算基本功的热情。在这里不但有电,而且还有一台十二英寸的黑白电视机,晚上能看会儿电视,虽然只能看两个台,可我感觉已经上了天堂。那时候家家户户还没有电视,能看上电视是莫大的幸福!条件变好了,我并没有满足,毕竟电视不能经常看,节目单调,主持人早早地就说晚安。在明亮的灯光下记账、练算盘有说不出的愉悦。"噼噼啪啪"的珠声在深夜里响亮而清脆,摘下手表让手指与秒针赛跑,我的珠算速度突飞猛进。

一年以后,我被调到支行营业部工作。县城的条件更加优越,支行的营业大楼在当时是县城的地标,设施齐全、窗明几净、环境优美。环境的改变,也改变着我仰望的高度。参加工作以来我感到从没有过的压力,支行高手如林,不比不知道,一比吓一跳,我自以为很是了不得的珠算水平明显落伍,同事们的技术令我羡慕,一目十行、钟摆式打法,而且,乘除法更是快得出奇,让我大开眼界。

相比之下,我的技术仍停留在老式打法上。艰苦的环境,锻炼了我吃苦耐劳的品格,我虚心向他们请教、刻苦训练,一段时间以后,珠算水平有了惊喜的变化,我暗暗窃喜,心中下决心苦练。功夫不负有心人,我得到了一个又一个证书,百张传票翻打三级、二级,并如愿达到一级能手水平,统计、加减乘除混合算等也步入能手级行列,多年来的付出获得了丰厚的回报。只是也留下了一份遗憾,虽然达到了一级的水准,但我错过了总行的考核,没能拿到一级证书。

随着电脑走进我们的生活,算盘已经退出历史舞台,年轻人已经很少会用算盘。2002 年在支行举办的业务技术比赛中,珠算百张传票翻打最后一次作为比赛项目在列,我毫不犹豫地报名参加了比赛,并获得第三名,为我的珠算人生画上了一个完美的句号。

时光飞逝,科技发生了翻天覆地的变化,农行的发展更是日新月异,宽敞明亮的营业环境，极富个性的外在标识，无微不至的人文关怀，朝气蓬勃的精神面貌。业务全部实现了计算机网络化处理，业务处理系统更是飞速进步。这无不透着一个蒸蒸日上的大型企业的外在形象。在农行的怀抱里，我也从稚嫩变得成熟，但我依旧没有忘记那段珠算岁月，依旧记得珠算证书扉页周总理的话：不要把算盘丢掉。

我没有丢掉算盘，时常会拿起它拨打一下算珠，如同弹奏人生的琴弦，清脆的算珠声似一曲悠扬的青春恋歌，回味悠长。

作者单位：山东省济南市章丘支行

成　长

谢璐莎

　　成长，就是一颗渴望被呵护的小种子，从被播种，到发芽、成长，最后变成一棵参天大树的过程。而我就像这颗种子，在农行这片广沃的土地上，经历着播种期、萌芽期、成长期。我在与农行共同成长，一起进步。

　　与农行最初结缘于一张银行卡。在进入农行之前，我是一名大学生村官。当时组织部要求我们每个人办一张农行卡用于发工资，于是我就去了离我家最近的一家农业银行办理了我的第一张农行储蓄卡。我清楚地记得，办卡的那天，我一走进农行大门，迎面就走来一个气宇轩昂的大堂经理，他礼貌询问我需要办理什么业务。在了解清楚我要办理银行卡时，便将我带到了超级柜台，又快又好地帮我办理了银行卡及手机银行等业务。规范标准的服务礼仪，热情周到的待人原则，高效准确的办事风格，便是我对农行的最初印象。而当我得知能用村干部身份报考农行时，我兴奋极了，然后毫不犹豫地选择了报考。抱着对农行的美好憧憬和坚决考上的决心，我积极认真备考。最后，我的努力获得了回报，2017年7月我正式成为了农行大家庭中的一员。作为一颗新种子的我带着希望，载着梦想，不断前行。

　　刚开始接触柜面业务时确实有点难以上手，自己的心理压力也比较大，面临着操作流程和代码不熟悉、点钞捆钞技术不熟练等问题。特别是在出过几次小错误之后，自信心便受到了沉重打击。我记得我第一次因为工作掉眼泪，就是有一次为客户开立定期存单时，忘记给客户留密码。因为刚工作不久，业务知识没学牢靠，不知道如何更改支控方式后期加上密码，就一直在响应平台上寻求帮助,同时打电话问其他同事。整个过程耽误了很多时间,引起了客户的不满,客户便指责了我几句。当时我一下子就哭了,一方面是很急很羞愧,觉得自己业务能力太差,这种小问题都不会解决;另一方面又很委屈,想着新员工都会有一个学习的过程,为什么就得不到理解呢。

最后密码被加上了,事情得到了解决,而我也从这个事情中吸取了很多经验教训。我意识到了作为一名柜员,办理业务的水平是最基础的。客户来银行的目的就是为了办理好自己的业务,为他们提供高效准确的服务是我们的职责。后来,好在有领导和同事的帮助,对于我不熟悉的业务都手把手地耐心教导,才让我逐渐掌握整个业务操作流程。在下班后,我也积极钻研新知识、新业务,将理论结合实践,熟练掌握各项服务技能。同时学习现代金融知识、现代市场经济知识、现代法律知识等,努力增加知识储备。渐渐地,我的服务赢得了领导、同事的肯定和客户的好评。就这样,种子开始萌芽,它的根也开始伸向土地,越扎越深。

随着工作经验的积累,我已经能很好地掌握柜面业务等知识,成为柜台主力军。而除了完成每天的柜台工作之外,我也主动开展各类营销工作。我通过农行宣传手册和官方网站,学习和了解农行的各类产品,利用工作时间和空闲时间进行营销,在信用卡、理财、手机银行等业务上都取得过成功的营销经验。同时,我也积极参与行里组织的各种活动和比赛,如"三线一网格"标志设计大赛、"金点子"创意比赛等。

通过近两年的柜台实践,我总结出了几条小经验:第一,要始终坚持"客户至上"的服务理念,以饱满的热情,用心服务,真诚服务,为客户提供全方位、周到、便捷、高效的服务,做到操作标准、服务规范、用语礼貌、举止得体。第二,要努力满足客户的合理需求,在维护银行利益的前提下,多为客户谋利益,为客户提供最优质的金融服务。比如办理定期存单取现时,我总是特别留意存单的到期日,若未到期,就看是否可以办理部提,能部提的,就尽量替客户办理部提;若存单快要到期,就及时提醒客户是否到期后再来支取,使客户存单利息损失降到最低。同时也根据客户需求,有针对性地向他们推荐合适的金融产品,如大额存单、保险、基金、理财等。第三,做好客户的维护和回访,利用有效的沟通手段和沟通策略保持与客户的关系,对客户进行有成效的拜访与观察。利用OCRM系统定期给客户发送短信,如节假日问候短信、新产品推荐短信、生日祝福短信等。我希望能用周到的服务让客户真正体会到农行人的真诚，感受到在农行办理业务的温馨。

  现在的我已经不再是当初刚进农行时那个什么都不懂的新员工了，我的身上更多了一份责任和对未来的信心。感谢农行给了我一个广阔的平台，给了让我成长和进步的土壤。一路走来，要感恩领导和同事对我的帮助与指导，更加感谢每一位客户对我的信任和支持。在今后的工作中，我会更加严格要求自己，加强学习，努力提高业务水平，提高工作的效率和效果。同时也全面考虑自己的未来发展方向和路径，加强对其他岗位知识的学习，掌握全方位、更系统的知识体系。我这棵正在茁壮成长的小树苗，希望能为农行的发展发挥出更多的光和热，与农行一起进步，以迎接更美好的明天。

作者单位：湖南省湘潭县支行

父 亲

唐弘毅

> 清明节，我想起了父亲，您在天堂还好吗？谨以此文追忆父亲，也祝福天下的父母幸福安康！
>
> ——题记

父亲是农行成立初期进入银行工作的老农金战士。1980年12月，我16岁高中毕业，子承父业被招干到农行工作。

因直系亲属人事回避制度，我被衡阳市分行分配到远在百里外的老家县城下的衡阳县支行西渡营业所。但我一次也没去过，自爷爷辈离开家乡在外闯荡生活，就再也没回去。

去单位报到那天，父亲一定要坚持送我。一大早，打点好简单的行李，踏上了北去的长途汽车。临走，母亲还特地放了一挂鞭炮，希望我这一去能顺顺利利。母亲学校的老师也来为我送行，场面有点隆重，感念他们对我的好。

那是临近年末的日子，天气有点冷。几个小时后到达西渡，见着单位领导，父亲说，这孩子就交给你们了。就这样，我算正式入职了。

当晚，我跟父亲住在宿舍的木板床上，那时单位条件艰苦，简陋得不能再简陋。父亲跟我聊到深夜，从人生理想谈到拼搏励志，从待人接物到尊师好学，一直听他唠唠叨叨，我嗯嗯地应付着直到独自睡去。

第二天，父亲要回去了。在踏上车门的那一刻，他依然不放心地千叮咛万嘱咐。车子开动了，他还不停地向我挥手。透过车窗，依稀看到父亲已泪眼模糊，我知道他有万般不舍。目送父亲的背影离去，我内心极度落寞，在一个陌生的地方，不知道自己将会开始一段怎样的人生……

来回舟车劳顿，加上天气寒冷，父亲回去后不久就病倒了。经过治疗渐渐好转，但必须坚持服药。后来从我母亲口中才知道，父亲早几年就开始有高血压症状，因为平时忙于工作，没有引起重视。父亲来信说："儿啊，你别担心，爸爸没事，你就安心好好工作。"直到春节假期我才回家看望父亲。

在外工作的那些日子，父亲都用书信跟我保持沟通，我不时定期跟父亲讲自己在任农金员工作中的点点滴滴。他写给我的每一封信，至今我都完好保存着。

考虑到家里的情况，上级行将我调回父亲身边。那时他已经不能工作，病休在家。直到一个黑色的早晨，父亲突发脑出血因病情来得突然，而我那天正在农户家清收贷款，没有能陪伴父亲走完最后一程，我跟父亲从此阴阳两隔。

作者父亲年轻时的照片

父亲一生历经坎坷。父亲喜欢读书，家境不太厚实，爷爷靠做点小生意供他上学。父亲上了大学，工作后很晚才成家生育我们兄弟俩。

父亲性格和蔼可亲，文学功底深厚。他喜欢作诗，写快板，常常将他自己在农行工作中的人和事，编成快板书，我必然是他的第一个读者，有时还就一些语句父子俩反复较真。他在世时，对我特别看重，也许是遗传了他文字基因吧，没少对我悉心教导。只可惜儿辈不成才，辜负了父亲。

父亲对我的教育培养格外用心。他从外地回来，总要给我带回一些课外书籍。我喜欢阅读，每次都很快地把这些书看完，然后要他买买买，父亲给我零用钱吝啬，却对我买书的要求总是满足。

我们是严母慈父型的家庭，父亲和蔼可亲。我小时候尽管淘气，但父亲都不曾打过我，扬起的手总是不忍落下，有时母亲用小荆条惩罚我的犯错时，我总躲在父亲身后求保护，父母只是教育方法不同。

在当地农行系统内，父亲算是文化水平高，业务能力强的。在他即将被提拔到市分行领导岗位时，却病倒了。虽然未能功成名就，我依然敬重父亲。

我跟父亲感情深厚，痛失父亲的悲痛，花了很长时间才走出来。如今每到清明，都会内心的神经刺痛，想念天国的父亲。您过得还好吗？希望那里不再有病痛……

子欲孝而父不在，亏欠父亲的养育之恩，也辜负了父亲的期盼，每每此时我都会失声而泪满襟。没有了父亲，也再聆听不到他的谆谆教诲，多少次在黑夜里，我跟天堂里的父亲做心灵沟通，希望他能原谅孩儿的不孝和无知。如果可以弥补，来生我们依然是父子……

作者单位：湖南省永州市冷水滩支行

我的农行故事

浓缩的时空

王志明

如今,快速便捷的汇兑结算,秒速抵达的资金往来,似乎将人们的生活空间和时间节奏变得浓缩窄小和稍纵即逝,对这个越来越"袖珍"的时空,作为农行老员工,我有真切的感受。

1979年农行恢复设立伊始,我被招考进入农行湖南涟源地区中心支行(现娄底分行),经过3个月的短暂培训,我们170多名年轻人,怀揣着农行梦想,分配到了全地区各农村营业所。在40年的农行工作生涯中,我先后担任过营业所出纳员、会计员、复核员、记账员、联行员、农金员、所主任,其中,先后在4家营业所、2家支行工作过,直至进入中心支行至今。40年如白驹过隙,我看到了农行在改革发展中的巨大变化,切身历经、见证了农行从专业银行到国有控股商业银行的改革发展历程。

我刚到农村营业所工作时,所有业务均是手工操作,使用的计算工具是算盘,从元角分到百千万,加减乘除全靠手工,耗时费力姑且不说,计算的准确率也不是很高,得靠复核员再用算盘核对。那时,银行的存款主要是千家万户节俭下来的储蓄,营业所的储蓄存款也就是百万元左右,对公存款在当时更是"稀有产品"。每当下午下班时,所有内勤人员手里的算盘便"噼里啪啦"响个不停,核打科目日结单、余额计息表、核对总账分户账等。月底及季末20日,又是营业所忙月报和按季结息的日子,所主任和农金员也全来帮忙,既要赶时间完成月报和计息,又不能影响第二天开门营业。然而,最忙的时候莫过于年底的年终决算了,营业所需歇业2~3天,全所人员齐聚营业厅，核算忙碌了一年的经营成果，然后设立新一年的账本，装订上年的报表、凭证和账户，造册存档。

那时，电汇一笔到异地的资金，省内需3天左右，信汇的速度就更慢了，用挂号信邮寄密押报单，待异地邮局将挂号信投递到对方银行，对方银行经核对密押后，才能收妥入账，一笔去异地的信汇资金，省内一般需4至5天才能抵达，如果遇上对方收款单位是"他行"开户，那么还得先汇入异地的"本行"，再转汇给"他行"，这种汇兑方式，被我们戏称为"慢慢游"。

记得20世纪80年代中期，一名乡镇企业的采购员在省城长沙采购原料，对方企业要求款到发货，由于银行汇兑资金姗姗来迟，采购员在长沙一家小招待所足足等了4天，货款才到对方企业账上，此时采购员身上的现金也已用完，回去的路费也没有了，如果给采购员汇去路费，又得等几天，这家企业只好派人到长沙，给采购员送去现金。汇兑之慢可见一斑。

20世纪90年代中期，农行对外营业的计算工具已由算盘升级为单机台式电脑，但还不能联网操作。那时，为宣传储蓄利国利民，农行营业网点的大门上均标注有"电脑储蓄"来吸引储户。"电脑储蓄"的上马，使营业人员免去了繁重的手工操作，减轻了劳动强度，提升了工作效率，降低了结算差错率，也使过去由手工填写活期存折、定期存单，升级成"机打"产生，省时省力，美观漂亮。

跨入21世纪后，经过农行人不懈努力，将单机"电脑储蓄"升级为联网储蓄和联网汇兑结算。先是在本省联网，后来经过一段"磨合期"，技术和条件逐渐成熟了，又升级为电脑储蓄和汇兑结算在全国农行大联网，而后，农行又与各大商业银行并网，实现了上线金融系统"大网络"，农行的存款和汇兑结算从此可与全国金融系统跨行通存通兑，资金汇兑结算"秒速"抵达。

科技是第一生产力。改革开放40多年来，农行从算盘计算、邮寄联行报单汇兑资金，到计算机单机操作、计算机大联网，我们的时空似乎已被浓缩和挤压了。而今农行的"网上银行""掌上银行""人脸识别""移动支付""一账通""指尖金融"和"智慧银行"等，又使我们的时间变得更为"短小精悍"，我们居住的地球也因此"微型"了。这种浓缩和被挤压的时空，印证了祖国改革开放的沧桑巨变，也彰显了农行在改革发展中日新月异的发展变革。

快要退休的我会常常思忖,不知明天的农行会"长"成什么模样!

作者单位:湖南省娄底市分行

一路同行

李 超

中国农业银行于1979年恢复设立,到今天已走过40年的光辉历程。回顾过去的40年,农行在改革开放强劲的春风吹拂下,不断发展壮大,从一家专业银行逐步成长为全球公众持股银行,昂首阔步迈进了世界大银行之列。作为在农行工作四十多年并在农行退休的我,与大家一样,感到无比高兴和自豪。

在农行恢复的前夕,我于1979年6月1日从涟源人行调回湘乡人行工作。由于我原来较长时间是从事农金专业,在人农两行分家时,我被分配到了农业银行。开始,我是担任湘乡农行信用合作股股长,在接任以后,我根据当时信干队伍素质状况,决定狠抓干部培训,得到领导的重视和各股室的大力支持,从1981年至1983年,连续举办了三期银信干部培训班,我负责编写教材兼上辅导课,每期一个月,共培训银信干部160多人,收获很大。通过培训后,有很多同志成了信用社的业务骨干,有的还担任了领导。

在工作中我坚持深入基层走访调查,对全县47个信用社和三分之一以上的大队信用站(站总数703个),都调查辅导过。发现经验及时总结推广,发现问题及时解决,对问题比较突出的横铺、谷水等五个信用社进行重点整改。如1983年,我带领整社工作队20人到大乐信用社搞整改和恢复"三性"的试点。这里环境差,地处山坡,用水困难,而且污染严重,影响身体健康,我和大部分队员都得了严重的皮肤病,但是大家以工作为重,一边服药,一边工作,坚持到整社结束。

经过一个月的时间，大乐信用社有效地提高了社干思想，帮助查清了错账，落实了债务，建立健全了各项规章制度，民主产生了新的理监事会，大大促进了业务的发展，达到了恢复信用社组织上的群众性、管理上的民主性、经营上的灵活性目的。通过以点带面，扎实工作，使全县各个信用社不断巩固提高，为信用合作事业的蓬勃发展打下了坚实的基础。

1981 年，湘乡县银信干部第一期学习班结业照片

1985 年，农业银行实行"统一计划、分级管理、实借实存、自主经营"的资金管理办法，为了多组织资金，同业竞争激烈，任务艰巨，支行领导调我负责计划信息股工作，我迎难而上，团结股内同志，与各股室密切配合，一步一个脚印，努力工作，加强信贷资金管理，落实经营责任制，实行营业所独立核算，把"五项"经济指标落实到基层，从上至下，加强了工作责任感，在工作中，加大组织存款力度，扩大信贷资金来源，优化信贷投向，择优扶植，积极支持了湘乡经济发展，受到领导的好评。

1988 年是国家紧缩银根资金极大困难的一年，湘乡农行资金非常紧缺，为了确保农副产品收购和重点企业的资金需要，我建议支行领导加大力度紧抓存款，向人行多申请周转贷款，再是走向资金市场，我根据收集的信息，与行长、副行长到省内的永州、郴州、衡阳和省外的贵州、四川、重庆等地融通资金，历时四个多月，行程万余公里，共拆借资金 50 多笔，共计 1.4 亿多元，从而缓解了资金的紧张局面。

与此同时，我还根据上级银行提出的围绕党的中心工作，做好金融服务的调查提纲，及时深入农村社队和企业调查，结合实际，进行理论研究，先后共撰写各类研讨论文和调查报告47篇，其中被有关刊物和会议采用30篇。如1985年撰写的《银行在支持第三产业中应注意的几个问题》，应邀参加湖南省社科院召开的第三产业学术研讨会。1986年、1987年我被湖南省农行连续两年评为全省农行系统农村金融学会工作积极分子。1988年被评为湘潭市科协积极分子。1990年1月，农业银行总行授予我全国计划管理先进个人荣誉称号（当时全国农行系统只有7人获此殊荣）。我深知这些都是领导给予我的深情厚爱和鼓励。

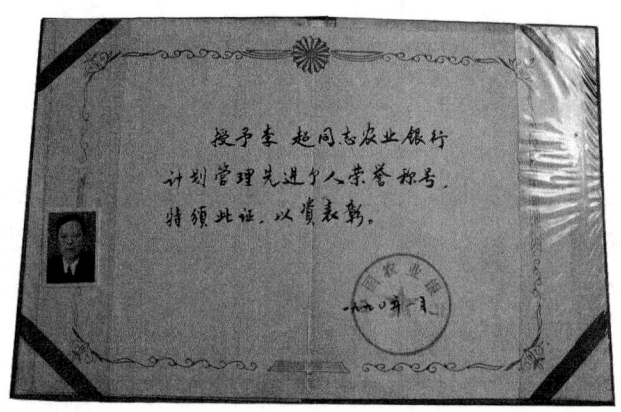

1990年，总行授予作者农行计划管理先进个人荣誉证书

夕阳无限好，只是近黄昏。现在我年已八十八，身体衰弱，自知在人世间的岁月不多了。尽管如此，我并不灰心，因为我是中共党员，有一个坚定的信念，党在我心中，永远跟党走。我是农行人，对农行有着深厚的感情，在我有生之年，还要继续坚持学习，搞点写作，奉献余热。

农行啊！你在峥嵘岁月中经受了风雪的洗礼，我爱你那青松的气质、红梅的品格。农行啊！你在改革开放中勇于开拓进取，我爱你那豪放的风姿、金黄的硕果。农行啊，我永远热爱你，我与你一路同行，祝你在新时代中永远年轻，永远蓬勃，祝福你明天无限美好，更加灿烂辉煌！

作者单位：湖南省湘乡市支行

外拓记

袁燕芳

有人认为工作是谋生糊口的途径，有人认为工作是自我提升的平台，有人认为工作是融入社会寻找自我认同的渠道。对我而言，工作更多的是一种归属：一种行业的归属，一种组织的归属。

2018年的夏天，新闻报道今夏广东气温再创新高，天气的炎热，让人的心情都变得焦躁。就在这一年的夏天，我们古镇农行为了大力发展网金业务，成立了网金专员小组，专门负责网络金融类业务的推广和指标的监测。而我作为大堂经理，自然而然成了其中的一名成员。

当初小组成立，主管行长还特意向我们阐明了小组的重要战略意义，以及我们享有的权利和需要承担的责任。披着专员的荣耀，我们风风火火准备在网点的厅堂大展拳脚，落地推广我行的掌上银行和网上银行业务，直至我行新推广的专业市场收款二维码的诞生。

"收款二维码是我行最新推出的、为专业市场企业提供收款和对账便利的利器，以收款二维码为抓手，我们就能把微信、支付宝抢去了的结算份额争夺回来，增强我们的客户黏性，提升客户忠诚度。只要客户把结算落地我行，货款收付捆绑我们农行卡，存款留存在我们农行卡，将有利于我们其他业务的发展，进一步提升我行市场份额。现在市场上同业中，这类业务暂时只有邮政储蓄银行推出，而我行推广期内收款免手续费是十分具有竞争力的。所以，我们要打响我行收款二维码在古镇专业市场的第一枪。那么，为了让各位同事尽快熟悉这项业务的办理流程和所需资料，我们定于本周六,在古镇瑞丰灯配城组织一场外拓活动,以瑞丰灯配城为据点,把我行的收款二维码辐射至全镇所有灯饰和配件卖场……本次活动,网金小组成员全体参与……"

坐在下面听着行长慷慨陈词的我,所有的重点都在本周六,网金小组成员全体参与外拓。我和其他专员一样,心里满是不愿意和抱怨。

周六,9点,所有商户都还没开门。我们全员加上客户部的同事一行大概10多人,早早集中在瑞丰灯配城搭起了帐篷、拉起了横幅、摆好了电脑、打印机和宣传架。天气也是异常的炎热,带头的主管行长做了一番讲话振奋士气,并布置了今天每小组12个收款码的任务。来都来了,我也就一鼓作气,满心想着早点完成任务早点下班。12个任务,感觉也不是很难啊。拿好协议和宣传单,随意选择了一个方向,带着小伙伴,我们开始了挨家挨户的"扫街行动"。

走进第一个商家的门,店员带着怀疑的眼神打量着我们两个穿着工装的业务员,语气不大友好地问:"什么事?"自报家门后,我们拿着宣传单就开始侃侃而谈地介绍我们的收款二维码,然后店员说:"老板还没回来,你们回头再来吧。"首战告败后,并没气馁的我们接着走进第二家门市,一进门就问"请问老板在吗?"老板走了出来说,"有什么事吗?"带着些许兴奋又开始介绍了我们的收款码。

然而,老板的专注完全没在我们的营销上,而是疑惑地问"你们是哪个农行的?""你们不会是骗子吧?""农行怎么会上门服务?"一个一个不在业务范围内的问题让我们措手不及。我开始急切切地解释我们这场活动的原因,表达我们农行真诚服务客户的服务理念。老板勉强地收下了我们的卡片和宣传单,表示会考虑一下。

更有甚者,一进门就被店老板挖苦:"哎哟,你们农行平时排队还要半天时间,怎么就跑上门来了。"满头是汗的我,听着有点气愤,开始跟店老板理论:"老板,其实并不是像您说的这样,我们农行立足古镇这么多年,一直是当地银行龙头老大,市场份额多年排名第一。您看,在古镇做生意,谁没有一张农行卡呀?至于您平时去网点也看到,我们银行客户流量很大,办理业务时间长也是有的。现在银行同业竞争激烈,再加上有微信、支付宝等三方支付巨头,客户就是我们的上帝,哪敢趾高气扬,可能也是忙中生乱罢了。"

一天的外拓，一边急着解释自己不是骗子，一边红着脸捍卫着农行的荣誉，那一番又一番发自肺腑的真诚，遇到的却是当头棒喝。

这次外拓，让我意识到，原来入行几年，农行人的思维已经深深根植在我的潜意识里，这是一种归属，是可以自己拿来抱怨，却容不得别人的一丝诋毁。同时也让我反思，我们作为一线服务人员，我们的服务质量代表了农行的整体形象，在如今金融行业竞争如此激烈，要赢取更多的市场份额，靠的就是服务。只有跟客户互利共赢，才能共同成长。

作者单位：广东省中山市分行

故乡他乡总关情

李巧珍

二十岁之前,我生活在湖北省江汉平原的一个小山村,在那里读书完成学业。那个年代的农村,作为家里的长女,理应早早辍学回家帮助父母打理家务,但在乡村小学任民办教师的父亲,顶着"女子无才便是德"的舆论压力,以及上有老下有小的窘迫境遇,坚持让我接受教育,一直到考上大学。

上大学那一年夏天,家乡连续大雨后暴发洪水,地里的稻谷颗粒无收,一时家里的生活陷入困境,我上大学的学费就成了一个大问题。在我们一筹莫展之际,一天晚上,一个骑自行车的年轻人满头大汗地到了我家门口,他原来是我父亲的学生,毕业后进入农业银行工作,当时是我们乡镇农业银行营业所的信贷员,我们叫他林叔。到了家门口的晒场,他急急地跳下自行车就大喊"李老师,李老师,有好消息告诉您!"。爸爸将他让进家里,喘了口气后他说出了原委。原来,前段时间他听我父亲说了家里的情况后,帮我申请了一笔低息助学贷款,金额是 3000 元,毕业后一次性归还本息。"三千块钱不是小数目,就怕到时候还不起。""李老师,没什么问题的,您在学校每年都有工资,家里还有这么多地,现在您是暂时遇到了一点困难,什么时候您有钱了还可以分期来还。"林叔劝道。老实巴交的父亲一辈子没向银行借过钱,一时犹豫不决,又盘算应该还多少利息。因实在想不到更好的办法,想了很久之后父亲终于同意了林叔的方案。而我,坐在旁边听到他们这场决定自己命运的对话,心情也随之跌宕起伏……

到如今，快三十年过去了，那晚近乎绝望之时突如其来的希望，如溺水之人偶然抓住木头的狂喜，我每每想起仍然清晰如昨。甚至那晚趁着月色我和父亲送林叔走上村子旁边的小路，他骑上自行车踏上归途，白衬衫因汗水贴在背上湿成圆圆一片，这些年都一直印在脑海里。

也是因为这个缘由和好感，我大学时选择了金融专业，主修农村金融方向。从镇上搭车去武汉上学时，经过林叔所在的营业所，他特地走出来嘱咐我要好好学习各种业务。那是第一次听到"业务"这个词，虽然当时不明白是什么，但知道那是对我的期望。毕业后因缘巧合，我来到农行广东分行工作，刚开始也是分配到一个乡镇营业所，每次上班时我都会想起林叔，想起自己终于和他一样，做着同样的工作，感受着同样的喜怒哀乐，虽然离家千里难免想家，但每每想起他都有一种天涯若比邻之感。

工作后第一次回湖北，到家乡小镇后我没有回家，而是直奔林叔所在的营业所。那时农业银行的网点还没有升级改造，低矮的开放式柜台，与街道对面供销社的柜台没有大的区别。林叔已是营业所的主任，正值春节前夕，天上飘着鹅毛大雪，我在营业所等了很久，才看到林叔冒着大雪骑着摩托车从外面回来，头上、衣服上的雪融化后湿淋淋的，打湿的头发贴在额头，看着都觉得浑身发冷。"有几个贷款户在外地打工，这几天才回来过年，刚去他们的村子收贷款了。"林叔热情地给我倒水，问我在单位的工作和生活，问起广东这边的业务和办理流程，很仔细，也很专业，有时还详细地记录下来。

就这样，家乡小镇的农行营业所，就成为我每年回老家的第一站，每次回去都要去那里坐一坐、聊一聊，在工作方面遇到问题和困难，也是第一时间找林叔说一说。这样的情感联系一直持续了二十年。这二十年，我的工作单位从乡镇营业所，到县支行，再到二级分行。

林叔所在的网点，也从旧式的开放式柜台，到升级改造后宽敞明亮、设施齐全的营业所，再到如今新增设了装修豪华的大户室和理财室的二级支行。而林叔，更是从那个月夜骑着自行车意气风发的青年人，到骑着摩托车到农户家里收贷的中年大叔，再到如今前额微秃、两鬓斑白的明星支行行长。

我与林叔的命运交际和缘分，缘起于他月夜为我送来那一笔承载着希望的助学贷款，到如今已整整过去二十多年。二十几年来，这位老农行人的言传身教对我影响深远。参加工作后，我的大部分工作经历都与信贷岗位相关，不管信贷制度和产品如何变化，面对每一个具体客户的时候，我总是习惯性地探究客户申请业务的真实需求，这也是他为我送来那笔助学贷款背后的温度，带给我的启示。

作者单位：广东省惠州市分行

遇 见

文华林

世间一切，都是遇见。冷遇见暖，就有了雨；冬遇见春，有了岁月；天遇见地，有了永恒；人遇见人，有了生命。2013年我遇见了农行……

"你为什么选择广东农行？""在刚刚的VCR里我看到了一个充满朝气的团队，看到了一个温暖的大家庭，看到了一个广阔的职业发展平台。我渴望加入这样的团队、这样的大家庭，在这样的一个平台上铸造自己人生的梦想。"我如是答……三轮面试、一轮笔试，我最终选择了与农行相遇于莞，拥有了我人生的第一份职业。人生有许多第一次都是刻骨铭心的，第一份工作于我，同样如此。2013年8月省行新人专刊上，我写到"如同寻找初恋情人一般悸动、兴奋、不安，就这样与你们贸然相识在莞"。

刚到虎门，因为不会粤语的原因，曾有那么一段时间，我甚至觉得自己好似新生儿，连语言的能力都失去了。那些日子现在回忆起来，还是历历在目。至今我无法忘记我第一天上柜的情景。那一天是2013年9月26日，主管鼓励我说，你就放开了去做，不会的就问。那一天我特别兴奋，一整天我的脸上始终洋溢着笑容，我做得很慢，也很仔细，一直到点库，没有出现任何差错。那时在柜台的每一个动作，迎客、举手礼、递接、送别，我都会努力去做到最好，因为我喜欢看到客户在我优质的服务中笑容满面地离开，我希望有一个完美的柜员生涯。

可是天不遂人愿，接下去的几个月，随着业务量的越来越多，督办竟然变得跟信用卡的账单一般，尽管我有千百个不愿意见到，还是会按期下达到我的手上。那几个月里，我无法形容我的沮丧，我流过泪，在虎门大桥下的珠江边上，我问自己，为什么那么简单的事情可以被我做成这样，为什么别人可以做到的事情我却做不到，为什么研究生毕业的我却连一个柜员都做不好……我问了自己无数个为什么，但是那时我却只给了自己一个回答，"我不会放弃"。小柜员也同样让我获得过小小的成就感，我还记得自己在小户区成功地销售出9套银邮票的日子，当我知道北栅奔马图邮票完成率排分行第一的时候，我发自内心地感到喜悦，因为我也为我所在的集体贡献出了一分力量。

在2013年的最后一个月，我在日记里写下了这样的话"我已不记得昨天的我是怎样的，只知道今天。现在，我已彻底告别了那个青葱的岁月，那个有着青年独有气质的岁月，那个可以自以为是、永不认输、永不低头的岁月……工作的时间并不算长，但是却已开始渐渐地感到了压力、责任……"

2014年10月，虎门农行新网点——中联支行正式成立，我跟随我职业的第一位导师，成了网点的第一任客户经理，也结束了我为期一年的柜员生涯。在我走进新网点的那一刹那，我知道这是一次机遇，但同样也是责任，它跟我一样，刚开始成长，我希望它因为我的努力变得更好。2014年10月14日，我写下这样一句话"从今天起，我要以最快的速度成长，不再任性和孩子气……"

网点开业的时候，人手不多，事情不少。盯着每台设备的安装，去营业部搬A4纸，挑选会计凭证，和同事去苏宁电器选电视机，去超市买准备迎接客户的糖果。这些日子每每想起来，甚至还有一丝甜蜜。作为网点唯一的一名客户经理，第一笔房贷是在支行营业部学的，第一笔分期是在人民路网点学的，去所有可以学到东西的网点学习，去跟所有可以学习的客户经理请教。十二点的支行营业部，凌晨的街道，我和个贷团队的同事们去吃饭；中秋节的楼盘销售中心，我跟同事一起吃的早餐。楼盘销售中心的烈日下，同事蹲在树荫里乘凉透气的照片，每每看到我们都狂笑不已。那些日子虽然很累，但是却很美好。

一年多的时间里，网点的存款快速增长，而我也先后斩获百万保险大单、百万基金大单、千克黄金大单，还有网点那无数的第一次。第一次个贷放款成功，第一次分期放款成功，第一次开立国际结算账户，第一次举办保险沙龙……在中联，我遇见了一群跟我一样傻傻地，却积极向上的同事；遇见了许许多多支持农行，相信我们团队的客户。最最重要的是，感谢那些日子的努力，在农行的团队里我遇见了更加美好的自己。

　　2016年1月，我在虎门过了广东百年来最冷的冬天，见到了虎门百年来的第一场雪，雪化的时候，化成了我一年的眼泪。身边发生的事情，加上岗位的调动，那时候的我曾整夜整夜的睡不着，时常以泪洗面，但是唯一一个信念没有改变过我要撑过去，不负遇见。我无数次看曾经写过那句话"My dream is to be an excellent banker。"过往的一句年少轻狂，但却是我永远不想辜负的一份美好。

　　那段时间里业务没少受批评，但是我却花更多的时间去看书、去学习，直到后来成功地完成了从个人客户经理向对公客户经理的转型，而过往的国际结算的经验，也为我现在的工作提供了更多的便捷。那段时间我失去了很多，但是也坚强了很多，更坚定了很多。生活告诉我一个道理，做人一定要先认真地做好自己，听从己心比一切都更加重要，勇敢去做自己想做的事情，这才是青春。农行，感谢你可以让我肆意享受我的青春时光，去换成长。

　　前不久，接到我做个人客户经理时候的一个客户的电话，四年多过去，客户想提前结清房贷。我问他怎么还记得我，他微信发了一句话，让我哈哈大笑"我是被你电话从清远大老远叫过来签字，从2015年底签到2016年，所以印象深刻。"

　　是的，时间常常给我们留下许多无法抹去的印记，深深浅浅。入行六年，我的青春里也留下了许许多多这样的印记，好的坏的，每每想起都忍不住嘴角上扬。从一个懵懂的大学生，到一个无比坚定的职场人，六年的时间里，我见证了自己的成长，也见证了农行许许多多的变化。我时常会想，六年前，农行给了我一份机遇、一份稳定的职业，再过六年，我又会为它带来什么呢？是否真的可以在这场金融变革中贡献出一份自己的力量，是否真的还能像当初那样爱着这份工作，把它当作一分事业？

　　网上曾经传过一段视频，农行版的《小幸运》。我想我回答不了未来，但是却坚信现在，"初见时不懂那抹绿色意义，戴上后才觉得无所畏惧，后知后觉才发现遇见了你,是生命最好的事情。"是的,农行,感谢你出现在我的生命里,愿一路前行,不负初心,不负遇见。

作者单位:广东省东莞市分行

不解之缘

赵爱国

《农村金融》杂志是中国农业银行最早发行的刊物，是在第二次恢复设立时创刊发行的，总行根据全国农村金融工作形势发展要求，为宣传党和国家有关方针政策、交流工作经验，对广大农村金融工作者进行政治、政策、思想和业务知识教育，丰富促进农村金融文化，推动农村金融工作不断前进的农业银行总行机关刊物。

1955年8月22日，总行发出了《为出版〈农村金融〉给所属机构的通知》，主要内容是：总行决定创办发行《农村金融》杂志刊物，定为半月刊，每月逢9日、24日各出版一期，32开本，定价0.09元。刊物的主要内容是结合全国农村工作的中心任务，着重就农村金融、农村贷款和信用社等工作发表工作要求、评论和意见，介绍各地较好的经验和做法，推动农村金融工作的发展。要求各地农行、信用社和个人踊跃来稿，积极订阅，并于1955年11月创刊发行。

创刊后的《农村金融》文体多样、内容丰富，开辟了社论评论、各地消息、经验宣传、学习园地、问题解答、小说诗刊、漫画小品等栏目，受到各级农村金融部门、单位和广大干部职工的欢迎喜爱，发行量不断增加，由发行初的60000册增至半年后发行的122150册。

《农村金融》杂志的命运也和农业银行一样，曲折而辉煌。1957年，农业银行撤销后并入了中国人民银行，《农村金融》也随之停刊，与《中国金融》合并为《中国金融周刊》。

1963年11月，中国农业银行第三次恢复设立不久，《农村金融》复刊发行（1964年2月），仍为32开本，每月6日、21日发行，每册定价为0.08元。1965年11月农业银行再次撤销并入中国人民银行后不久（1966年上半年），《农村金融》杂志再次停刊。

作者收藏的不同时期《中国农村金融》杂志

1979年2月，第四次农业银行恢复设立后，于1980年决定《农村金融》杂志复刊发行，并试刊了两期。仍为半月刊，32开本，通过邮局代理公开发行。1984年改为16开本、48页。1988年1月，《农村金融》更名为《中国农村金融》，改由杂志社自主发行。

1998年12月，有着43年历史、出版发行了432期的《中国农村金融》，根据总行党委指示和农村金融形势发展要求而停刊。这是《中国农村金融》最后一期。

我与《农村金融》结缘有两个方面。

《农村金融》改变了我的人生。1980年，我由工厂调入广西柳州市鹿寨县农业银行工作，我与《农村金融》复刊而同年进入农业银行。我是一名汽车驾驶员，主要工作任务是运送、调拨现金钞票。在试刊发行两期中，一个偶然的机会，我随手翻阅试刊第二期，"孺子牛"栏目中的一篇文章深深地吸引了我，题目是"农村金融战线上的新秀——李晓军"。我与他有着同样的上山下乡、入行同时、年龄相仿、经历相同，但他能在短短的一年中刻苦学习、独立工作并在全县业务考核中名列前茅，在全地区首届干训班80多名学员考试中，又名列第一，成为县支行的业务骨干并出色地完成了工作任务。他的优秀事迹，深深地鼓舞激励了我。

从此，我以他为榜样，积极参加各种业务培训，刻苦学习银行理论知识，钻研银行业务工作，慢慢熟悉、胜任了农业银行的各种业务工作并较出色地完成工作任务。1981年、1982年我连续两年以"一专多能"的事迹获得了农行广西分行省级金融红旗手荣誉和表彰，从此逐步走上了农业银行各级领导岗位——鹿寨县支行行长、柳州分行科长、广西分行纪委副书记。

《农村金融》圆了我的收藏梦。在三十多年的农业银行工作中，《农村金融》已成了我最喜欢的刊物。自己酷爱收藏活动，尤为喜欢收集金融、银行特别是农业银行的票证史料实物。三十多年来，通过自己一心执着、持之以恒的追求积累，已收集到了大量、宝贵、稀少的中国人民银行、农业银行、中国银行、建设银行、交通银行、信用社等国内银行早期使用过的存折存单、支票汇票、贷款凭证、档案资料、宣传用品、办公设施等史料藏品数千个品种，数量达百万件（张、枚）以上。2011年被中国钱币博物馆专家称赞："赵爱国在金融史、银行史实物收藏上的藏品在国内可算首屈一指。"

《农村金融》伴随着整个农业银行的发展历程，见证了农业银行曲折而辉煌的历史。20世纪80年代末，我就开始了《农村金融》的寻觅、收集和整理，当时是重点收集收藏早期的《农村金融》，通过不懈用心努力，现已收集到了农业银行早期发行的《农村金融》100多册，还收到部分发行量特少的《农村金融》合订本，成为见证农业银行发展、农行历史、文化事业不可多得的史料资料。

《农村金融》伴随我走过了工作的一生，直到现在我还经常学习、翻阅，受益匪浅，回味无穷。《农村金融》使我从中得到了人生启迪和事业发展，提高了文化素质，增长了工作经验，丰富了藏品种类，收获了最大快乐。

作者单位：广西区分行

甘做一片"绿叶"

原思婷

四年前,怀着对农业银行的美好憧憬,即将大学毕业的我报名参加了农业银行组织的校园招聘,并经过层层筛选,最终入职了海南省临高县农业银行。

来到农行工作的三年多来,农业银行浓厚的企业文化始终激励着我,鼓舞着我前行,让我在一次次的历练中成长、成熟、坚定、坚持。在这个大家庭里,我感受到的是无限的正能量。

记得刚到农行网点工作的我"两眼一抹黑",点钞机不会用,系统也不会用,甚至连点钞都比别人要慢半拍,怎么办呢?毕竟不是相关专业毕业的,什么都得从头学起。好在行里的领导和同事都耐心地鼓励我、热情地教导我,我也积极努力地学习,才得以在较短的时间内胜任了自己的工作。

第一次坐在柜员的位置上,我还只是个实习生,师傅就坐在我的身后,可我还是极其忐忑。按下叫号机的手指甚至在发抖,好像要来的客户是什么洪水猛兽一般会把我吃掉,现在想起来真是好笑。

我现在的工作岗位是一名前台柜员。在我看来,柜台工作虽然平凡,但能在平凡中见伟大。我们没有惊天动地的事迹,有的只是每天的坚守与奉献。日子在平凡而激烈中度过。说它平凡,是因为工作一直在重复,似小溪缓缓地流过山涧,没有曲折,没有惊涛,只是默默地给树木生灵带去一丝凉爽;说它激烈,是因为工作能带给我心灵的收获,让我成熟。如果把顾客比作"鲜花",那么我们前台柜员甘愿做一片"绿叶",以自己的周到服务,塑造农业银行柜员的最佳形象，网点就是一棵大树，根基扎实地为我们遮风避雨。

"我是农行人，农行是我家，一言一行树农行形象，一心一意为客户服务。"一个个普通、平凡而又执着的农行人，用行动践行着自己的誓言，用自己辛勤的汗水，正在让农业银行成为最受群众欢迎的银行之一。

记得 2018 年末，有一位老大爷拿着一个蛇皮袋，虽然行动有所不便，但是行色匆匆地进入网点，脸上显然很着急的样子。大堂经理立即走过去询问，老大爷说去了几个银行存钱因为零钱太多，都借故推托了。大堂经理得知情况后，立即向网点主任报告。随后网点主任立即安排工作人员为其整理零钱，并为老大爷办理了存款业务。办完后，老大爷很是感激，心情愉快地回家了。

2019 年快过春节了，在网点排队的人依然还是那么多。有一位客户脚步匆匆地跑进网点，找到大堂经理，说可以办理 POS 机吗？因为比较急，不知道两天之内是否可以拿到。大堂经理得知，立即向网点主任报告了这一情况。主任高度重视这件事情，加班加点地收集客户办理的相关资料，两天后，当客户拿到 POS 机的时候万分感谢，说要把钱全部放到农行来存。我们常说，服务无小事，农行是所有客户最真诚、最忠实的金融之家，农行的每个员工，都是客户最贴心的伙伴。只要有需要，我们一定服务在你的左右。

在这样的环境里成长，我是幸运的，更是幸福的。每天清晨，迎着灿烂的朝霞，走在上班的路上，看着行色匆匆的路人，心里满满的都是希望，走进营业办公网点开始繁忙的一天。每天傍晚，踏着落日的余晖，走在回家的路上，望着川流不息的车流，虽然疲惫但感受到的是满满的充实。

就这样，日复一日年复一年，现在回头看看自己走过的路，看到了自己的成长，对于工作对于生活对于人生都有了更深的认识和感悟，心里充满了感激，感恩之心无以言表。我曾有过工作的压力，曾碰到过棘手的问题，曾遭遇过一些挑战，但都挺过去了，问题都已经不再是问题，而是变成了金钱买不到的人生经历和财富。这样的艰辛，每经历一次我们就成长一次，就像蚕蛹化茧为蝶一样，只有经历过痛苦和磨炼以后，才会变成美丽的蝴蝶自由地飞翔。

经过了三年多的成长，也让我更加懂得了感恩和坚持，感恩自己是农行人，感恩农行这个大家庭给我们提供的平台，感恩我们能够在这样的一个企业里成长，感恩我们在工作中遇到的每一个困难，感恩工作中领导和同事们给予的帮助和支持,有了这些才有了今天的我、今天的生活,怀着感恩之心,才能走得更远。"滴水穿石""愚公移山""精卫填海""铁杵成针",从古到今这些故事都在告诉我们一个坚持的道理,我从工作中也慢慢体会到了坚持的力量,遇到困难不后退,坚持往前冲,最后都会化成收获的喜悦。我想,这是我们农业银行和农行人的一种精神面貌,同样,坚持让我更坚强,也让生活更美好。

作者单位:海南省临高县支行

共剪西窗巴山情

王建军

1971年,我出生在大巴山南麓四川渠县的偏远山村。苍鹰、松涛、麦浪、油菜花、布谷鸟鸣,这些打小就滋润了我的心房,融入了生命,填满了记忆。长大一点儿,背上书包,我便跟着玩伴儿,上了大队小学。后又告别家乡,一路求学,念了四川农业大学。再后来,投奔了农业银行。农村、农大、农行,我的一生注定与"农"有缘,无法割舍。

我最初工作地是渠县有庆营业所,条件艰苦,经常停电、停水,夜里镇上行人极少,安静得吓人。1994年那天报到时,已是下午日终了。接待我的是田主任,50岁左右,慈祥和蔼,随后把我介绍给了刚下班的同事们。热情掌声,春天般的笑容,让我感到温暖。

住宿安排在老街的老营业所,两楼一底。底层是储蓄所,二三楼是原办公室、职工住房,后除一人居住外,其余都搬到新街的新营业所去了。老营业所是要有人来守的,因为底楼储蓄所有财产,夜深人静,万一发生偷盗,就坏了。我是新人,总该磨砺一下,自然换我来住守了。刚住下没两天,便听说这里曾发生过一起灵异事件,让我提心吊胆好几个晚上。说是某个冬天一大早,雾蒙蒙的,炊事员文阿姨踏进老营业所底楼厨房,发现案板、墙壁上有很多脚印。墙壁上怎么会有脚印?不是人的脚印,也不像是猫和狗的,且脚印上面还有很多毛和血丝,文阿姨被吓得直发抖。听说还报了案,没查到原因,不了了之。

那时的网点不比现在,没有终端、打印机、生产系统、ATM啥的,存单、存折、支票、汇兑等所有业务,全用算盘和笔来手工操作。我跟班实习两个星期,又在出纳岗干了四个月,后便担任会计员。那时信用社、农发行与农行还未分家,我每天除了办理储蓄、对公、联行业务,还要处理同业、代理农发行等账务,工作强度很大,每天传票厚实几大本。搞会计档案达标升级,我很用心,卡片、分户账、总账、报表做到了账实相符、账账相符、字迹美观。我经手的会计业务,账务清晰、传票工整、要素齐全。县支行多次检查,认为我的会计质量是全县最好的,加之我把心思全放在工作上了,每月休息从未超过两天,营业所领导和同事早已对我刮目相看了。

我的目标显然不是每天总分相符、账平表等、账务可以就了事,自加压力,我每晚拼命钻研业务,手捧《巴山金融》等杂志,一看就是深夜。每天闲余,至少要看十页《辞海》或词典,以积累词汇,提高写作能力;还到当地的农贸市场、木材市场等,有模有样地搞调查。"苦心人,天不负。"仅一年多点,就被渠县支行评为1995年度优秀会计员、先进工作者,写的简报、信息还时不时见于渠县支行公文。1996年"五·四"青年节,县里举办庆祝活动,我从行长手中接过了扎根基层"优秀青年"证书,戴上大红花,和青年员工们畅谈心得。

1996年初,我被调往渠县琅琊营业所当信贷员,由于吃苦、上进、善学,信贷业务很快上了路。那时供销、食品、乡镇企业、个体工商户、农户、世行委托等大小贷款很多,需清收的不良贷款也一大堆。一小煤窑贷款25万元即将逾期,我和同事前往调查,爬了30多里山路才终于赶到。煤矿张老板很迷茫,急切说纵深打了280米,按设计该有煤了,但只有煤渣。我强烈要求下井,去量一下已打煤井的长度。对方耗不过我们,一起戴上头灯,小心翼翼踏上窄轨煤车,漫漫向深处滑进,边滑边用皮尺测量。进入240米就到底了,只待了几秒,张老板警惕地看了瓦斯测量仪,"不好,4.2,赶快跑!"张老板声嘶力竭。瓦斯浓度1.2便是高限,超过1.8就有生命危险,我们拼命往外逃,出来时瘫在地上,半天没回过神。后来,煤矿又打进了几十米,见了煤,而且煤质极好,不久贷款本息全部结清了。凭着不要命的一股子狠劲,一年半的时间里,我爬坡上岭、走村串户、软磨硬缠,共清收不良贷款500多万元、190余户,不少还是七八年以上的呆账、死账。1996年度,我被渠县支行评为优秀信贷员、青年岗位能手。

人们常说，越努力，越幸运。我深信不疑。

作者慰问四川大竹县狮子村贫困户唐仕政，拍摄于 2017 年 1 月

1997 年我调入渠县支行搞了两年信贷综合，1999 年调入达川地农行从事信贷质量监测。再后来，走上领导岗位，先后担任计划、银行卡、运营、科技等部门负责人。每到一个新岗位，我做到了思维前瞻、行为积极，出业绩、出经验。尤其是近些年，在党委领导下，担任运营部门总经理，把达州分行运营工作从全省的落后排名，硬是拉到第一名；担任科技部门"掌门人"，生产运行保持了全省"三连冠"，科技部门被农总行表彰为"信息科技先进单位"；组织开发了很多项目，助推了业务经营强劲发展，尤其技术开发的"达州市公共资源交易中心招投标"项目，上线后吸收对公存款 20 多亿元，取得了较好的经济效益和社会效益。2011 年，我被四川分行评为"建功立业"标兵。

2018 年起我被聘为资深专员，分管精准扶贫。工作虽琐碎、繁杂、艰辛，但情融"三农"、亲吻土地、抚摸山水，乃人生一大幸事。最近，我带队到国家贫困县万源帮助指导扶贫，主要在农行无网点的行政村布"惠农通"机具、发放惠农卡，以解决老百姓支付困难问题。连续几天，爬坡下坎，走乡进村，成效显著。途中，当我站在大巴山上，举目远眺，碧蓝的天空下，百鸟畅飞，森林无边，绿海荡漾，眼前这幅宏大、美丽、醉人的自然画卷，不正是农业银行浩瀚伟岸的缩影吗？

岁月催人渐老。不知不觉，我参加工作已过25载，当初的黑发青年，已两鬓斑白了。尽管芳华已逝，但我无时无刻不与农行同呼吸、共命运、情相系。25个春秋，伴随了农行经历行社分家、农发行分离、实体脱钩、股改上市，见证了农行由传统国有银行向现代化国际大型商业银行的华丽转变，感受了农行赋予我的充实、幸福与自豪。我坚信，农业银行的明天必定更加广阔，更加美好，因为有你、有我！

作者单位：四川省达州市分行

蓝色星空

温 秘

昨夜春风生碧树,白云斯须化苍狗。1998年冬,一纸调令将我调到了农行渡市营业所,即现在的渡市分理处。

渡市营业所位于达州市达川区偏远的渡市镇。那里四面环山,一条小河从东向西,依镇前流过。虽然名为镇,那时就只有两条街,镇上人口不足1200人,每逢当场日,河对面的村民乘船过来赶集,冷清的街面上才变得热闹起来。

渡市营业所由于多年来业务发展欠佳,已经摘牌,纳入了拆并网点。组织调我去,是因为拆并手续还未完成,让我临时负责而已。

那时我人年轻,工作颇有些意气。营业所一共有6个人,我将涣散的人心重新聚了起来。我们每天除严格做好柜台工作以外,就是外出上门营销业务或者下村收贷。

原先的营业室不适合办公,我们就租了两间民房的底层来营业。整个面积不足60平方米,只做简单的装修。冬季,穿堂风直射而过,冻得人直打哆嗦;夏季,日光晒进半间屋,热得人汗水直流。

营业所有5个都是外地人,下班后回不了家。单位没有住房,我们就租了乡镇企业办公楼的顶层来住。那房子是砖瓦结构,夏天夜晚,热气从瓦缝透进来,人就像睡在蒸笼里。后来,县支行部门调整,多出一台旧空调,我借来装在一间大屋子里,屋顶和墙就用纸糊住。大家几个人挤在一起睡地铺。

一天晚上,雷鸣电闪,天降暴雨。雨水顺着缝隙流下来,将地铺全都打湿了。那晚没有一个人睡着。

虽然条件艰苦，可是我们似乎根本不在意。在大家的共同努力下，渡市营业所的各项业务短短几个月内就有了较大的提升。

回想起在渡市营业所工作的那段时光，让我最难忘的有两件事。一件事是 2000 年，农总行搞了一个行歌征集比赛，我根据日常工作情况，写成一首词找人谱成曲，参加了这次比赛。参赛的题目是《农行人》，歌词的第一句是："清早起来，把窗户打扫干净，把算盘摆放齐整……"十分幸运的是，我竟然获得了第一名。

另一件事，发生在一个夏天的夜晚。下午两点多钟，摩托车司机小王载着我和同事俩，去高几坪村老冉家里收贷。我们沿着一条七弯八拐的山路断断续续地往上走，足足走了两个小时，才在山顶上最高处的一个土坯屋前停下来。当他们告诉我，这就是老冉家的时候，我心里咯噔了一下。土坯屋的门关着，在屋旁弄菜地的是老冉的老婆，看上去已经六十多岁。当我们说明来意后，她从菜地回来，去开她那已经朽坏了的门。进屋后，她又在房间里摩挲了好一阵，出来时手心握着 1 个鸡蛋，满脸歉意地对我们说："家里实在没有什么，只有给你们烧点白开水了。"我和同事一惊，同时站起来阻止了她。后来，我们从她口中了解到，前些年她唯一的儿子生病去世了，这次老伴出了远门，要过两天才能回来。

从她家出来，我内心十分纠结。老冉十多年前办理了一笔农户贷款，金额 35000 元，以后他每隔几年来偿还一次，每次几十元或 100 元不等，现在还剩 33000 元。可是，看到她家的情形，我喉头好像哽住了一般，实在难以说出"还款"两个字。后来，还是同事提醒我，可以申报贷款核销，心头才一下释放开来。

摩托车在一段平路上狂奔。此时，太阳即将下山，四周山青树白，草细花淡，给人一种莫名的惬意。可是，好事多磨，没多久车子就不能再动。没办法，我们只好从镇上重新叫车了。新车到来起码还有一个半小时，我和同事找到一块大石头，在上面躺了下来，等待夜幕的降临。

凉风习习，四周很静很静，偶尔听得见一丝虫子爬动的声音。眼睛上方是纯净的天空，先是青色，然后渐渐变蓝，越来越蓝，蓝得好像起了一层盈盈的柔波。不知什么时候，盈盈的柔波里又多了三两颗宝石般的星星，随着波浪的每一次涌动，一闪一闪的……

　　从童年时代起，我就梦想见到不一样的特别深蓝的夜空，几十年过去了，在我近乎绝望的时候，突然间实现了这个梦想，我的心情万分激动。

　　从那以后将近半年时间，那深蓝色的夜空，总是不时浮现在我的脑海里。

　　通过几年的努力，渡市营业所的各项业务指标都取得了较大进步，连续几次年末综合考核都排进了全县前5名。2005年，上级行重新进行评估论证，给渡市营业所翻了牌。记得收到翻牌通知的那一刻，全所同志都非常高兴，而我更是兴奋得一夜都没有合眼。

　　我在渡市营业所继续工作，直到2008年才离开，整整十年时光。

　　有人说，没有我就没有渡市营业所。我认为这种说法不对，是我们这一批人共同成就了渡市营业所。在我的印象中，这一批人就好比"黄金一代"。我要感谢他们与我一起奋斗，让我人生中拥有了那十年最快乐最美好的青春时光。发生在渡市的人和事，就像那深蓝色的天幕上宝石般的星星，永远镌刻在我生命的记忆里。

作者单位：四川省达州市分行

爸爸没有讲完的故事

李抒霖

"1990年7月20日，就是那一天，我正式在陈食镇储蓄所报到的！"——小时候，每当听爸爸讲起他过去的农行故事时，都是以这句话开头的。

20世纪90年代，爸爸就读于重庆电子工业学校计算机系，风华正茂。爸爸居然在那个年代就选择那么"洋气"的专业，放到今天也毫不过时。1990年中专毕业后，爸爸被分配到农业银行重庆永川县陈食镇储蓄所工作，爸爸本是重庆南岸区铜元局人，被分配到自己人生地不熟的小乡镇，心中难免失落，不过爷爷却说，现在搞改革开放正是小乡镇最需要人才的时候，人在年轻的时候最不要怕的就是吃苦，苦尽甘才会来。

就这样，孑然一身的爸爸在1990年7月20日这一天来到了陈食镇储蓄所，成了一名扎根于基层的银行柜员。条件艰苦，宿舍简陋，然而爸爸说那是他人生中最阳光灿烂的日子，因为这份工作，他遇到了妈妈。那个时候，妈妈是镇里这条街上最漂亮的姑娘，在储蓄所对面的化工厂当会计。妈妈经常到储蓄所办业务，一来二去，爸爸自然对这个小镇姑娘看上了眼，终于有一次爸爸在给妈妈办理业务的时候，鼓起勇气在给妈妈的回执单上写了一个电话号码和一句"可以约你吃个饭吗？"算是全面展开了对妈妈的热烈追求。妈妈每次给我说这一段的时候都笑得合不拢嘴。

在陈食镇储蓄所，爸爸收获了爱情，也收获了我。那个时候的储蓄所金库是每天晚上都需要有人配枪值守的。听妈妈说，生我的前一天爸爸还守了一晚上金库，第二天妈妈一直闹着肚子疼，爸爸才马不停蹄地办好了交接手续,赶紧把妈妈送到医院生下了我。

宿舍小院组成的三口之家简朴而温馨。从小爸爸给我的记忆就是很忙,就像一匹永不停歇的老马,特别是每年年末迎新之时,爸爸都是在工作岗位上度过的,因为那时处理银行业务全是手工记账,年终决算这个庞大的工程只能用年末最后一天的一整夜整理报表、账本,爸爸总是要到新年第一天的中午才能回到家和我们团聚。1998年,工作踏实肯干的爸爸被派去北京学习培训,回来给我带了好多糖果和一条特别好看的白裙子,到现在那条裙子还在我衣柜里。爸爸一直说,是农行给了他机会,第一次坐飞机,第一次去北京看天安门。

2002年,陈食镇储蓄所被拆,爸爸凭借过硬的专业技能,被调入永川支行电脑部工作。工作环境是变好了一些,但不变的是爸爸依旧像一匹老马,不停地奔赴在需要他的路上。记忆中爸爸几乎是没有周末的,互联网时代来临,爸爸算是在计算机方面的行家,这里那里出了问题都要找爸爸。看到爸爸工作很辛苦,我忍不住问:"爸,您累吗?"爸爸灭掉自己平常最爱抽的红梅烟,笑笑说:"累,当然累,但你知道爸爸喜欢琢磨电脑这个东西,做的是自己喜欢的事,累也是高兴的。干一行,爱一行,累也值得了。"

爸爸一直说他很幸运,是农行给了他机会,让他在自己擅长又喜欢的领域施展拳脚,他对现在的生活很知足,他感恩命运的安排,把他分配到陈食镇储蓄所,让他遇到了妈妈,然后还有了我。

然而,上帝给幸福的人开了个残酷的玩笑。2010年7月24日,爸爸在出差途中意外遇到车祸去世。

那一年,我16岁。

我承认,那段时间我的天垮掉了。世界只剩下黑暗,或许连黑暗都没有,前方只是一片空洞。我的学习成绩也从班级第一名直线下滑,直到高考的时候,梦想考武大的我连一本线都没有上,最后只好选择了复读。妈妈很担心我,却也是无能为力,最后她决定换一个环境,我们搬家了。在给爸爸整理遗物的时候,我发现了许多他的获奖证书,几乎每年都是先进个人和优秀共产党员,我掩面默然。爸爸在的每一天,都没有浪费,虽然艰辛,但他活出了自己的态度。而我,有什么资格去虚度他永远不能抵达的每一个明天呢?

后来我考取了西南大学。当时妈妈给了我一张农行储蓄存折,说因为爸爸的关系，上面每个月都会给我打生活费直到我毕业。我心里一紧，感觉农行和我始终有着一层微妙的关系，它仿佛就像爸爸一样，一直守护着我，让我变得勇敢、坚强。

毕业时，我毫不犹豫地参加了农行的校园招聘，经过几番波折后，如愿以偿。当看到手机跳出来一个小小的短信说我被补录时，我不禁泪目。没想到，长大后，我就变成了你。

现在的我在潼南支行营业部工作，其实像极了爸爸当年，背井离乡、孑然一身，我做着和他当年一样最普通的工作，舞台虽小，却也能发光发亮，只是如今 BoEing 系统上线，技术发展迅速，农行也在加快数字化转型。我知道，爸爸要是能看得到这一切，他该有多么的欣慰，他又会用自己所爱的专长作出多少贡献。

19 点 45 分，我拨完了最后一个账单分期客户的电话。当感到累的时候，我就会想到一个电话就立马回单位加班的爸爸。每一代农行人都有其肩负的责任，我们这代农行人的责任就是无畏地成为农行转型的先驱者，加快适应日新月异的时代巨变。

我也会继续笑意灿烂，不是说我从未经受过伤害，而是在经历了苦难的泪泉之后，生命变得更为丰富，更为平静。爸爸没讲完的农行故事，也会由我继续讲下去。

作者单位：重庆市潼南支行

心许大理

雷 安

我从西安来，但我来云南求学、到大理工作，然后在这里娶妻生子、成家立业，已经十二年有余，我的身上已经烙上了明显的大理印记，我也早已经从一个地道的西北汉子，变成一个西安籍的大理人！

工作八年多，我回西安老家的日子屈指可数。不是请不到假，也不是我对老家无牵无挂，而是心里总放不下手里的工作，放不下那些信任自己的客户，也总担心自己离岗过久，其他同事频繁顶岗，会给大家增添太多麻烦，自己于心不安。

八年来，我的工作地点不断在变化，从祥云的下庄镇到刘厂镇，再到云南驿镇，又到祥云县城，到省城交流之后，又折回下庄镇。八年来，我的工作岗位也不断在变化，从综合柜员到客户经理，从运营主管到办公室副主任，从交流岗位到网点负责人。但不管工作地点和工作岗位如何变化，我都是严格自律、勤于修身，脚踏实地、敢于担当，放低姿态、用心服务，保持韧劲、一如既往。"我不去想未来是平坦还是泥泞""干好眼前事"，一辈子不改初心，我觉得就是最大的成功。

日复一日、年复一年的金融工作，不可谓不忙碌，不可谓不辛苦。但就是这种忙碌和辛苦，提升了我，塑造了我，让我对人生诠释里多了一份责任和担当。

刚刚参加工作、在下庄营业所当柜员的时候，以所为家的我，一遇到休息就头疼，在宿舍待不住，又没处可去，就跑到上班的地方，问会计主管要不要我帮忙理单子？问其他柜员要不要我帮忙扎把、捆钱？我喜欢在力所能及的范围里，尽量地帮我的同事分担一些工作，被人需要的感觉，让我心里幸福满满。等到现金区里面实在无事可做，我就来到大堂，帮那些写字吃力、年老迟钝的客户填写单子，答疑解惑。一天下来，忙忙碌碌，但忙得开心，忙得充实。

还记得在云南驿营业所当主管的时候，遇到一个退休老工人染病卧床、不能行走，儿子来帮他取款，打算第二天拉着老父亲去医院，但他接连输错密码，导致卡被锁定。按规定，解锁需要本人到场，像老人这种特殊情况也要银行双人上门核实后才能办理。那天本来轮到我休息，刚好临时有事来到所里，原来只打算在单位逗留半小时，但听闻此事，我马上改变了当天的安排，骑着摩托，载着一名同事，一路颠簸来到老工人的家里，看了他的身体状况，询问了一些基本情况，第一时间完成了上门核实，第一时间为这家人办妥了这笔业务。虽然我放弃了自己的休息，但帮这家人解决了难题，让他们从内心深处更认可农行，我比休息更开心。

就在前几天，有个客户，丈夫因故离世，但丈夫的卡上还有 5 万多块钱。她拖儿带女来营业所咨询，我告诉她得先去办理公证，然后才能取款，但她对公证毫无概念，急得直跺脚。看着这个客户茫然无措的样子，我承诺帮她联系公证处。我请同事去公证处拿回亲属关系证明表，亲自带她去村公所盖章，等收集妥了相关文书，又自己开车把他们一家老小从下庄镇拉到祥云县城，带她去办妥了公证，帮她把丈夫卡上的 5 万多块钱取了出来。我开车送他们一家人到村口，她的公公竖着大拇指对我连说谢谢。我对老人说："老人家，不用谢我，记住农行就好！"

就是这样一件一件琐碎的事情，汇成我八年的工作。八年了，我留给家人的是一个忙碌的背影，但是在工作中，却用自己的行动为我所理解的责任和担当写下了长长的注解。

我知道，从我把婚房设在同事们为我腾出的宿舍的时候，当同事们齐心协力为我操办婚事，让我感受到那种亲如一家人的温暖的时候，我已经心许农行，心许大理，再也不愿意离开。

古人讲究"心许则笃行"，我也有这样的追求和向往。我愿意倾尽我的一生，"用心做，用感情做"，创造性地开展服务"三农"、服务实体经济的各项工作，让实干的客户、丰富的资源、及时的贷款、周到的服务累加在一起，变成让人振奋的生产总值，为建设美丽幸福的新大理贡献自己的全部力量。

作者单位：云南省祥云县支行

结　缘

刘　飞

弹指一挥间，不知不觉中，我进入农行工作已经20个年头了。

蓦然回首，有喜悦、有苦闷、有快乐、有挫折……近20年间，我见证了农行的改革发展，系统的更新换代，金融产品的日益丰富，农行也为我以及和我一样的年轻人搭建了一个放飞和实现梦想的舞台，让我们在历练中成长。

其实我到农行工作纯属偶然。2000年大学毕业前夕，为了给我下铺的好姐妹壮胆，我陪着她到农行应聘。已不记得当时竞聘的内容，只记得负责面试我们的是一位笑容可掬的准妈妈（后来才知道是当时的区分行办公室秘书），她让我们写一篇关于对农行认识的"命题作文"，40分钟以后交卷，布置完以后她就到另一间办公室去了。当时我没有按照她的命题去写，而是写下了自己的愿望和梦想。半个月后，我俩一起接到了农行的通知书。在征求了父母的意见后，我选择了农行。阴差阳错，我的下铺姐妹最后却去当了一名人民教师。似乎是冥冥之中的召唤，原本放弃到喀什师范学院中文系就读的我，最终还是到喀什农行工作。父亲说，你和农行有缘，你和喀什有缘。就这样，我一干就是20个年头。

我上班的第一个网点是艾提尕尔分理处（现为解放北路支行），不足20平方米，没有窗户，加上我共6个人，每天在这样的环境中上班。我的师傅叫麦麦吐逊，一个比我年龄小的"老员工"。那时实行的是会计出纳复核制，我当时是出纳。记得才上班的前两个月，尽管我每天都在提醒自己认真办理每一笔业务，可是到下班结账时，我就手忙脚乱，账款总是对不上。

网点的邵主任和麦麦吐逊就一个人帮我清点库款,一个人帮我翻打传票,还好每次账款相符。感谢同事们的宽容与理解,他们没有因为晚下班而埋怨我,这让我暗下决心不断提高业务水平。工作后过的第一个中秋节,是我在异地他乡第一次和同事们过的节日。和同事们吃完团圆饭,时任营业部负责人的朱行长把手机给我,让我给家人打电话问声好;天气转凉了,亚莉姐给我送来了新被子,给我买来了新灶、送来了新煤气罐;节假日和同事们一起做饭,几位热心的大姐给我张罗介绍对象……真的要感谢这些可敬可爱的领导和同事们,是他们让我不再感到孤独和寂寞,来自农行大家庭的关爱,让我感到幸福和温暖。工作一年后,我到喀什分行办公室当秘书,这一干就是八年。这八年里,在领导的关心和同事们的帮助下,我从一个连简单信息都不知如何下笔的青年,逐步成为偶有文章见诸农行报端和杂志的基层农行通信员,办公室张主任的倾心相授、悉心指导,无不让我受益匪浅。

其实,我们人生中也有许多的不如意和挫折甚至是磨难,当我们怀着一颗感恩的心去面对这些不如意,把挫折当成历练,磨难就成为我们人生中的宝贵财富。让我们以感恩之心面对工作、生活,面对朋友、家人和同事吧,因为懂得感恩,才会懂得努力和珍惜。

2010年,我工作后的第十个年头。通过竞聘,我走上了县支行副行长岗位,开始从事基层行管理工作。在随后的岁月中,我先后在风险管理部、公司业务部工作过,到县支行做过负责人,其间还当过一个月的"访惠聚"工作队第一书记,目前在内控与法律合规部工作。

难忘工作后的每一个第一次:第一次代表喀什农行参加演讲比赛,第一次作为喀什农行代表队成员参加辩论赛,第一次当联欢会主持人,第一次参加竞聘,第一次有"豆腐块"在《中国城乡金融报》上刊登,第一次在全国农行股改征文活动中获一等奖,第一次走向县支行副行长的岗位,第一次成为县支行负责人,第一次当"访惠聚"工作队的第一书记……一步步走来,这些第一次不断书写、改变和丰富着我的人生轨迹,成就着我的梦想。

为了丰富自己的知识结构,我抓紧一切时间充电,先后取得了保险兼业代理资格证、基金销售资格证、银行业个人理财从业资格证、农业银行风险经理岗位资格证,完成了理财规划师资格考试,不为别的,只想尽自己的努力做得更好一些。其间,我自己也有几件大事值得纪念:入党、结婚、生子,还获得了大大小小十几个荣誉，算是对我人生和工作的一个小结吧。

一代人有一代人的使命，一代人有一代人的担当。习近平总书记在纪念五四运动100周年讲话中深情寄语中国青年："青年的人生目标会有不同，职业选择也有差异，但只有把自己的小我融入祖国的大我、人民的大我之中，与时代同步伐、与人民共命运，才能更好实现人生价值、升华人生境界。离开了祖国的需要、人民利益，任何孤芳自赏都会陷入越走越窄的狭小天地。"我非常庆幸成长在这样伟大的新时代。

曾看过白岩松写的一本书——《幸福了吗》，这其实是人们在内心不断问自己的一个问题，我也常常在想一个问题：为什么现在很多人缺乏归属感？人的一生说长不长，说短不短，归属感不仅仅是来自外界，更重要的是发自我们内心。把握当下，珍惜现在，不怨天尤人，不自怨自艾，心怀赤子之心，不管是工作还是家庭，你有归属感，你就会感到幸福。

特别喜欢一句话"愿你出走半生，归来仍是少年"。

作者单位：新疆区喀什市分行

心中有梦

张嘉诚

成长是一种经历，成熟也是一种阅历。2017年7月进入农行后，一年多的乡镇分理处工作磨砺，深深地铭刻在我的记忆里，成为我逐梦奋进的宝贵财富。

从我家到分理处20公里，我每天上下班要在公交车上颠簸40公里。

大学毕业顺利考入农行；刚刚进入社会，正是我思想逐步走向成熟、人生迎来转折的重要时期。理想很丰满，现实却很骨感。同年入行的10人中，我是唯一一个被分配到乡镇分理处工作的。每天早上六点多起床，匆忙挤上公交、直奔单位，晚上归来已是万家灯火，每天在路途上要耗费一两个小时，常常在公交车上不知不觉地睡着，早餐和晚餐都只能在街上买面皮、稀饭等。

每当感到很累或者思想波动时，支行党委书记、行长王炜在我报到时，带领我参观行史荣誉展馆的情景总会浮现在眼前，王行长叮嘱我要牢记自己是一名共产党员、胸怀理想、努力工作的话语一次次响起在耳边；我常常想到褒河分理处从主任到员工这群善良温厚、兢兢业业的基层农行人，他们像螺丝钉一样立足平凡岗位、奉献农行事业；我也时常想起褒河分理处以附近乡镇和三个工厂为主体的客户群体，特别是常来营业厅的老年客户，虽然他们行动不便，但他们对自身财富保值增值的渴望，以及按照我行合规要求填写凭证、办理业务的那种朴实认真模样。在无数次的思考中，我增强了团队协作精神，端正了做人做事的理念，坚定了人生目标。

褒河分理处所在的河东店镇，有农行、邮储、信合3家金融同业机构并存,服务是我行在竞争中的立足之本。2017年8月,我刚独立上柜的一天上午,正是业务高峰期,营业室内站满了客户,我急得像热锅上的蚂蚁。"小伙子,刚刚参加工作吧,别着急,看你满额头都是汗水!"我抬头一看,一位穿着整洁时尚的老伯正笑着对我说话,我的心情一下子放松了,手脚也快了起来,后面的客户向我投来赞许的目光。这位老伯姓朱,后来从他口中得知,他早年远赴深圳工作,去年才离休回到故乡。他说我工作时的认真劲头,像极了年轻时的他。

从那之后,他每次路过分理处总会进来与我打声招呼,一来二去他成了我的忠实客户,也成了分理处的常客,在我手里办理了存款、理财、保险等多项农行产品以及短信银行、掌上银行等。通过与朱老伯的交往,让我深切地感受到营销服务要用心用情,在日常柜面业务办理过程中,有时用心地倾听客户的一句话,一句贴心的问候,就留住了客户,扩大了客户价值。我每周一在大堂代班,从刚开始的胆怯到敢于开口,直至自如地给客户介绍讲解各项产品,在不断得到客户认可的过程中,增强了自信心和营销服务热情。

褒河分理处对公业务工作量在全市系统相对较大,承担着10家单位的代发工资业务以及邻近的河东店镇、宗营镇政府的财政零余额支付业务。分理处仅有4名柜员,在我入职后不久,对公业务柜员王姐就要休婚假,分理处决定让我接替她的岗位。这样的境况要求我必须在极短的时间内掌握常见的对公业务操作。对公业务头绪多,我暗下决心,一定要攻下这个难关。抓住有限的几天时间,白天客户少时站在王姐后边仔细看,晚上回家加班加点整理笔记,并在脑海里像放电影一样回顾有关步骤流程。

实际困难远比我想象的大。每天我都要办理大量的财政支付票据,整天忙得连喝口水的工夫都没有,上个卫生间都要小跑,往往到中午一两点钟才匆忙对付两口午餐。

转眼到了2018年的春季,这天我又像往常一样准备开始一天的工作。突然,我的腰腹部剧痛还伴着呕吐,到医院的检查结果让人吃惊——双肾结石。大夫语重心长地对我说:"小伙子,平时要注意多喝水多锻炼呀,你还这么年轻,要好好爱护自己的身体,否则你将是这里的常客。"没有想到,曾经觉得离自己很遥远的疾病,不经意间已发生在了自己的身上。即使这样,在医院治疗了不到两天,疼痛稍有缓解,我就回到了工作岗位,因为我热爱自己的这份工作，满脑子都是农业银行。

有了农业银行的平台，我得以迅速成长。不乱于心，不困于情；不畏将来，不念过往。我将坚守初心，在实现农行梦和人生价值的征程上，以梦为马、不负韶华。

作者单位：陕西省汉中市天台路支行

入选征文

阳　光

周　健

退休多年，忽然见到曾经为之艰苦努力工作多年的农行在搞"我的农行故事"的征文活动，脑海里涌动起许许多多的回忆。这里着重说一说我在农行工作期间曾经接受过的若干业务培训，因为受益多多，所以记忆深刻。

1979年底，正值人农两行"分家"。我正在下乡工作期间，获悉自己被划分到农行。由于原先就在做属于农行范畴的工作，事先也知道我十有八九会被分到农行，但尘埃落定时，还是有一点心灵震动。因为，虽然老同志告诉我，农行五十年代就有，所以这次叫"恢复"，但对我来说，那是一个全新的机构，是一次重大的人生改变！

"分家"后，人农两行挤在一起办公，越来越拥挤，后来又分出来一个工行，就更拥挤了。

1979年底分家，1980年3~4月浙江省分行就在绍兴举办了一个为期一个月的会计辅导员培训班，那是我第一次参加这样全省性的业务培训，长了知识，开了眼界，认识了许多同行，交流了工作体会，那真的犹如久旱逢甘霖，受益匪浅。有人会说：你这也太夸张了吧！绝对没有，那真的是我真实的体会。因为我是六八届初中生，遇到了十年浩劫，只读了一年初中就无法读下去了，以后被卷入上山下乡的滚滚洪流，从宁波下乡到余姚。

一个偶然的机遇，我进入了当地的信用社，先是做临时工，后来有了招工名额，成为一名正式职工。再以后，进入当地的人民银行工作。所以，我的书没读够，那样坐在课堂上听课的机会已经久违了，真有点如饥似渴，那个感觉实在太好了。屈指算来,竟已近四十年了,至今我还记得省分行会计处的张敏权老师、蒋银珊老师给我们上课时的情形呢。

之后,我又多次参加过类似的全省性培训,在杭州、在丽水、在富阳。再以后,宁波计划单列了,不再参加全省性的培训,只有宁波市的一些同行们在一起培训了,这次数已记不清了。

我是只读了一年初中,是没有毕业证书的。很多年以后,许多知青朋友在一起活动,他们有很多是大学生,有人问我是什么学历时,我会开玩笑地说:我是早稻田大学毕业的。这儿提到学历,我又该夸一夸我们农行了,那时候省分行重视教育工作,办起了浙江银行学校函授班,我边工作边学习,终于有了中专学历。这在以后越来越讲究学历的年月里,不至于过分落后,勉强跟上了时代的步伐。只是每当看到同事中好多有知青经历的人因为没有文凭而在晋级、评职称方面吃亏,往往心生同情,又暗暗庆幸,庆幸自己读了函授,庆幸自己勉强跟上了时代的步伐。

随着农行的不断发展壮大,农行对教育的投入更大了,除了各种各样的培训班以外,我们支行当年还专门与浙江大学组织过一期"继续教育培训班",组织中层干部去浙江大学听课。之后又与同济大学合作办过一期类似的培训班,是请那些老师到我们支行来上课。

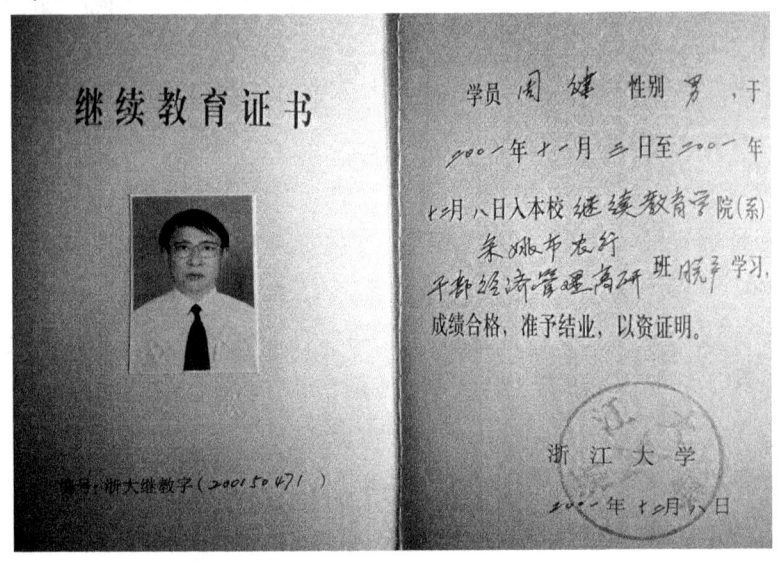

笔者参加浙江大学干部经济管理高研班的结业证书

这些老师水平都很高,对我们开阔视野、增长知识、提高管理水平帮助很大,至少对我这个"缺课"很多的"老三届"来说,我是非常高兴有那样的学习机会的。我还因工作便利(曾担任过几年办公室主任)有幸听过好几次全国性的学术报告,如厉以宁、周其仁,那都是国内顶级的大师,算是见过几次大场面,这样的学术报告如果不是在农行工作,我想这辈子也是很难听到的。好像有一位领导说过,培训是一种福利。我是享受到许多次农行发送的福利的人,是一个幸运的人。

　　退休多年了,由于农行给了我丰富的营养,自己又喜欢写作,加上这些年来知青文化的兴旺发达,所以,目前我活跃在全国知青的各种各样的平台上,小有收获、小有进步。我要感谢多年来农行对我的培育,祝我们的农业银行越办越好、越来越兴旺!

作者单位:浙江省余姚市支行

后 记

2019年，经过很长时间的策划和准备，我们举办了"我的农行故事"征文活动，得到了广大员工的积极响应和支持。

活动先后收到征文600余篇。来稿作者既有90多岁的离退休老干部，也有刚入行的年轻员工；有一线的网点柜员、客户经理，也有机关的负责人、中层干部；有知名的金融作家和宣传战线上的骨干，也有业务岗位上的普通员工。广大作者热情洋溢，征文气氛十分热烈。大家以一片赤诚和满腔热情，将对农业银行的热爱和感受写成了一篇篇生动和感人的文字，令人感动，使人振奋。

为了更好地将精彩优秀的文章筛选出来，由农业银行作家协会抽调精兵强将组成专家评审小组，对所有作品进行了认真阅读和筛选，评选出了"优秀征文"和"入选征文"。作品总体来看，可谓佳作迭出、美文多多。具体有四个特点：

一是选题精致。由于征文有篇幅限制，许多作者在选题上采取了"小角度""小主题""小故事""小经历"等小切口入手，以小见大将故事写得言之有物，感人至深。

二是内容丰富。从书写内容来看，从机关到一线，从城市到乡村，从前台到后台，林林总总，十分丰富。一个个生动的"我"，构成了一篇篇精短的故事。

三是情感真挚。不论上岗不久的"新员工",还是已经退休的"老银行",都在字里行间诉说着自己对农业银行赤诚之心和深厚感情。"家就是农行,农行就是家"已经成为大家的共识。

四是文笔精彩。征文语言风格各异,有的生动活泼,有的朴素扎实,有的华美艳丽,有的清新流畅,等等,都给人以强烈的视觉美感和享受。

编书是一门遗憾的艺术,需要综合考虑"选点""选面"和"节奏"等因素,作品选择不免有遗珠之憾。同时,水平接近的作品较多,在优中选优的同时,不少精彩之作没有选入。

最后,感谢各分支机构的大力支持,感谢广大作者的积极参与。如果大家能够在书中找到农业银行恢复四十多年的精彩片段和平凡侧面,找到自己人生和追求的影子,以及对未来的期许和渴望,那么我们将会感到十分欣慰。请多多为我们提出宝贵的意见,以便在日后图书编辑时加以改进。

编者
2020 年 7 月